Gerhard Schwengler

Schulgrammatik Deutsch

ab Klasse 5

Klett Lerntraining

Gerhard Schwengler ist Lehrer für Deutsch und Latein, Fachbetreuer Deutsch, Seminarlehrer für pädagogische Psychologie, Referent in der Lehrerfortbildung sowie Autor zahlreicher Lernhilfen und Lehr- und Arbeitsbücher.

Bibliografische Information der Deutschen Nationalbibliothek
Die Deutsche Nationalbibliothek verzeichnet diese Publikation in der Deutschen Nationalbibliografie; detaillierte bibliografische Daten sind im Internet über http://dnb.dnb.de abrufbar.

4. Auflage 2016

www.klett-lerntraining.de
Zeichnungen: Naomi Fearn: S. 9, 95, 135, 233, 261; Andreas Florian, Lübeck: S. 93, 96, 99, 186, 206; Katja Rau, Fellbach: S. 151, 237, 255; Christa Janik, Leinfelden-Echterdingen: S.171, 183
Umschlaggestaltung: Sabine Kaufmann, Stuttgart
Satz: Klaus Bauer, Bondorf
Druck: medienhaus Plump GmbH, Rheinbreitbach
Printed in Germany
ISBN 978-3-12-927309-8

9 783129 273098

Lernplan

	Lern-einheit	Tag	Woche	Monat
## Wortarten				
	1	1	1	1
	1	1		
	1	1		
	1	1		
	1	1		
	1	1		
	1	1		
	1	1		

Übergreifende Tests

Hallo liebe Schülerin, hallo lieber Schüler!

Diese Schulgrammatik ist genau das richtige Buch für dich,
- wenn du in **deutscher Grammatik richtig fit werden** willst
- wenn du dazu **Regeln, Übungen und ausführliche Lösungen** in einem einzigen Buch suchst und
- wenn du wissen willst, wie du **deinen Lernstoff zeitlich am besten einteilst**.

So erstellst du dir deinen persönlichen Lernplan:

Im Inhaltsverzeichnis stehen links alle Themen, die behandelt werden. Rechts werden die Themen zeitlich eingeteilt, damit du dir **deinen ganz persönlichen Lernplan** zusammenstellen kannst und sofort siehst, wie viel Stoff du in welcher Zeit erarbeiten kannst.

Lerneinheit: Eine Lerneinheit beträgt 20 bis 30 Minuten. Das bedeutet, dass du die Übungen in dieser Zeit schaffen kannst. Aber: Das ist nur ein Richtwert. Wenn du am Anfang länger brauchst – auch kein Problem!
Eine Lerneinheit solltest du an einem Stück bearbeiten. Wenn du 2 (und mehr) Lerneinheiten machen möchtest, ist es jedoch besser, eine 10-minütige Pause dazwischen zu schieben.

Tag: Wie du im Inhaltsverzeichnis siehst, verteilen sich zusammenhängende Themen manchmal auf mehrere Tage. Versuche, an einem Thema dranzubleiben. Wenn du z. B. montags anfängst, bearbeite dienstags die nächste Lerneinheit! So bleibt am meisten hängen und du musst nicht noch mal von vorne beginnen.

Woche/Monat: Wir haben den Lernstoff zusätzlich in Wochen und Monate eingeteilt, damit du sehen kannst, wie viel Zeit du insgesamt für größere Kapitel benötigst.
So hast du immer den Überblick und bist auf den Punkt genau vorbereitet.

Wir wünschen dir viel Erfolg!

P.S. Mit deinem persönlichen Lernprogramm kannst du dich ohne Stress auf deine **nächsten Klassenarbeiten und Tests** vorbereiten.

Wortarten

OK, ICH SAGE EIN WORT UND IHR SAGT MIR, WAS FÜR EINE WORTART ES IST.
DAS ERSTE WORT IST...
HAUSAUFGABEN
DABEI HANDELT ES SICH EINDEUTIG UM EIN SCHIMPFWORT.
WÜRDE ICH AUCH SAGEN.
OK, KLÄREN WIR ERSTMAL, WAS MIT „WORTART“ GEMEINT IST...

1 Artikel und Substantiv

1.1 Definition

Das **Substantiv** bezeichnet Lebewesen und Gegenstände, die es in der Wirklichkeit gibt und die du wahrnehmen kannst. Man nennt so ein Wort ein **Konkretum (Gegenstandswort)**. Das Substantiv kann aber auch etwas bezeichnen, das du dir nur im Geist vorstellen kannst und das nur als Begriff vorhanden ist; solch ein Substantiv nennt man ein **Abstraktum (Begriffswort)**. Das Substantiv wird auch als **Nomen** bezeichnet.

Beispiele: Frau, Baum, Mond = Konkretum
Gebiet, Jahr, Idee = Abstraktum

Der **Artikel** kommt nur zusammen mit dem Substantiv vor. Wir unterscheiden zwischen dem **unbestimmten** und **bestimmten** Artikel. Du verwendest den unbestimmten Artikel, wenn in einem Text das Substantiv noch nicht bekannt ist. Du verwendest den bestimmten Artikel, wenn das Substantiv schon einmal vorgekommen oder seine Bedeutung bekannt ist.

Beispiele: Es war einmal **ein** König.
(Am Beginn des Märchens ist dir der König noch nicht bekannt.)
Der König hatte eine schöne Tochter.
(Nun kennst du den König, aber nicht seine Tochter.)

Im Text verändert sich die Form des Substantivs und des Artikels. Das nennt man deklinieren. Artikel und Substantiv stimmen in ihren Formen überein. Jede deklinierte Form ist durch **drei Merkmale** bestimmt:

1. Das **Genus** gibt das grammatische Geschlecht des Substantivs an.
2. Der **Numerus** sagt aus, ob etwas einmal oder mehrmals vorhanden ist.
3. Der **Kasus** kennzeichnet die Rolle des Substantivs im Satz.

Beispiel: Die Kinder bringen der Tante Blumen.

	Genus	Numerus	Kasus	Rolle im Satz
die Kinder	Neutrum	Plural	Nominativ	Subjekt
der Tante	Femininum	Singular	Dativ	Objekt
Blumen	Femininum	Plural	Akkusativ	Objekt

1.2 Genus - pog

Jedes Substantiv besitzt ein bestimmtes **Genus.** Es gibt drei Genera: **Maskulinum, Femininum und Neutrum.** Das Genus eines Substantivs erkennst du am Artikel.

Beispiele: **der** Mann, **die** Mannschaft, **das** Männchen

Man nennt das Genus auch grammatisches Geschlecht, weil es mit dem natürlichen Geschlecht von Lebewesen oft nicht übereinstimmt.

Beispiele:

	Genus	natürliches Geschlecht
die Mannschaft	Femininum	–
das Männchen	Neutrum	männlich

1

Trage die vorgegebenen Substantive mit dem jeweils richtigen Artikel neben den passenden Begriff ein.

Mangel – Junge – Kunde – Schild

1. Fehler: ____________ Bügelmaschine: ____________
2. junges Tier: ____________ Knabe: ____________
3. Meldung: ____________ Käufer: ____________
4. Schutzwaffe: ____________ Erkennungszeichen: ____________

2

Bringe die Welt wieder in Ordnung, indem du den unpassenden Artikel durchstreichst und den richtigen daneben schreibst.

1. Das ________ Tau am Morgen erfrischt die müden Füße.
2. Ein ________ Weihnachtskiefer wird das Schmuckstück Ihrer Wohnung.
3. Auf der ________ See tummeln sich niedliche Entchen.

1.3 Numerus

Es gibt zwei **Numerusformen: Singular** (Einzahl) und **Plural** (Mehrzahl).

Einige Substantive kommen wegen ihrer Bedeutung nur im Singular oder im Plural vor.

Nur im Singular: das Obst (ein Abstraktum, das mehrere Konkreta: Ananas, Apfel, Aprikose … zusammenfasst)

Nur im Plural: die Ferien (Gott sei Dank bestehen die Ferien immer aus mehreren freien Tagen!)

Der unbestimmte Artikel hat keine Pluralformen.

Pluralformen
Die Singularform ist die Grundform, während der Plural meist Endungen anfügt. Manche Substantive verändern im Plural zusätzlich die Stammsilbe durch einen Umlaut.

Beispiele:

Singular:	der Nomade	**Plural:**	die Nomaden
	das Nachbar**volk**		die Nachbar**völker**

Einige Substantive mit unterschiedlicher Bedeutung, die im Singular gleich lauten, haben verschiedene Pluralformen. Meist findest du die richtige Form, wenn du sie dir zusammen mit dem Satz laut vorsprichst.

Beispiele:

Singular:	Leiter	
Plural:	die Leiter	(= Vorgesetzte, Anführer)
	die Leitern	(= Geräte zum Hinaufsteigen)

3

Bilde zu den Singularformen die Pluralformen. Ordne sie nach ihren Pluralendungen ein.

Kopf – Schädel – Mund – Zahn – Hals – Haar – Finger – Faust – Bauch – Arm – Schulterblatt – Knöchel – Fingernagel – Knie – Magen – Bein – Brust – Fuß – Hand – Schenkel – Nabel

Umlaut und Endung **-er:** ______________________

Umlaut und Endung **-e:** ______________________

Umlaut und keine Endung: ______________________

kein Umlaut und Endung **-e:** ______________________

kein Umlaut und keine Endung: ______________________

4

Finde die richtige Pluralform und trage sie neben den passenden Begriff ein.

Mutter – Strauß – Bank – Wort – Band

1. Verwandte: ____________ Schraubenteil: ____________
2. Vogel: ____________ Blumengebinde: ____________
3. Geldunternehmen: ____________ Möbel: ____________
4. Ausspruch: ____________ Bestandteil der Sprache: ____________
5. Fessel: ____________ Buch: ____________

1.4 Kasus

Der Kasus gibt die Rolle des Substantivs im Satz an. Du erkennst, in welchem Kasus ein Wort steht, wenn du bestimmte Fragen an den Satz stellst.

1.	Nominativ	**Wer** oder **was** ...?
2.	Genitiv	**Wessen** ...?
3.	Dativ	**Wem** ...?
4.	Akkusativ	**Wen** oder **was** ...?

Beispiel: Händler und Nomaden brachten durch Karawanen den Nachbarvölkern neue Schriftzeichen.

Der Nominativ „Händler und Nomaden" ist das Subjekt des Satzes, der Dativ „den Nachbarvölkern" und der Akkusativ „neue Schriftzeichen" sind die Objekte.

Kasusformen

Die Veränderung des Kasus nennt man **Deklination**. Das Substantiv fügt dabei an den Nominativ Singular Kasusendungen an. Substantive, die in gleicher Weise dekliniert werden, fasst man in Deklinationsklassen zusammen. Es gibt drei Deklinationsklassen.

a) Die starke Deklination

Die Pluralformen fügen entweder die Endungen **-e, -er, -s** oder **gar keine** Endung an. Viele Substantive verändern außerdem die Stammsilbe. Die „starken" Substantive erkennst du vor allem an folgenden Endungen:

Genitiv Singular: -(e)s
Dativ Plural: -n

Beispiel:

	Singular	Plural
Nominativ	der Kopf	die **Köpfe**
Genitiv	des Kopf**es**	der **Köpfe**
Dativ	dem Kopf	den **Köpfen**
Akkusativ	den Kopf	die **Köpfe**

b) Die schwache Deklination
Alle Pluralformen enden auf **-(e)n.**

Beispiel:

	Singular	Plural
Nominativ	der Mensch	die Mensch**en**
Genitiv	des Mensch**en**	der Mensch**en**
Dativ	dem Mensch**en**	den Mensch**en**
Akkusativ	den Mensch**en**	die Mensch**en**

c) Die gemischte Deklination
Der Singular hat die Formen der starken Deklination,
der Plural die Formen der schwachen Deklination.

Beispiel:

	Singular	Plural
Nominativ	das Auge	die Augen
Genitiv	des Auges	der Augen
Dativ	dem Auge	den Augen
Akkusativ	das Auge	die Augen

5

Trage in die Klammer den richtigen Kasus ein. Benütze folgende Abkürzungen: N(ominativ), G(enitiv), D(ativ), A(kkusativ).

Die Schrift der Chinesen

Den Chinesen (*D*) dienten zu Beginn nur drei Schnüre als Schreibmaterial. Sie verknüpften diese in vorgeschriebener Weise und bezeichneten z. B. mit einem Knoten den Wind (   ) und mit zwei Knoten den Donner (   ). Den Anfang (   ) der Schrift vermutet man ungefähr im Jahr 2600 v.Chr. Die chinesischen Kaiser haben durch Gesetze den Schriftzeichen (   ) eine bestimmte Form vorgeschrieben. Einem Schreiber (   ), der die Schrift absichtlich verunstaltet hat, wurden strenge Strafen angedroht. Den Entwicklungsstand (   ) der Schrift kann man gut am Schreibzeug erkennen: Nach den Schnüren benützte man als Schreibmaterial das Schilfrohr, dann ein Bund (   ) aus Pflanzen und schließlich den Pinsel (   ), mit dem man heute noch dem Papier (   ) die seltsamen Zeichen „aufmalt". Auch die Tusche (   ) ist eine Erfindung der Chinesen (   ). Kaum einem Volk (   ) ist die Schrift wichtiger gewesen als den Chinesen (   ).

6

Schreibe in die Klammer, welchen Kasus und Numerus das jeweilige Substantiv hat. Benütze folgende Abkürzungen: N(ominativ), G(enitiv), D(ativ), A(kkusativ); S(ingular), Pl(ural).

In der Wüste Afrikas liegen noch viele Geheimnisse (*N, Pl*) verborgen. Sie zu erforschen, haben Archäologen keine Mühen (   ) und Anstrengungen (   ) gescheut. Die ersten Erzählungen (   ) haben die alten Griechen (   ) überliefert. Sie hatten bereits vor langer Zeit ägyptische Städte (   ) besucht, die heute vom Erdboden verschwunden sind. Mächtige Königreiche (   ) mit unvorstellbarem Reichtum wurden von fremden Völkern erobert. Und als die Handelswege (   ) zerstört waren, blieb der Bevölkerung (   ) nichts anderes übrig, als zu fliehen. Die Häuser **der Reichen** (   ) zerfielen, **die Gebäude** (   ) und **Tempel** (   ) wurden ein Opfer **der Hitze** (   ) und des Windes. Es mussten erst **Jahre** (   ) vergehen, bis die Archäologen mit Schaufel und Spaten **Sand** (   ) und **Geröll** (   ) von den versunkenen Städten beseitigten und so **staunenden Menschen** (   ) **die Pracht** (   ) **vergangener Zeiten** (   ) zeigen konnten.

7

Setze die angegebenen Wörter je zweimal in den folgenden Text ein.
Achtung! Einmal musst du dabei die Form des Wortes ändern.

Beispiel: **die Schriftzeichen**

a) **Die Schriftzeichen** der Bienen bestehen aus bestimmten Körperbewegungen.

b) Mit Hilfe **der Schriftzeichen** verständigen sie sich untereinander.

Die Sprache der Bienen

einem Wissenschaftler **die Bienen** **die Sonne**
die Geschwindigkeit **der Bienensprache**

Auch die „Sprache“ der Bienen hat ________________ erforscht. Schließlich ist es ________________ aus Deutschland gelungen, sie zu entziffern. Er hat herausgefunden, dass ________________ bestimmte Tanzbewegungen vollführen. Damit geben sie ________________ daheim im Bienenstock wichtige Informationen. Die Bienen bezeichnen z. B. den Stand ________________ durch die Richtung ihrer Bewegungen. So ist ________________ für alle Bienen ein wichtiger Orientierungspunkt. Auch ________________ der Tänze ist wichtig. Denn ________________ entnehmen die anderen Bienen Informationen darüber, wie reich der Tisch auf der grünen Wiese für sie gedeckt ist. Die Wörter ________________ sind lautlos und sehen wie lustige Tänze aus. Wenn du den Bienen genau zuschaust, kannst du vielleicht auch einmal ________________ verstehen.

8

Bestimme in folgenden Sätzen den Kasus und Numerus der gleich lautenden Artikel- und Substantivformen.

Vor dem Beginn der Schrift

Die ältesten Schriftzeichen (______________) Europas hat man in Frankreich gefunden. Die ältesten Schriftzeichen (______________) sind kleine Zeichnungen auf Holzstäben, mit denen sich die Menschen damals verständigten. Mit ihrer Hilfe haben sich die Menschen schon vor Jahrtausenden bestimmte Ereignisse der Natur (______________) gemerkt. Man zeichnete auf, was man der Natur (______________) abgelauscht hatte. Den Menschen (______________) damals bedeuteten diese kleinen Bildzeichen alles, genauso wie den Menschen (______________) von heute Kino und Fernsehen interessieren. Auf einem Stab findet man z. B. den Bullen und die Kuh (______________) als Zeichen für den Frühjahrsbeginn eingeritzt. Den Bullen und den Kühen (______________), die die ersten Haustiere waren, wurde zu dieser Zeit eine große Bedeutung beigemessen. Auf diese Weise zeigte man den Jungen (______________) die Geheimnisse der Jagd. Und diese Bilder lehrten den Jungen (______________), wenn er das erste Mal auf Jagd ging, das Lebensnotwendige. Diese „Merkzettel" unterrichteten in der nächsten Generation dann wieder die Nachkommen (______________). Und die Nachkommen (______________) gaben ihr Wissen dann mit den Bildstäben wieder ihren Söhnen weiter.

1

Setze die Substantive (eines davon zweimal) in der richtigen Form ein.

Abenteuer – Armband – Entdecker – Gefäß – Gott – Held – Jahrhundert – Kasten – Knabe – Krieg – Meter – Schatz – Schmuckstück – Stadt – Traum

Schliemann, der Entdecker von Troja

Schliemann war einer der größten ________________ versunkener ________________. Schon als ________________ begeisterten ihn die Erzählungen über die ________________ und ________________ Griechenlands. Er brachte sich selbst die griechische Sprache bei, und bald erfüllten sich die ________________ des jungen Schliemann. Seine Sehnsucht galt Troja, das vor vielen ________________ in einem der längsten ________________ zerstört worden war. Unter einer Schicht, die mehrere ________________ dick war, entdeckte er die versunkene ________________. In unversehrten ________________ und Truhen fand er verborgene ________________: goldene ________________, silberne Schüsseln, kostbare ________________ aus Elfenbein, kunstvolle ________________ aus Ton. Aber Schliemann hatte noch größere ________________ vor.

2

Bestimme die Formen, indem du hinter dem Substantiv den Kasus (N, G, D, A) und Numerus (S, Pl) angibst.

Schliemann hatte kaum die Ausgrabung (   ) der Stadt (   ) Troja beendet, als seine Begeisterung (   ) ihn weiter antrieb, versunkene Städte zu entdecken. Er nahm die Erzählungen (   ) der griechischen Dichter wie glaubwürdige Nachrichten (   ) der alten Zeiten (   ). So führte ihn die Sage (   ) vom sagenhaften König Agamemnon nach Mykene. Dort brachte er seltene Kostbarkeiten (   ) wieder ans Tageslicht, unter ihnen die goldene Maske (   ) eines Königs. Seine Entdeckungen (   ) bewegten damals die Welt (   ) und bis heute hat die Wirkung (   ) der wieder entdeckten Vergangenheit (   ) nicht nachgelassen.

2 Pronomen

2.1 Personalpronomen

Das Personalpronomen steht im Satz an der Stelle eines Substantivs. Es weist auf Personen oder Sachen hin. Man unterscheidet beim Personalpronomen zwischen 1., 2. und 3. Person.

	Singular	**Plural**
1. Person	der Sprecher = ich	der Sprecher und andere = wir
2. Person	der Hörer = du	der Hörer und andere = ihr
3. Person	die Person oder Sache, über die gesprochen wird = er, sie, es	Personen oder Sachen, über die gesprochen wird = sie

Im Deutschen gibt es zwei Möglichkeiten der Anrede an einen oder mehrere Hörer: die vertraute Form „du / ihr" und die höfliche, distanzierte Form „Sie".
Die Pronomen der höflichen Anrede werden immer großgeschrieben.

Formen der Personalpronomen

Singular	1. Pers.	2. Pers.	Anrede	3. Pers. Maskulinum	Femininum	Neutrum
Nominativ	ich	du	Sie	er	sie	es
Genitiv	meiner	deiner	Ihrer	seiner	ihrer	seiner
Dativ	mir	dir	Ihnen	ihm	ihr	ihm
Akkusativ	mich	dich	Sie	ihn	sie	es

Plural	1. Pers.	2. Pers.	Anrede	3. Person alle drei Genera
Nominativ	wir	ihr	Sie	sie
Genitiv	unser	euer	Ihrer	ihrer
Dativ	uns	euch	Ihnen	ihnen
Akkusativ	uns	euch	Sie	sie

1

Gib an, auf wen das farbige Personalpronomen hinweist.

Kalb, Ziege, Schaf und Löwe (Eine Fabel nach La Fontaine)

Einst gründete der Löwe mit dem Kalb, der Ziege und dem Schaf einen Verein zur Nahrungsbeschaffung. „Ich (______________) werde“, sagte der Löwe, „mit euch (______________) Verlust und Gewinn redlich teilen.“ Eines Tages erblickt die Ziege einen Hirsch. Sie ruft ihren Vereinskameraden zu: „Ich (______________) bitt’ euch: Wir (______________) müssen nun zusammenhalten und den Hirsch fangen.“ Nachdem ihnen das gelungen, spricht der Löwe: „Wir sind vier, deshalb teile ich die Beute in vier Teile. Aber ich (______________) bin der König der Tiere und sorge für euch. Auch der zweite und der dritte Teil stehen mir zu, weil ich der Stärkste und Tapferste bin.“ Da meckert die Ziege: „Du (______________) betrügst uns (______________)!“ „Wir (______________) beide sind doch Freunde!“, sagt der Löwe. „Sicher gibst du (______________) mir deinen Teil.“ Hebt die Pranke und verkündet: „Liebe Freunde! Denkt immer daran: Ich bin für euch (______________) immer ein guter Freund.“

2

Ersetze jeweils das farbige Substantiv durch ein passendes Personalpronomen der 3. Person.

Versunkene Städte

Im brütenden Dschungel Kambodschas sammelte Henri Mouchot, ein französischer Naturforscher, seltene Blumen und Pflanzen. Eines Tages erzählte dem Naturforscher (*ihm*) ein eingeborener Führer von einer versunkenen Stadt im Urwald. Die versunkene Stadt (   ) erweckte sein Interesse, und der Naturforscher (   ) begann zu suchen.
Ohne Gewissheit, dass es die versunkene Stadt (   ) überhaupt gibt, kämpfte der Naturforscher (   ) gegen alle Gefahren. Eines Tages aber fand der Naturforscher (   ) die versunkene Stadt (   ). Die versunkene Stadt Angkor Thom (   ) hatte die Ausmaße einer Weltstadt. Die versunkene Stadt (   ) bezaubert heute noch jeden Besucher, wenn jeder Besucher (   ) die versunkene Stadt (   ) zuerst sieht.

2.2 Reflexivpronomen

Das Reflexivpronomen weist immer auf das Subjekt des Satzes hin. Wenn du das Wörtchen „selbst" ergänzen kannst, handelt es sich um ein Reflexivpronomen.

Beispiele:	**Bezug zum Subjekt:**	Ich helfe mir (selbst). Wir helfen uns (selbst). Der Tüchtige hilft sich (selbst). Die Tüchtigen helfen sich (selbst).
	Kein Bezug zum Subjekt:	Wir helfen euch.

Für die 1. und 2. Person werden die entsprechenden Formen des Personalpronomens eingesetzt.

Das Reflexivpronomen der 3. Person heißt immer „sich" – im Singular und Plural, im Dativ und Akkusativ.

Beispiele:	**Die Forscher** bahnten **sich** einen Weg durch den Urwald.	
	Wem bahnten die Forscher einen Weg?	also: Dativ
	Sie schonten **sich** dabei nicht.	
	Wen schonten sie nicht?	also: Akkusativ

Es gibt Verben, die so genannten echten Reflexivverben, die unbedingt ein Reflexivpronomen bei sich brauchen. Sie sind sonst unvollständig.

Vergleiche:	**Normales Verb:**	Ich wasche mich.	Ich wasche meinen Hund.
	Reflexivverb:	Ich freue mich.	—

3

Prüfe, ob es sich im Folgenden um echte Reflexivverben handelt.
Ein Tipp: Wenn du das Reflexivpronomen durch „kleiner Bruder“ ersetzen kannst, handelt es sich um ein Reflexivverb.

Beispiel:
sich die Haare waschen → dem kleinen Bruder die Haare waschen!
sich sorgen → ...

Auch das noch!

1. Sich die Ohren waschen
2. sich die Zähne putzen
3. sich anziehen
4. sich auf den Weg machen
5. sich beeilen
6. sich in der Schule anstrengen
7. sich brav melden
8. sich hinlegen
9. sich in den Schlaf wiegen
10. sich erheben

2.3 Possessivpronomen

Das **Possessivpronomen** wird nur als Begleitwort des Substantivs verwendet und stimmt mit ihm in **Numerus** und **Kasus** überein. Es drückt dabei die Zugehörigkeit einer Person oder Sache zu einer anderen aus.

Das Bezugswort bestimmt, welches Possessivpronomen verwendet wird.

Beispiele: **mein** Füller = ein Füller, der **mir** gehört
deine Schule = eine Schule, in die **du** gehst

Die Possessivpronomen der 1. und 2. Person beziehen sich auf die entsprechenden Personalpronomen (ich/wir; du/ihr).

Beispiele: **Ich** kaufe mir ein neues Buch!
Mein Buch hat einen bunten Umschlag.
Kaufen **Sie** sich ein neues Buch!
Nehmen Sie **Ihr** Buch mit in den Urlaub!

Das Possessivpronomen der 3. Person bezieht sich auf ein Substantiv. Dabei entscheiden der Numerus und das Genus des Bezugswortes, welches Possessivpronomen verwendet wird.

Beispiele:

Bezugswort	**Possessivpronomen**	**Bezugswort**	**Possessivpronomen**
der Mann	sein ________	die Männer	ihr ________
die Frau	ihr ________	die Frauen	ihr ________
das Kind	sein ________	die Kinder	ihr ________

Vermeide bei eigenen Texten, dass sich die Form „ihr“ auf mehrere Substantive beziehen kann. Der Leser muss immer genau das Bezugswort erkennen können; sonst kommt es zu Missverständnissen.

4

Wandle die Sätze in Ausdrücke mit dem passenden Possessivpronomen um.

Beispiel: Er ist ihm bekannt → sein Bekannter

1. Er ist ein Mitschüler von mir. ______________________
2. Sie besuchen dich. ______________________
3. Sie bewundert ihn. ______________________
4. Ich habe Hunger. ______________________
5. Du hast diese Ansichten. ______________________
6. Ihr habt viele Vorschläge gemacht. ______________________
7. Wir grüßen herzlich. ______________________
8. Ich verabschiede mich. ______________________

5

Setze die passenden Formen des Possessiv- und Personalpronomens ein.

Fußballregel Nr. 15 – Der Einwurf

1. Der Spieler muss ____________ Gesicht dem Spielfeld zuwenden.
2. ____________ darf mit ____________ Füßen entweder auf der Seitenlinie oder außerhalb von ____________ stehen.
3. Beim Einwurf müssen sich ____________ beiden Hände über ____________ Kopf befinden.
4. Dabei darf der Spieler den von ____________ selbst eingeworfenen Ball nicht berühren.
5. Wenn der Spieler den Ball in das Tor ____________ eigenen Mannschaft wirft, wird auf Eckstoß entschieden.
6. Der Spieler darf ____________ Einwurf wiederholen, wenn es ____________ nicht gelingt, durch ____________ Einwurf den Ball ins Spielfeld zu befördern.

Das gilt auch für den Frauenfußball! Ersetze den Ausdruck „der Spieler" durch „die Spielerin" und verändere entsprechend die Pronomen.

2.4 Demonstrativ- und Indefinitpronomen

Das Demonstrativpronomen weist betont auf Substantive oder andere Pronomen hin. Es wird auf zweifache Weise verwendet:
Als **Begleitwort** steht es vor dem Substantiv und stimmt mit ihm in Kasus, Numerus und Genus überein.
Als **Stellvertreter** weist es auf ein Substantiv hin, das aus dem Textzusammenhang bereits bekannt ist.

Beispiele: Zwei Engländer fanden eine versunkene Stadt.
Diese (= die versunkene Stadt) barg ein großes Geheimnis.

Formen des Demonstrativpronomens

	Singular			Plural
Nominativ	dieser Baum	diese Wiese	dies(es) Haus	diese Bäume
Genitiv	dieses Baumes	dieser Wiese	dieses Hauses	dieser Bäume
Dativ	diesem Baum	dieser Wiese	diesem Haus	diesen Bäumen
Akkusativ	diesen Baum	diese Wiese	dies(es) Haus	diese Bäume

Folgende **Demonstrativpronomen** solltest du kennen:
der, die, das – dieser, diese, dieses – derselbe, dieselbe, dasselbe – jener, jene, jenes – derjenige, diejenige, dasjenige

Das unbetonte Demonstrativpronomen „der, die, das“ tritt nur als Stellvertreter für ein Substantiv auf; die anderen können sowohl als Begleiter wie als Stellvertreter des Substantivs auftreten.

Beispiele: Kommt Herr Müller morgen? **Das** weiß ich nicht.
Haben Sie Herrn Müller Bescheid gesagt? **Dem** habe ich nichts gesagt.

Verwechsle das Demonstrativpronomen „der, die, das“ nicht mit dem bestimmten Artikel. Der Artikel tritt nur zusammen mit einem Substantiv auf, das Demonstrativpronomen kann auch allein stehen.

Das **Indefinitpronomen** weist auf Personen oder Dinge hin, die man nicht genau benennen will oder kann. Es **begleitet** oder **vertritt** im Satz ein Substantiv.

Beispiele: **Irgendjemand** hat den Engländern einen Hinweis gegeben. (Es ist für das Geschehen unwichtig, wer es war.)
Irgendjemand hat mir mein Federmäppchen gestohlen. (Ich weiß aber nicht, wer es war.)

Die Indefinitpronomen haben oft unvollständige Formen, weil nicht genau angegeben werden kann, wer oder was gemeint ist.

Nur im **Singular** kommen vor:	jeder, mancher, ein solcher, (irgend)ein, niemand
Nur im **Plural** kommen vor:	alle, sämtliche, viele, etliche, (irgend)welche, mehrere, einige, wenige
Ihre Form verändern nicht:	man, etwas, nichts, ein paar.

6

Hier stimmt etwas nicht! Ersetze die Indefinitpronomen durch passendere.

1. Müßiggang ist aller ________________ Laster Anfang.
2. Allen ________________ Deutschen schmeckt Sauerkraut.
3. Mancher ________________ Held ist unsterblich.
4. Kein ________________ Schüler hat etwas Taschengeld.
5. Eine Schwalbe macht jeden ________________ Sommer.
6. Niemand ________________ ist seines Glückes Schmied.
7. Jede ________________ Morgenstund hat Gold im Mund.
8. Nach keiner ________________ Mahlzeit die Zähne putzen!

7

Unterscheide den bestimmten Artikel vom Pronomen und schreibe in die Klammer die zutreffende Abkürzung: A(rtikel) oder Pr(onomen).

Die (   ) ersten Eroberer der (   ) Inka-Städte waren Spanier. Die (   ) hatten von den (   ) unermesslichen Goldschätzen der (   ) Inkas gehört. Denen (   ) aber war das (   ) gelbe Metall nicht so wichtig wie den (   ) Weißen. Deren (   ) Gier nach Gold verschonte die (   ) sanften Wilden nicht. Das (   ) war das (   ) blutige Ende des (   ) großen Inka-Reiches.

2.5 Relativ- und Interrogativpronomen

Das Relativpronomen fügt einen Gliedsatz an ein Substantiv an. Es stimmt mit dem Bezugswort in **Genus** und **Numerus** überein. Den angefügten Gliedsatz nennt man Relativsatz.

Das Relativpronomen lautet wie das unbetonte Demonstrativpronomen: **der, die, das.**
Daneben gibt es als Ersatzformen: **welcher, welche, welches; wer, was.**

Hauptsatz	**Relativsatz**
Zwei Männer stießen auf die Reste einer **Stadt**,	**die** im Urwald lag.

Das Interrogativpronomen fragt nach Personen oder Dingen, die noch nicht bekannt sind, und verlangt eine Antwort.
Es **begleitet** oder **vertritt** im Satz ein Substantiv.

Das Interrogativpronomen lautet
- als **Begleitwort:** welcher …? welche …? welches …?
- als **Stellvertreter:** wer? was?

Das Interrogativpronomen leitet einen direkten oder indirekten Fragesatz ein. Den direkten Fragesatz erkennst du am Fragezeichen.

Beispiele: Wer (welcher Freund) kommt heute Abend zum Essen?
Ich frage dich, wer (welcher Freund) heute Abend zum Essen kommt.

8

Wähle den Relativsatz aus, der zum farbigen Bezugswort passt. Streiche die unpassenden Relativsätze durch.

Wortkreuzungen von Kurt Kusenberg

1. Ein Giftzahnarzt ist ein Arzt,
   a) der Giftzähne gefallen
   b) die Giftzähne ziehen
   c) der einen Giftzahn hat

2. Eine Löschblattlaus ist eine Blattlaus,
   a) der Löschblätter schmecken
   b) das Löschblätter kaut
   c) dem Löschblätter schmecken

3. Eine Suppengrünanlage ist eine **Grünanlage,**
   a) auf dem Suppengrün wächst
   b) auf denen Suppengrün wächst
   c) auf der Suppengrün wächst

4. Ein Fußballerstammtisch ist ein **Tisch,**
   a) auf der Fußballer tanzen
   b) an dem Fußballer sitzen
   c) von denen Fußballer erzählen

9

Wandle die Hauptsätze zu Relativsätzen um.

Beispiel: Ich sehe einen Mann. Dem (ihm) gehört ein struppiger Dackel.
Ich sehe einen Mann, dem ein struppiger Dackel gehört.

Ich spreche von einem Dingsda,

1. Das hat einen großen Mund und lange Zähne.
2. Vor ihm bekommen die Menschen Angst.
3. Dessen Fußspuren sind so groß wie der Tisch.
4. Das gibt es gar nicht.
5. Im Moor gefällt es ihm am besten.

Zusatzfrage: Was ist nun eigentlich gemeint? ______________________

10

Formuliere zu den Antworten die entsprechenden Fragesätze. Dazu musst du die Demonstrativ- oder Personalpronomen durch Interrogativpronomen ersetzen.

Schneewittchen und die Zwerge (leicht verändert)

1. Frage: **Wer** hat von **meinem** Papptellerchen gegessen?
   Antwort: **Der** hat von **deinem** Papptellerchen gegessen.
2. Frage: ______________________
   Antwort: Ihm hat dein Softeis geschmeckt.
3. Frage: ______________________
   Antwort: Dessen Nase hat an deinem Pudding geschnuppert.
4. Frage: ______________________
   Antwort: Diese beiden Zwerge haben deine Pommes frites verdrückt.
5. Frage: ______________________
   Antwort: Mit dem ist dein Kartoffelsalat verschwunden.

1

Bestimme den Kasus der Personalpronomen und gib an, ob es sich um die 1., 2. oder 3. Person Singular oder Plural handelt.

Die Fabel von Löwe, Kalb, Ziege und Schaf (Fortsetzung)

Gerade, als der Löwe seinen Freunden klar gemacht hatte, dass **ihm** ( ) allein der von **ihnen** ( ) erlegte Hirsch gehöre, da tauchten drei Füchse auf. Der erste Fuchs zum Löwen: „Ich nehme **mir** ( ) ein Drittel der Beute als Strafgebühr; **du** ( ) hast nämlich keinen Jagdschein." „Und an **mich** ( ) geht das zweite Drittel", sagte der zweite Fuchs, „als Versorgung für deine Witwe." Da knurrte der Löwe. „**Wir** ( ) wollen doch nicht streiten", sagte der dritte Fuchs und nahm sich seinen Anteil. „Als Einkommensteuer", meinte er. „Aber **ich** ( ) bin der König der Tiere", brüllte der Löwe auf. Da lachten die drei Füchse: „Dann bleibt **dir** ( ) doch die Krone." Und: „Ein Dankeschön an **euch** ( ) alle." Winkten und nahmen **ihnen** ( ) auch noch das Geweih weg.

2

Schreibe folgende Fabel für afrikanische Kinder um, indem du die Tierbezeichnungen in den Klammern verwendest. Ändere dabei, wenn nötig, die Personal- und Possessivpronomen.

Die Nachtigall oder der Flötenwürger (Gibt's wirklich!)

Als viele Tiere aus Europa (**Afrika**) ihren letzten Weg in den Himmel angetreten hatten, wurden auch sie von Petrus befragt, was sie denn in ihrem Erdenleben getan hätten. Zuerst prahlte der Wolf (**die Hyäne**), wie er auf seinen Streifzügen die Welt kennengelernt habe. Eine dicke Kuh (**ein behäbiges Nilpferd**) berichtete von ihren Besuchen im Kaffeehaus. Eine ängstliche Spitzmaus (**ein unauffälliger Wüstenwurm**) klagte über ihre schlimme Schulzeit. Da rühmte sich die Gämse (**der Berggorilla**) ihrer Jodelkünste und die Wildkatze (**das Krokodil**) ihrer beißfreudigen Zähne. Nur die Nachtigall (**der Flötenwürger**) erzählte nichts aus ihrem Leben, sondern erfreute „nur" alle durch ihren herrlichen Gesang.

3

Stelle in den folgenden Sprüchen die Art des Pronomens bzw. des Artikels fest. Verwende folgende Abkürzungen:
- für die Artikel: best Art, unbest Art
- für die Pronomen: Dem, Indef, Inter, Pers, Poss, Refl, Rel

Beispiel: Keiner *(Indef)* wäscht reiner als Rainer.

1. Wissen ist Macht, **nichts** wissen macht auch nichts.

2. Wo **wir** sind, klappt **nichts**, doch **wir** können nicht überall sein.

3. **Es** gibt **nichts** zu tun – fangt **ihr** schon mal an.

4. Fahren **Sie mich** irgendwohin, **man** braucht **mich** überall.

5. **Keiner** ist unnütz, **er** kann immer noch ein schlechtes Beispiel geben.

6. **Wer die** Übersicht verloren hat, **der** sollte **den** Mut zur Entscheidung haben.

7. **Es** genügt nicht, **keine** Gedanken zu haben, **man** muss auch **die** Fähigkeit haben, **sie** auszudrücken.

8. **Eine** Lösung hatte **ich**, aber **die** passte nicht zu **meinem** Problem.

3 Adjektiv

3.1 Definition

Das **Adjektiv** bezeichnet **Eigenschaften** und **Merkmale** und kennzeichnet dadurch Lebewesen und Dinge, aber auch Handlungen, Vorgänge und Zustände. Im Satz kommt es vor allem in Verbindung mit Substantiven und Verben vor.

Für die Bildung der Formen ist es wichtig, wie es im Satz verwendet wird. Steht das Adjektiv **bei einem Substantiv**, wird es zusammen mit ihm **dekliniert** und stimmt mit ihm in Kasus, Numerus und Genus überein.

Beispiel: in den **dunklen Grabkammern** der ägyptischen Könige

Steht es **bei einem Verb oder einem Adjektiv**, bleibt es **endungslos** und verändert seine Form nicht.

Beispiel: Die Figürchen sehen **recht merkwürdig** aus.

3.2 Attributive Verwendung

Das **Adjektiv** kann als Beifügung bei einem Substantiv stehen. Man nennt es dann **attributives Adjektiv**.

Es bestimmt Lebewesen oder Dinge genauer, indem es ihre Eigenschaften und Merkmale nennt.

Beispiel: der bunte Papagei

Formen des deklinierten Adjektivs

Die Formen des Adjektivs teilt man in die starke und schwache Deklination ein. Das hängt davon ab, ob vor dem Adjektiv ein Begleitwort steht.

Starke Deklination des Adjektivs
Das Adjektiv wird stark dekliniert, wenn vor ihm
a) kein Artikel oder
b) ein Begleiter ohne Endung steht.
Endungslose Formen sind z. B. manch, solch, welch.

Singular	Maskulinum	Femininum	Neutrum
Nominativ	großer Hut	große Hand	großes Haus
Genitiv	großen Hutes	großer Hand	großen Hauses
Dativ	großem Hut	großen Hand	großem Haus
Akkusativ	großen Hut	große Hand	großes Haus

Plural	Maskulinum	Femininum	Neutrum
Nominativ	große Hüte	große Hände	große Häuser
Genitiv	großer Hüte	großen Hände	großer Häuser
Dativ	großen Hüten	großen Händen	großen Häusern
Akkusativ	große Hüte	große Hände	große Häuser

Schwache Deklination des Adjektivs
Das Adjektiv wird schwach dekliniert, wenn vor ihm
a) ein Artikel oder
b) ein Begleiter mit Endung steht.

Das schwache Adjektiv hat nur zwei verschiedene Endungen, nämlich für den gesamten Nominativ und den Akkusativ Femininum und Neutrum Singular **-e**; für alle übrigen Formen **-en**.

Beispiele: Der große Hut (die große Hand, das große Haus) gefällt mir nicht.
Ich mag den groß**en** Hut (die große Hand, das große Haus) nicht.
Die Form des groß**en** Hutes (der groß**en** Hüte) gefällt mir nicht.
Dem groß**en** Haus (den groß**en** Häusern) fehlt die Farbe.

Kasus, Numerus und Genus des schwach deklinierten Adjektivs erkennst du nur am Begleiter, der davor steht.

Nach dem unbestimmten Artikel wird das Adjektiv im Nominativ und Akkusativ stark dekliniert.

Beispiele: Ein groß**es** Haus gefällt mir nicht.
Aber: Die Form eines groß**en** Hauses gefällt mir nicht.

1

Stelle das Adjektiv vor das Substantiv, bilde die richtige Adjektivform und unterstreiche die Endung.

Aus einem Autotest

a) Vorzüge:

Ladekante: tief

____

Gurt: verstellbar

____

Kofferraum: geräumig

____

Vordersitz: bequem

____

b) Nachteile:

Sechszylinder-Motor (lahm und laut) mit Leistung (schwach)

____

Reichweite (gering) durch Tank (klein)

____

Fahrverhalten (unsicher) bei Geschwindigkeiten (schnell)

____

Fahrsicherheit (mäßig) wegen Lenkung (schwammig)

____

2

Wie viele Adjektive, die ein Substantiv begleiten, findest du? Unterstreiche und zähle.

Aus einem Urlaubsprospekt

Manch erfahrener Mallorca-Kenner weiß es längst: Auf dieser schönen Insel haben wir für alle sonnenhungrigen Urlauber aus der sagenhaften Fülle die besten Angebote ausgewählt. Damit Ihre kostbaren Urlaubstage gelingen, bieten wir Ihnen die größte Auswahl: Sie reicht von der einfachen Pension bis zum gepflegten Hotel und stellt auch anspruchsvolle Gäste zufrieden. Genießen Sie die inseltypische Kochkunst. Es lohnt sich, die herzhaften Leckerbissen und die fangfrischen Fische aus dem Meer zu versuchen. Für jene aktiven Urlauber, die nicht nur faulenzen wollen, gibt es bei uns ganz tolle Möglichkeiten, die Sie woanders kaum finden werden.

3

Verwende in den Zeilen mit dem Kennbuchstaben a) keinen Artikel, mit b) den bestimmten Artikel und mit c) den unbestimmten Artikel. (Ein Beispiel habe ich dir jeweils vorgegeben.) Ergänze die fehlenden Ausdrücke.

Aus einer Werbeanzeige für das schöne Portugal

1 a) *Durch mildes Klima vielfältige Pflanzenpracht!*

b) ____________________

c) ____________________

2 a) ____________________

b) *Der süße Duft der tropischen Früchte in der unberührten Natur!*

c) ____________________

3 a) ____________________

b) ____________________

c) *Kunstvolle Bauwerke aus einer ruhmreichen Vergangenheit!*

3.3 Adverbiale und prädikative Verwendung

Das Adjektiv kann auch als Beifügung bei **Verben** oder **anderen Adjektiven** stehen. Man nennt es dann **adverbiales Adjektiv**. Du bestimmst dadurch ein Geschehen oder eine Eigenschaft genauer.
Das adverbiale Adjektiv erhältst du, wenn du im Satz die Frage: **Wie?** stellst. Es bleibt immer in der Grundform und **verändert sich nicht**.

Beispiele: **Wie** sehen die Pyramiden aus? **Geheimnisvoll** sehen sie aus.
Wie geheimnisvoll sehen die Pyramiden aus? **Sehr** groß.

Es ist manchmal schwierig, das undeklinierte Adjektiv vom Adverb zu unterscheiden. Im Deutschen gibt es nämlich, im Unterschied etwa zum Englischen, für das Adverb keine eigene Endung. Mit Hilfe der **Attributprobe** kannst du jedoch leicht feststellen, ob es sich um ein Adjektiv handelt oder nicht. Du versuchst, das fragliche Wort als Beifügung zu einem Substantiv zu verwenden. Dabei muss es sich deklinieren lassen.

Beispiel: Die Figürchen sehen **merkwürdig** aus. – Die **merkwürdigen** Figürchen.
So stellten sich die Ägypter **damals** ihre Götter vor.

Damals kann nicht als Adjektiv vor ein Substantiv gesetzt werden und ist deshalb Adverb. **Merkwürdig** dagegen ist ein Adjektiv.

Bei einigen Verben wie **„sein, scheinen, bleiben"** ist das Adjektiv eine notwendige Ergänzung des Prädikats, denn das Prädikat wird erst durch das Adjektiv vollständig. Man spricht dann vom **prädikativen Adjektiv**. Es bleibt ebenfalls immer in der Grundform und **verändert sich nicht**.

Beispiel: Pyramiden, die mehr als 3000 Jahre … sind.
Wie sind sie?
Pyramiden, die mehr als 3000 Jahre **alt** sind.

Wenn du überprüfen willst, ob ein Adjektiv prädikativ verwendet wird, dann verändere den Numerus von Subjekt und Prädikat. Die Form des Adjektivs darf sich dabei nicht verändern.

Beispiel: Es wurde eine Figur gefunden, die mehr als 3000 Jahre **alt** ist.
Es wurden Figuren gefunden, die mehr als 3000 Jahre **alt** sind.

4

Bilde sinnvolle Sätze, indem du zum Prädikat das passende Adjektiv aus der Liste wählst. Wandle die Sätze 2, 4, 5 in Pluralsätze um.

	Verb	Adjektiv
1. Das Wetter	ist	ärgerlich
2. Das Haus	blieb	krank
3. Meine Freundin	stand	hell
4. Der Kühlschrank	wurde	unverändert
5. Dein Bruder	war	rosa
6. Die Sonne	schien	offen

5

Unterstreiche in folgendem Text das adverbiale Adjektiv einmal, das prädikative Adjektiv zweimal.

Gescheiter Blödsinn

Dunkel war's, der Mond schien hell,
schneebedeckt die grüne Flur,
als ein Wagen blitzesschnell
langsam um die Ecke fuhr,
während ein erschoss'ner Hase
auf der Wiese Schlittschuh' lief.
Und auf einer roten Bank,
die blau angestrichen war,
saß ein blond gelockter Jüngling,
mit kohlrabenschwarzem Haar,
neben ihm 'ne alte Schachtel,
zählte kaum ein ganzes Jahr.

6

Selbst bei diesen Unsinnssätzen kannst du unterscheiden, wie das Adjektiv verwendet wird. Schreibe die Adjektive in die richtige Spalte.

Schwabbrige Golche

knuselten sich mit knostrigen Wabbeln,

die lupfig wurden,

durch den dapprichen Drösel.

Aber weil der Prutz zarblich war,

verstrosiperten sich die Trunkel

ölmisch und flitschig ins Schlumumpfel.

attributiv	**prädikativ**	**adverbial**
______________	______________	______________
______________	______________	______________
______________		

7

Mache die Attributprobe. Wandle die echten Adjektive in attributive Adjektive um und ergänze ein passendes Substantiv. Bei Adverbien machst du einen Strich.

Beispiel: Beachte die Regeln sorgfältig!
→ Die sorgfältige Beachtung der Regeln …

Aus einer Gebrauchsanleitung

1. Bitte kontrollieren Sie sofort den Paketinhalt.

   ______________________ Kontrolle des Paketinhalts

2. Vergleichen Sie sorgfältig die Einzelteile mit der Materialliste.

   ______________________ Vergleich der Einzelteile

3. Rufen Sie uns an und geben Sie die Ersatzteilnummern genau an.

   ______________________ Angabe der Ersatzteilnummern.

4. Wir helfen Ihnen umgehend.

   ______________________________ Hilfe

5. Beachten Sie beim Zusammenbau des Schrankes stets die Skizzen.

   ______________________________ Beachtung der Skizzen

6. Wir beglückwünschen Sie herzlich zu Ihrem Erfolg!

   ______________________________ Glückwunsch!

8

Bilde die richtigen Adjektivformen. Bei zwei Adjektiven bestimmt jeweils das erste das zweite.

Aus dem Versandhauskatalog

Zweiteiliger Jogging-Anzug aus (hautsympathisch) ______________________

Baumwolle für (sportlich, interessiert) ______________________________

Mädchen.

(Langärmelig) ______________________________ Sweatshirt in

(großzügig) ______________________________ Verarbeitung und

(lässig) ______________________________ Schnitt, mit

(weich, gefüttert) ______________________________ Schultern.

Dazu eine (aktuell, gemustert) ______________________________ Hose.

3.4 Steigerung des Adjektivs

Das Adjektiv kann als einzige Wortart **gesteigert** werden. Die gesteigerte Form nennt man auch **Vergleichsform,** weil man sie meist dazu verwendet, um Eigenschaften miteinander zu vergleichen.

Zu einem vollständigen Vergleich gehört auch das richtige Vergleichswort. Der **Positiv** (= Grundform) steht, wenn zwei Eigenschaften gleich sind. Das Vergleichswort heißt „so … wie"

Beispiel: Die Cheops-Pyramide ist **so** groß **wie** ein Hochhaus.

Der **Komparativ** drückt aus, dass zwei Eigenschaften verschieden sind. Das Vergleichswort heißt „als".

Beispiel: Kein Bauwerk war größer **als** die Cheops-Pyramide.

Der **Superlativ** bezeichnet die Eigenschaft, die im Vergleich zu anderen das höchste Ausmaß hat.

Beispiel: Die ältesten Mauern standen in Babylon.

Formen der Vergleichsformen

Der **Positiv** hat keine eigenen Endungen.

Der **Komparativ** hat die Endung **-er**.

Beispiel: Der Leuchtturm von Alexandria war klein**er** als die Pyramiden.

Manche einsilbigen Adjektive lauten zusätzlich den Stammvokal um.

Beispiel: warm – wärmer

Der **Superlativ** besitzt die Endung **-st**. Wird der Superlativ attributiv gebraucht, führt er immer den bestimmten Artikel bei sich.

Beispiel: Die Cheops-Pyramide ist **das** berühmte**ste** Bauwerk Ägyptens.

Wird der Superlativ nicht **attributiv**, sondern **adverbial** oder **prädikativ** verwendet, wird ihm das Wörtchen „am" vorangestellt und die Endung **-(e)sten** angefügt.

Beispiel: Die Cheops-Pyramide ist **am** berühmte**sten**.

Einige Adjektive werden unregelmäßig gesteigert.

Beispiele:	gute Einfälle	bessere Einfälle	die besten Einfälle
	viel Geld	mehr Geld	am meisten Geld

Merke

Nicht alle Adjektive können gesteigert werden. Ein Adjektiv, das zu einer der vier Gruppen gehört, wird nicht gesteigert.

a) Es bezeichnet Eigenschaften, die sich nicht verändern.
Beispiel: ägyptische Götter

b) Es hat bereits die Bedeutung eines Superlativs.
Beispiel: einzigartige Bauweise

c) Es hat eine verneinte Bedeutung.
Beispiel: zeitlose Bauwerke

d) Es ist kein echtes Adjektiv, sondern ein Partizip.
Beispiel: die Hängenden Gärten der Semiramis

9

Bilde Sätze nach folgendem Muster:

Beispiel: jung – der Himalaja – alt – Harz
→ Die Alpen sind jünger als der Himalaja, aber älter als der Harz.

1. grob – Spinne – fein – Seeadler

   Der Kolibri baut ein … Nest … .

2. kalt – Wolf – warm – Frosch

   Das Murmeltier hat im Winter … Blut … .

3. dumm – Papagei – klug – Huhn

   Der Hund benimmt sich …

4. stark – Koalabär – schwach – Eisbär

   Der Pandabär ist … .

5. gut – Karpfen – schlecht – Antilope

   Der Affe sieht in der Nähe …

10

Wandle die Komparative bzw. Superlative in den Positiv um. Denke daran, dass du manchmal auch das Vergleichswort ändern musst.

Beispiel: Ich singe schöner als du. → Ich singe so schön wie du.

1. ICE fahren ist die schönste Art, bequemer ans Ziel zu kommen!
2. Mit der Lernmaske XYZ lernen Sie schneller als bisher!
3. XYZ-Lautsprecherboxen! Musik – begeisternder als im Konzertsaal!
4. Der NS 850 Ski-Schuh zeichnet sich durch höchsten Komfort und beste Passform aus!
5. 12 feinste Gebäcksorten für den verwöhntesten Gaumen!
6. Gönnen Sie sich die weitesten Flüge zu billigsten Preisen!
7. Unser Waschmittel bringt strahlenderes Weiß!

11

Überlege dir, welche der Adjektive sich nicht steigern lassen. In welche Gruppe von Adjektiven gehören sie?

Aus einem Sportbericht

Alle redeten vom Wetter, nur der **strahlende** Sieger nicht. Der erste Wettbewerb wurde zu einer **außergewöhnlichen** „Hitzeschlacht". **Gut** kam der **schwedische** Spitzensportler Thomas Wassberg mit den **besonderen** Verhältnissen zurecht. Er gewann damit die fünfte Goldmedaille bei **internationalen** Wettbewerben. Der **hohe** Favorit Gunde Svan endete **hoffnungslos** abgeschlagen auf einem der **letzten** Plätze. Im Ziel waren sich fast alle Teilnehmer **einig:** „Die **aufgeweichte** Spur, der **nasse** Schnee und die **schwere** Strecke – das war eines der härtesten Rennen über 30 km, das es je gab. Ein **absoluter** Wahnsinn!" Doch Wassberg meinte ganz **nüchtern:** „Ich fühlte mich **total fit,** es ist **optimal** gelaufen. Die **schwierigen** Bedingungen haben mir – anders als vielen Konkurrenten – **gut** gepasst. Es war nicht **ungünstig,** dass ich in der **vergangenen** Saison fast kein Rennen bestritten habe."

Adjektive, die unveränderliche Eigenschaften bezeichnen:

____

____

Adjektive, die bereits superlativische Bedeutung haben:

____

____

Adjektive, deren Bedeutung verneint ist:

____

____

Adjektive, die von der Form her Partizipien sind:

____

____

1

Handelt es sich in den folgenden Sätzen um Positiv- oder Komparativformen? Benutze die Abkürzung P bzw. K.
Füge außerdem, wenn nötig, das richtige Vergleichswort ein.

Leicht veränderte Lebensweisheiten

1. **Besser** ( ) ein **lebender** ( ) Hund ein **toter** ( ) Löwe.
2. Ein **kluger** ( ) Mann sagt: Wer **tiefer** ( ) irrt, der wird auch **schneller** ( ) weise.
3. **Lieber** ( ) ein **schlechter** ( ) Gewinner ein **guter** ( ) Verlierer.
4. Ein **voller** ( ) Bauch studiert **seltener** ( ) ein **leerer** ( ).
5. Wussten Sie schon, dass **guter** ( ) Ratschlag **teurer** ( ) geworden ist?
6. In **rauer** ( ) Schale steckt oft ein **fauler** ( ) Kerl.
7. **Guter** ( ) Staat ist **teuer** ( ).

2

Bilde die richtigen Formen. Die Abkürzung hinter dem Adjektiv nennt die Steigerungsstufe.

XXX – Die (schön, S) Art, (braun, P) zu werden

Der **(neu, P)** Bräunungsfaktor regt durch **(natürlich, P)** Wirkstoffe selbst **(empfindlich, K)** Haut **(behutsam, P)** zur Bräunung an. Je **(hoch, K)** dabei der Schutzfaktor ist, desto **(stark, K)** ist die Bräunung. So werden Sie **(sicher, P) (braun, P)**. Der XXX-Lichtschutzfaktor sorgt für ein **(lang, P)** Verweilen selbst in der **(grell, S)** Sonne. Je **(überlegt, K)** Sie diesen Faktor wählen, desto **(gut, K)** ist Ihre Haut geschützt. Machen Sie deshalb diese **(außergewöhnlich, P)** Sonnenkosmetik zu Ihrem **(ständig, P)** Begleiter.

3

Bestimme die Vergleichsstufe (P, K oder S) und Verwendungsart (attr, präd, adv) der Adjektivformen.

Beispiel: frühe (*P, attr*) Spuren der Menschheit

Frühe Spuren der Menschheit

Jüngst (______________) **erfolgte** (______________) Ausgrabungen im Zweistromland haben zu **wirklich** (______________) **überraschenden** (______________) Erkenntnissen über die Anfänge der Menschheit geführt. Um 8500 v. Chr. siedelten hier Menschen unter **härtesten** (______________) Lebensbedingungen in **niedrigen** (______________) Rundhütten. **Später** (______________) ließen sie sich an Flüssen nieder, wo durch das **wärmere** (______________) Klima die Nahrung **reich** (______________) vorhanden war. Die **neueren** (______________) Funde brachten **grobe** (______________) Feuersteine mit **scharfen** (______________) Klingen ans Licht, die **sorgfältigst** (______________) verarbeitet sind und **höchste** (______________) Handwerkskunst beweisen.

Schlusstest

1

Unterstreiche die Substantivgruppen des folgenden Textes.

Pompeji

Keine andere versunkene Stadt gibt den Besuchern heute noch ein so unverfälschtes Bild davon, wie längst vergangene Völker gelebt haben. Du kannst über gepflasterte Straßen gehen und den kostbaren Schmuck in den Tempeln bewundern. In farbenprächtigen Mosaiken preisen geschäftstüchtige Kaufleute ihre seltenen Waren an. Du trittst in die geräumigen, reich geschmückten Häuser und bewunderst dort die wertvollen Räume.

2

Setze die Wörter in Klammern in den Satz ein.

Auch auf (der, amerikanisch) ______________________________ Erdteil haben die Menschen vor (viel) ______________ Jahrhunderten für (ihr) ___________ Götter (riesig) ________________ Häuser gebaut. In Peru haben Wissenschaftler das (gewaltig) _____________________ Heiligtum der Sonne ausgegraben. Am Ende einer (mächtig) _____________________ Treppe lockt uns (ein, riesengroß) ______________________________________ Figur ins (dunkel) ______________ Innere, die aus (ein, einzig) ____________________ Steinblock gemeißelt ist. Sie ist (reich, verziert) _________________________. Mit (solch, wertvoll) ___________________________________ Körperschmuck wollte der (früh) ____________ Künstler offenbar den (besondere) ________________________ Rang der Person hervorheben. Hinter all (dieses, rätselhaft) ____ Bildern ist eine (uralt) ________________ Botschaft versteckt.

3

Gib an, welche Substantive oder Substantivgruppen durch die hervorgehobenen Pronomen ersetzt werden.

Herculaneum

Die zweite Stadt, die durch den Vulkanausbruch untergegangen ist, liegt in der Nähe von Pompeji. Sie ______________________________ wurde wieder entdeckt, als Arbeiter zufällig einen Kanal bauten. Sie ______________ stießen auf gepflasterte Straßen und Wege. Auf ihnen __________________________ lagen noch fast unversehrt Menschen und Tiere. Diesen __________________________ war es nicht mehr gelungen, vor dem Aschenregen zu fliehen; so plötzlich war er über sie __________________________ hereingebrochen. Bereits über 200 Jahre dauert die Ausgrabung der Ruinen. Sie __________________________ beschert uns täglich Fundstücke von seltener Schönheit. Im Hause eines Kaufmanns kann man z. B. wundervolle Gemälde finden. Sie ______________________________, aber auch Gegenstände aus dem Alltag, zeugen von einem reichen Leben.

4 Verb

4.1 Definition

Das **Verb** bezeichnet Handlungen, Vorgänge oder Zustände. Wie beim Substantiv verändert sich auch beim Verb die Wortform in einem Text. Das nennt man **konjugieren**. (Beim Substantiv spricht man vom Deklinieren.)

Jede konjugierte Verbform ist durch **fünf** Merkmale bestimmt.

Beispiel:	1. Person	ich sehe	du s**iehst**
	2. Numerus	ich sehe	wir sehe**n**
	3. Modus	ich sehe	ich s**ähe**
	4. Tempus	ich sehe	ich s**ah**
	5. Genus des Verbs	ich sehe	ich **werde gesehen**

Eine konjugierte Verbform nennt man auch **finit**.
Im Satz ist die finite Verbform immer das **Prädikat**.

4.2 Person und Numerus

In der finiten Verbform werden **Person** und **Numerus** ausgedrückt. Es gibt jeweils drei Personen im Singular und Plural. Die Person gibt an, wer oder was am Geschehen beteiligt ist, der Numerus, wie viele es sind.

Die 1. Person bezeichnet den Sprecher oder Schreiber des Textes;
die 2. Person den Hörer oder Leser.
Die 3. Person bezeichnet Personen oder Dinge, über die gesprochen oder geschrieben wird.

Die finite Verbform nennt man auch **Personalform**. Sie bildet im Satz das Prädikat und stimmt in Person und Numerus mit dem Subjekt überein.

Beispiel:	1. Person Singular:	**Ich fahre** nach Indien.
	2. Person Singular:	**Du fährst** nach Indien.
	3. Person Plural:	Viele **Touristen fahren** nach Indien.

Bildung der Personalformen

Bei einigen Verben ändert sich in der 2. und 3. Person Singular der Vokal der Stammsilbe.

Beispiel: ich schlafe – du schläfst – er, sie, es schläft

Infinite Verbformen

Neben den **Personalformen** gibt es drei **infinite Verbformen**, die keine Person, sondern nur einen Vorgang oder Zustand bezeichnen.

1. **Infinitiv**
   Er bildet die Grundform des Verbs und gibt nur seine Bedeutung an.

   Beispiele: tanzen, erblühen, sein

2. **Partizip I** (= Partizip Präsens)
   Es drückt aus, dass ein Geschehen oder ein Zustand andauert. Es wird fast nur als Adjektiv verwendet.

   Beispiel: Ich sah viele **lachende** Kinder.

3. **Partizip II** (= Partizip Perfekt)
   Es bezeichnet den Abschluss eines Geschehens oder Zustands. Es dient vor allem dazu, zusammengesetzte Verbformen zu bilden.

   Beispiel: Die Häuser sind rosa **angemalt.**

   Es wird auch als Adjektiv verwendet und entsprechend dekliniert.

   Beispiel: Die Stadt Jaipur besteht aus rosa **angemalten** Häusern.

1

Schreibe die Sätze um, indem du die Höflichkeitsform in die 2. Person Singular veränderst.

Beispiel: Sie besichtigen → du besichtigst

Aus dem Reiseprospekt

Am vorletzten Tag der Traumreise fliegen Sie nach Katmandu, der Hauptstadt von Nepal. Dort müssen Sie Patan, die uralte Königsstadt, besuchen. Sie sehen herrliche Tempel mit prachtvollen Toreingängen. Und in Bodnath dürfen Sie den berühmten Buddha bestaunen, der in alle Himmelsrichtungen blickt. Wenn Sie mögen, können Sie sich in malerischen Cafés eine Ruhepause gönnen. Sie essen zuckersüßes Gebäck und nehmen honigsüßen Tee zu sich. Und in unserem First-Class-Hotel schlafen Sie in orientalischem Luxus. Diesen Tag vergessen Sie ganz sicher nicht.

2

Ordne die infiniten Verbformen richtig in eine Tabelle ein.

Aus dem Reisebericht von Christoph Kolumbus

Im weiteren Verlauf meiner Fahrt entdeckte ich eine große Siedlung, die **ausgedehnteste,** die wir bisher **vorgefunden** hatten. Ich sah, wie eine Horde nackter Eingeborener laut **schreiend** und ihre Furcht **einflößenden** Spieße **schwingend** zum Ufer **gelaufen** kam. Da ich mit ihnen **sprechen** wollte, gab ich Befehl, vor Anker zu **gehen.** Gleichzeitig hatte ich **angeordnet,** die Indianer mit den **mitgeführten** Kleinigkeiten zu **beschenken.** Anfangs gaben die **drohenden** Indianer zu **verstehen,** dass sie keineswegs **gesonnen** seien, die Weißen **landen** zu **lassen.** Als sie aber sahen, dass die Boote immer näher ans Land herankamen, ergriffen sie schnell **davonlaufend** die Flucht.

Infinitiv	Partizip I	Partizip II

4.3 Tempus

Mit Hilfe der **Tempusform** hast du die Möglichkeit, ein Geschehen zeitlich einzuordnen. Dabei gehst du immer von dem Augenblick aus, in dem du sprichst oder schreibst.

Es gibt drei Zeitstufen, in die du das Geschehen einordnen kannst:
Ein Geschehen, das **während der Sprechzeit** abläuft, liegt in der **Gegenwart**.
Ein Geschehen, das **zeitlich zurückliegt**, gehört zur **Vergangenheit**.
Ein Geschehen, das noch **zu erwarten ist**, liegt in der **Zukunft**.

Zu den drei Zeitstufen gehören jeweils zwei Tempusformen.

Zeitstufe Gegenwart

1. Das **Präsens** drückt aus, dass ein Geschehen im Augenblick stattfindet. Es wird auch verwendet, wenn etwas zeitlos gültig ist. Mit entsprechenden Zeitangaben weist das Präsens auch in die Zukunft.

   Beispiele: Ich **singe** (gerade, jetzt, in diesem Augenblick).
   Ich **denke** (oft, immer wieder) an dich.
   Lügen **haben** (stets) kurze Beine. 2 x 2 **ist** (immer) 4.
   Heute Nachmittag **fliegen** wir nach Jaipur.

2. Das **Perfekt** stellt fest, dass ein Geschehen zwar in der Vergangenheit abgeschlossen ist, aber als Ergebnis für die Gegenwart wichtig ist („Ergebnis-Perfekt"). Es kommt oft zusammen mit dem Präsens vor und bezeichnet dann die Vorzeitigkeit.

   Beispiel: Ich **habe** (gestern) bis in die Nacht **gearbeitet**, und ich bin deshalb (nun, heute) müde.

   Im Süden Deutschlands wird das Perfekt auch verwendet, um von vergangenen Geschehnissen zu erzählen („Erzähl-Perfekt").

Zeitstufe Vergangenheit

1. Das **Präteritum** bezieht sich auf ein vergangenes Geschehen. Du findest das Präteritum sehr häufig in Berichten oder Erzählungen.

   Beispiele: Ich **arbeitete** (gestern, damals) recht gerne.
   Es **war** einmal (vor langer, langer Zeit) ein König.

2. Das **Plusquamperfekt** kommt fast nur in Verbindung mit dem Präteritum vor und bezeichnet dann die Vorzeitigkeit.

   Beispiel: Nachdem ich **gearbeitet hatte**, war ich müde.

Zeitstufe Zukunft

1. Das **Futur I** kündigt ein kommendes Geschehen an. Du kannst das Futur I auch verwenden, um einen Wunsch oder eine Vermutung auszusprechen. Oft wird es durch das Präsens mit Zeitangaben ersetzt.

   Beispiele: Wir **werden** bald wieder zu Hause **sein**.
   Du **wirst** jetzt deine Hausaufgaben **machen**!
   Das **wird** ganz schön teuer **werden**.

2. Das **Futur II** kommt im Deutschen sehr selten vor. Es bezeichnet ein abgeschlossenes Geschehen, das allerdings erst erwartet wird. Meist wird es durch das Ergebnis-Perfekt ersetzt.

   Beispiel: Wenn ich nach Hause **zurückgekehrt sein werde** (besser: bin), werde ich dir alles erzählen.

Mache dir noch einmal durch die Übersicht klar, wie die Zeitstufen und Tempusformen zusammenhängen.

Zeitstufen	**Tempusformen**	
Gegenwart	Präsens	Perfekt
Vergangenheit	Präteritum	Plusquamperfekt
Zukunft	Futur I (Präsens)	Futur II (Perfekt)

Dir ist sicher aufgefallen, dass die Zeitstufe etwas anderes ist als das Tempus. Verwende deshalb für die Tempusformen die lateinischen Fachausdrücke und für die Zeitstufen die deutschen.

3

Nummeriere die Sätze in der richtigen zeitlichen Reihenfolge. Um es dir ein bisschen einfacher zu machen, haben wir den ersten und letzten Satz vorgegeben!

Elefantenschule

8 dürfen sie später als Paradetiere bei religiösen Festen auftreten.

☐ Nachdem man sie eingefangen hatte,

☐ muss büßen.

☐ Das bekamen einige indische Elefanten zu spüren,

☐ Wenn sie „anständiges Benehmen gegenüber den Menschen“ gelernt haben,

☐ die in den letzten Wochen großen Schaden angerichtet hatten.

☐ mussten sie drei Wochen lang eine „Elefanten-Schule“ besuchen.

1 Wer sich zu wild gebärdet,

4

Stelle fest, zu welcher Zeitstufe das Tempus jeweils gehört, und trage die entsprechende Satznummer ein.

Krawattenrekord

1. Umberto Sala, italienischer Textilfabrikant, **hat** dem Schiefen Turm von Pisa den größten Schlips der Welt **verpasst.**
2. Dazu **verwendete** er eine 44 m lange Stoffbahn in den italienischen Nationalfarben.
3. Für den Knoten **brauchte** er mehrere Tage.
4. Sala **plant** ein noch größeres Schlips-Abenteuer.
5. Als Nächstes **wird** er der New Yorker Freiheitsstatue an den Hals **gehen.**

Zeitstufe	**Satznummer**
Vergangenheit:	____________
Gegenwart:	____________
Zukunft:	____________

Bildung der Tempusformen

Jedes Verb hat **drei Stammformen,** mit denen du alle Tempusformen bilden kannst:

1. Infinitiv	= Präsensstamm	besichtigen
2. 1. Person Sing. Prät.	= Präteritumstamm	(ich) besichtigte
3. Partizip II	= Perfektstamm	besichtigt

Die Verben bilden die Tempusformen auf verschiedene Weise. Man unterscheidet die **starke, schwache** und **unregelmäßige Konjugation.** Zu welcher Konjugationsklasse das jeweilige Verb gehört, siehst du an der 2. und 3. Stammform.

2. Stammform (= Präteritumstamm)

Die **starken** Verben verändern den Stammvokal.

Bei manchen Verben kannst du den veränderten Stammvokal auch am dazugehörenden Substantiv sehen.

Beispiel: binden – das Band – (ich) band

Die **schwachen** Verben bilden das Präteritum mit der Silbe **-te**.
Die **unregelmäßigen** Verben verändern den Stammvokal und fügen gleichzeitig die Silbe **-te** der schwachen Verben an.

3. Stammform (= Perfektstamm)

Den Perfektstamm erkennst du bei allen Verben an der Vorsilbe **ge-**.
Alle starken Verben haben im Perfektstamm die Endung **-en,**
die schwachen und die unregelmäßigen die Endung **-t**.

Aufpassen musst du allerdings bei Verben, die bereits eine Vorsilbe haben. Wenn sie betont ist, wird die Silbe ge- danach eingeschoben; wenn die Vorsilbe unbetont ist, entfällt das ge-.

Beispiele:	besichtigen	besichtigt
	vorsorgen	vor-ge-sorgt

Im Folgenden haben wir dir eine Übersicht über alle Tempusformen zusammengestellt.

	stark	schwach	unregelmäßig
Infinitiv	fallen	lachen	bringen
Präteritumstamm	fiel	lachte	brachte
Perfektstamm	gefallen	gelacht	gebracht
betonte Vorsilbe	vorgefallen	ausgelacht	vorgebracht
unbetonte Vorsilbe	verfallen	verlacht	verbracht

Mit Hilfe der Stammformen kannst du nun alle Tempusformen bilden. Dabei unterscheidet man die **einfachen** von den **zusammengesetzten** Formen.

Einfache Tempusformen

Die einfachen Tempusformen werden durch das Vollverb allein gebildet. Nur das **Präsens** und das **Präteritum** haben einfache Tempusformen.

Einige Verben bilden ein starkes und ein schwaches Präteritum mit unter schiedlicher Bedeutung.

Beispiele: Der Bauer trinkt. — Der Bauer trank.
Der Bauer gab seinem Vieh zu trinken. — Der Bauer tränkte sein Vieh.

5

Verwandle die Präsensformen in Präteritumformen und setze das passende Substantiv ein.

Auf dem Reiterhof

1. Ganz früh am Morgen reiten ______________ wir mit unseren Pferden aus.
2 Welch ein herrlicher ______________ über die grünen Wiesen!
3. Über einem Hindernis reißt ______________ sich Brigitte die Hose auf.
4. Den ______________ nähte danach ihre Mutter mit einem Flicken zu.
5. Auf dem Turnierplatz streichen ______________ Anna und Lena die Hindernisse an.
6. Der Trainer lobte sie: „Den ______________ habt ihr gut hinbekommen."

7. Dabei pfeift ______________ er anerkennend durch die Zähne.
8. Aber es war nur ein leiser ______________, den die anderen leider nicht hörten.
9. Im Stall greift ______________ Martin dem Schimmel in die dicke Mähne.
10. Aber den ______________ bemerkte der Schimmel gar nicht.
11. Nur ein kleines Tierchen flieht ______________ springend davon.
12. Kaum zu glauben. Es war ein ______________!

6

Wandle die Präsensformen in Präteritumformen um.

1. Die Arbeiter fällen den Baum, und dann fällst du darüber.
2. Noch schwimmen Fische im Wasser. Aber wer schwemmt das Gift heraus?
3. Alle Wege führen nach Rom, deshalb fahren wir auch nach Rom.
4. Du beugst das Substantiv. Ich biege den Stahl.
5. Das Kind setzt sich auf den Stuhl. Dann sitzt es da und guckt.

Zusammengesetzte Tempusformen

Alle mehrteiligen Verbformen bildet man aus einem **finiten Hilfsverb** und **infiniten Formen,** die sich nicht verändern. Als Hilfsverben dienen die Verben **werden, sein, haben.**
Achte auf die richtige Stellung der Verbform im Satz! Im Hauptsatz steht das finite Hilfsverb an zweiter Stelle und die infiniten Verbformen am Ende des Satzes. Sie bilden so die **Satzklammer**. Im Gliedsatz befindet sich das finite Hilfsverb am Ende und die finite Verbform davor.

Beispiele: Ich **werde** im Prunkbett des Maharadschas **schlafen**.
Ich freue mich darauf, dass ich im Prunkbett **schlafen werde**.

Tempusformen mit dem Hilfsverb „werden"

Futur I: „werden" + 1. Stammform

Beispiel: Wir **werden** nach London **fliegen**.

Futur II: „werden" + 3. Stammform + „haben/sein"

Beispiel: Bis Weihnachten **werde** ich meine Noten **verbessert haben**.

Tempusformen mit dem Hilfsverb „haben/sein"

Perfekt: „haben/sein" + 3. Stammform

Beispiel: Ich **bin** in London sehr spät **angekommen**.
Ich **habe** im Bett eines Maharadschas **geschlafen**.

Möglicherweise hast du Schwierigkeiten bei der Wahl des richtigen Hilfsverbs. Nur Verben, die eine Bewegung ausdrücken und kein Akkusativobjekt nach sich haben können, gebrauchen das Hilfsverb „sein".

Beispiel: Ich laufe. Ich **bin** gelaufen.

Verben, bei denen du mit der Kasusfrage: Wen oder was? das Akkusativobjekt erhältst oder probeweise ergänzen kannst, benützen das Hilfsverb „haben".

Beispiel: Ich singe ein Lied. Ich **habe** ein Lied **gesungen**.

Plusquamperfekt: „hatte/war" + 3. Stammform

Beispiel: Nachdem wir den Tower in London **besichtigt hatten**, gönnten wir uns ein Essen in einem feinen Restaurant.

Der Wechsel zwischen „haben" und „sein" richtet sich nach denselben Regeln wie beim Perfekt.

7

Wandle die Präsensformen in Perfektformen um.

Wie der FC Bayern Meister geworden ist

Meistertitel sammeln die Münchner Bayern am Fließband. Der Lorbeer der Konkurrenz verwelkt. Titel in Serie: Keinem gelingt das bisher. Und keiner begrüßt mehr Zuschauer, keiner verdient mehr, keiner gewinnt häufiger und bleibt länger ungeschlagen. Der FC Bayern verleiht der Bundesliga Glanz. Was kann die Mannschaft dafür, dass die Gegner so schwach auf der Brust sind? Gleich zu Beginn setzen sich die Münchner an die Spitze, zu früh, wie der Trainer findet.

4.4 Genus des Verbs

Mit dem **Genus des Verbs** drückst du aus, wie du das Geschehen betrachtest. Verwechsle es daher nicht mit dem Genus des Substantivs.

Mit dem Aktiv drückst du aus, dass das Subjekt im Mittelpunkt steht.

Beispiel: Ich lobe dich. = Sehrichtung auf das handelnde Subjekt

Im Passivsatz betrachtest du das Geschehen aus einer anderen Richtung. Im Mittelpunkt steht jetzt der Vorgang.

Beispiel: Ich werde gelobt. = Sehrichtung auf den Vorgang

Die Passivformen werden aus dem Hilfsverb „werden" bzw. „sein" und der 3. Stammform zusammengesetzt. Dabei ändert sich nur das Hilfsverb.

Tempusformen mit dem Hilfsverb „werden"

Präsens:	Ich **werde** überall **bestaunt**.
Präteritum:	Ich **wurde** überall **bestaunt**.
Futur I:	Ich **werde** überall **bestaunt werden**.
Futur II:	Ich **werde** überall **bestaunt worden sein**.

Dir ist sicher aufgefallen, dass das Präsens Passiv ebenso wie das Futur I Aktiv das Präsens des Hilfsverbs „werden" verwendet. Die Formen kannst du aber leicht unterscheiden. Sieh immer auf die infinite Form und erinnere dich: Nur das Futur I Aktiv hat einen Infinitiv bei sich!

Beispiele:	Futur I Aktiv:	Ich **werde** den Tower in London **besichtigen**.
	Präsens Passiv:	Paris **wird** von vielen Menschen **besichtigt**.

Tempusformen mit dem Hilfsverb „sein"

Perfekt:	Ich **bin bestaunt worden**.
Plusquamperfekt:	Ich **war bestaunt worden**.

Das **Zustandspassiv** rückt einen Zustand in den Mittelpunkt. Es besteht aus einer Personalform von „sein" + Partizip.

Präsens:	Die Häuser **sind** rosarot **angemalt**.
Präteritum:	Die Häuser **waren** rosarot **angemalt**.

8

Bestimme Tempus und Genus der Verbformen.

Eine alte Wikingersiedlung in Norddeutschland

1. Bei der Stadt Schleswig **liegt** eine der ältesten Siedlungen Deutschlands.
2. Hier **befand** sich einst ein bedeutsamer Hafen der Wikinger.
3. Er **wurde** öfters Opfer von Raubüberfällen.
4. Im Jahre 1066 **war** die Stadt fast völlig **zerstört worden**.
5. Aber immer noch **werden** in der Nähe des alten Hafens Ausgrabungen **gemacht**.
6. Man **fand** sogar ein ganzes Wikingerboot.
7. Und erst kürzlich **hat** man einen Runenstein **entdeckt**, in den altgermanische Schriftzeichen **eingemeißelt** sind.

9

Bestimme das Genus des Verbs mit folgenden Abkürzungen:
A = Aktiv, VP = Vorgangspassiv, ZP = Zustandspassiv.

Die Höhle von Lascaux: ein Blick in die Steinzeit

1. Nur durch einen Zufall wird 1940 die Höhle von Lascaux entdeckt.
2. In ihr gibt es Malereien, die vor 17 000 Jahren entstanden sind.
3. Die schönsten Bilder wurden in einem engen Gang gefunden.
4. Besonders rätselhaft ist der Mann mit dem Vogelkopf.
5. Dieses urzeitliche Heiligtum war von Menschen nie bewohnt.
6. Noch heute ist der Ort von einem geheimen Zauber erfüllt.

10

Bestimme das Tempus und das Genus mit folgenden Abkürzungen:
PrA = Präsens Aktiv, PrP = Präsens Passiv, FA = Futur I Aktiv.

Praktische Hinweise für eine Flugreise

1 Immer mehr wird das Flugzeug das ideale Verkehrsmittel (   ), um von Europa in ferne Länder zu kommen.

2. Es wird empfohlen (   ), auf langen Reisen eine Übernachtung einzuplanen.
3. Nach Indien werden auch zahlreiche Charterflüge angeboten (   ).
4. Dadurch wird der Urlaub billiger (   ); da wird man gerne auf einigen Komfort verzichten (   ).
5. Damit Ihr Urlaub ein Genuss wird (   ), wenden Sie sich an Ihr Reisebüro.
6. Dort wird man Sie freundlich beraten (   ); außerdem werden alle Formalitäten zuverlässig erledigt (   ).

4.5 Modus

Der **Modus** bezieht sich auf den ganzen Satz und gibt an, wie die Satzaussage zu verstehen ist.
Es gibt drei Modi: Indikativ, Konjunktiv und Imperativ.

a) Indikativ

Du verwendest ihn, wenn du ein Geschehen als tatsächlich darstellst. Das gilt auch, wenn du z. B. Geschichten erfindest.

Beispiele: Es **ist** (tatsächlich) wundervoll hier.
Es **war** einmal ein König.

b) Konjunktiv

Durch ihn drückst du aus, dass du keine Aussage über Tatsachen machen willst oder kannst. Dabei musst du zwischen dem **Konjunktiv I** und **II** unterscheiden:

Der Konjunktiv I bezeichnet eine Anweisung oder einen Wunsch. Er dient auch dazu, eine Aussage einzuschränken. Dies ist z. B. nötig, wenn du die Sätze einer anderen Person wiedergibst.

Beispiel: Man **nehme** ein Pfund Mehl und drei Eier!

Den Konjunktiv II benützt du, wenn du klarmachen willst, dass das Geschehen nur gedacht ist und sich in Wirklichkeit nicht ereignet.

Beispiel: Es **wäre** schön, wenn du hier sein **könntest**!

c) Imperativ

Durch ihn drückst du einen Wunsch oder eine Aufforderung aus.

Beispiel: **Stell** dir vor: Ich reite auf einem Elefanten!

Bildung der Modalformen

a) Der **Indikativ** hat kein eigenes Moduszeichen.

b) Die Formen des **Imperativs** kannst du leicht von den Indikativformen ableiten. Es gibt nur drei Möglichkeiten:

	Singular	Plural	Höflichkeitsform
Imperativ	Stell(e) dir vor!	Stellt euch vor!	Stellen Sie sich vor!

Einige Verben verändern beim Imperativ den Stammvokal und hängen kein **-e** an.

Beispiel:	Grundform	(2. P. S. Ind. A.)	Imperativ Singular
	befehlen	(du befiehlst)	Befiehl!

c) Der **Konjunktiv I** unterscheidet sich vom Indikativ Präsens nur in der 3. Person Singular.

Beispiel: Indikativ: er, sie, es lach**t** Konjunktiv I: er, sie, es lach**e**

Der **Konjunktiv II** unterscheidet sich nur bei einigen starken Verben vom Indikativ Präteritum.

Beispiel:	ich **flog**	ich **flöge**
	ich **war**	ich **wäre**

Hinweise zum Gebrauch der Konjunktivformen

Da der Indikativ im Präsens mit dem Konjunktiv I gleich lautet, werden meist die Formen des Konjunktivs II als Ersatzform benutzt. Dies ist bei der 3. Person Singular nie nötig, weil sich die Endungen immer unterscheiden.

Indikativ	**Konjunktiv I**	**Ersatzform**
wir besichtigen	wir besichtigen	wir besichtigten
er, sie, es besichtigt	er, sie, es besichtige	—

Da der Indikativ im Präteritum mit dem Konjunktiv II gleich lautet, wird er mit „würde" umschrieben.

11

Verändere das Salatrezept, indem du die Aufforderungen abschwächst und das unpersönliche „man" mit dem Konjunktiv I verwendest.

Beispiel: Nehmen Sie … ! → Man nehme …

Kopfsalat

1. Reiben Sie die Schüssel mit einer Knoblauchzehe aus.
2. Zerkleinern Sie die Zutaten für die Soße, verrühren Sie diese und lassen Sie alles etwas ziehen.
3. Gießen Sie die Soße über den Salat und mischen Sie rasch durch.
4. Richten Sie den Salat erst kurz vor dem Verzehr an.
5. Tipp: Schütteln Sie die Soße in einem Schraubglas kräftig durch.

12

Ein indischer Fremdenführer erzählt:

1. Das Taj Mahal ist das schönste Grabmal der Erde.
2. Es wird von keinem anderen Bauwerk an Glanz und Pracht übertroffen.
3. Ein indischer Kaiser hat es für seine verstorbene Frau erbaut.
4. Dieses Grabmal soll den Menschen als ein Mahnmal für die Macht der Liebe dienen.
5. Der Kaiser hat 20000 Arbeiter beschäftigt und zwei Jahre benötigt, um das Bauwerk fertig zu stellen.
6. Er hat auch vorgehabt, für sich selbst ein pechschwarzes Grabmal errichten zu lassen.
7. Sein Wunsch ist es gewesen, die beiden Grabstätten durch eine silberne Brücke zu verbinden.
8. Sein Sohn aber hat ihn in einer nahe gelegenen Festung einsperren lassen.

Schränke die Aussagen des Fremdenführers ein, indem du statt der Indikativformen Konjunktiv I-Formen einsetzt:

Man sagt,

1. ______________________________

2. ______________________________

3. ______________________________

Man vermutet,

4. ______________________________

5. ______________________________

6. ______________________________

Man erzählt sich,

7. ______________________________

8. ______________________________

13

Wandle folgende Behauptungen ins Gegenteil um. Beginne jeden Satz mit „Es wäre schön, wenn …".

Beispiel: Im Winter ist es kalt.
→ Es **wäre** schön, wenn es im Winter **warm wäre.**

1. **Der Nürnberger Trichter funktioniert nicht.**
2. **Die Stühle in der Schule sind nicht gepolstert.**
3. **Am Wandertag fahren die Schüler nicht nach Indien.**
4. **Die Regeln der Grammatik lernt man nicht im Schlaf.**
5. **Für die Teilnahme am Unterricht bekommt keiner 50 €.**
6. **Die deutschen Schüler haben in Europa die kürzesten Ferien.**

14

Wandle die Höflichkeitsform (zusammen mit den Pronomen) in die 2. Person Singular um.

Beispiel: Sie lernen → du lernst

Die Sterne sagen immer die Wahrheit (oder auch nicht)

 **Zwilling**	Sie lernen eine wichtige Persönlichkeit kennen. Schlagen Sie eine Bitte um Hilfe nicht ab. Geben Sie Ihrem Gefühl nach und helfen Sie ohne Bedenken.	 **Löwe**	Vergessen Sie Ihre Freunde nicht und zeigen Sie ihnen, wie wichtig sie Ihnen sind. Morgen fühlen Sie sich so wohl wie schon lange nicht mehr.
 **Waage**	Ein großer Wunsch geht in Erfüllung. Werfen Sie Ihre Hemmungen ab. Laden Sie Freunde ein und feiern Sie.	 **Skorpion**	Sie spüren leise Wehmut, wenn Sie an einen bestimmten Menschen denken. Melden Sie sich doch einfach bei ihm.
 **Schütze**	Lassen Sie sich zu nichts überreden, was Sie anstrengt. Nehmen Sie sich nichts vor, was Ihre Kräfte übersteigt. Werfen Sie nicht Ihre guten Vorsätze über Bord.	 **Wasser mann**	Schreiben Sie mal auf, was Sie sich noch vorgenommen haben. Sehen Sie den Schwierigkeiten ins Auge.

4.6 Modalverb

Das **Modalverb** bestimmt die **Art und Weise eines Geschehens** genauer. Es gibt sechs Verben, die als Modalverben verwendet werden:

Modalverb	Art des Geschehens	Beispiele
können	möglich	Ich kann schwimmen.
müssen	notwendig	Ich muss lernen.
wollen	beabsichtigt	Ich will fernsehen.
sollen	erwartet	Ich soll abwaschen.
dürfen	erlaubt	Ich darf ins Kino gehen.
mögen	erwünscht	Ich mag tanzen.

Verwechsle das Modalverb nicht mit dem Modus des Verbs. Das Modalverb bestimmt die Art des Geschehens, der Modus die Art der Aussage.

Beispiel: **Sollte** es zu viel verlangt sein, wenn du vielleicht so nett sein **könntest** und mir das letzte Brötchen mit viel Butter und noch mehr Marmelade herüberreichen **wolltest**, auf dass es mir wohl bekommen **möge**. (Vornehm!)

Die Modalverben bilden kein Passiv und keinen Imperativ.

15

Wandle die vorgegebenen Sätze sinngemäß in Sätze mit Modalverben um.

Beispiel: Es wird erwartet, dass das Paket frühzeitig zum Postamt gebracht wird.
→ Das Paket **soll** frühzeitig zum Postamt gebracht werden.

Wichtige Hinweise der Post auf einer Paketkarte

1. Es ist vorgeschrieben, dass dem Paket eine Paketkarte beigelegt wird.
2. Es ist erlaubt, dass bis zu 10 Pakete an denselben Empfänger auf einer Paketkarte zusammengefasst werden.
3. Es wird erwartet, dass für die Aufschrift des Pakets der amtliche Klebezettel verwendet wird.
4. Es ist nicht erlaubt, Paketkarten für Paketaufschriften zu verwenden.
5. Es wird verlangt, dass die Aufschrift des Pakets in allen Angaben mit der Paketkarte übereinstimmt.

16

Schreibe jeweils die entsprechende Ziffer zu den passenden Stichwörtern.

Umfrage: „Was muss ein richtiges Münchner Wirtshaus bieten (1)?"

Liesl Müller, Industriekauffrau

„Bodenständig und gemütlich müssen die Wirtshäuser sein (2). Knödel, Weißwürst' und ein gutes Bier dürfen nicht fehlen (3)."

Josef Engel, Unternehmensberater

„Bäuerlich müssen sie sein (4). Auf das bayerische Essen will ich nicht verzichten (5). In einer anständigen Gaststätte soll es Schweinebraten und Krautsalat geben (6)."

Erika Meier, Arzthelferin

„Eine richtige Gaststätte muss billig sein (7) und viele Stammgäste haben (8). In den alten Wirtshäusern kann man in Ruhe sein Bier trinken (9). Die Bedienungen sollen schon Dirndl tragen (10). Und ein gutes Tellerfleisch muss auf der Karte stehen (11)."

Felix Faulstich, Jurist

„Ich will mich in unseren Wirtshäusern wohl fühlen (12). Die Bedienungen sollen fesche Dirndl tragen (13). Selbstbedienung mag ich nicht (14)."

Folgende Handlungen, Vorgänge oder Zustände sind

erlaubt: ____________________ nicht erlaubt: ____________________

notwendig: ____________________ nicht notwendig: ____________________

beabsichtigt: ____________________ nicht beabsichtigt: ____________________

erwartet: ____________________ nicht erwartet: ____________________

möglich: ____________________ nicht möglich: ____________________

erwünscht: ____________________ nicht erwünscht: ____________________

1

Entscheide, ob die fett gedruckten Verbformen finit oder infinit sind und kreuze an.

	finit	infinit
Was so alles geschrieben steht		
1. **Suche** Reitstiefel und Reitkappe und altes Schaukelpferd.	☐	☐
2. 1a Dauerwurst – von unseren eigenen Schweinen **hergestellt**	☐	☐
3. Klassenlehrer günstig **abzugeben**. Kl. 11 b	☐	☐
4. Notausgang. Benutzung strengstens **untersagt**!	☐	☐
5. Achtung! **Bin** aus dem Urlaub zurück. Euer Polizist Bruno	☐	☐
6. Hier ist das Fischen nur den Vögeln **gestattet**.	☐	☐
7. Lehrstelle als Millionär **gesucht**. Sofort oder später	☐	☐
8. Mehrere Einwohner **haben** am Himmel ungewöhnliche Objekte **gesichtet**, darunter drei Müllmänner.	☐	☐

2

Welche der hier geschilderten Ereignisse sind zum genannten Zeitpunkt gegenwärtig, welche bereits vergangen, welche zukünftig? Trage die entsprechenden Satzziffern ein.

Der Weg der deutschen Mannschaft zur Goldmedaille im 10-km-Langlauf

7.32	1. Die deutsche Mannschaft steht auf und frühstückt.
8.41	2. Sie wärmt sich durch Gymnastik auf und bereitet sich auf den Wettkampf vor.
11.00	3. Los geht's.
	4. Der erste Läufer startet.
11.02	5. Die Mannschaft Norwegens setzt zur Verfolgung an.
11.27	6. Der erste Läufer übergibt an den zweiten.
11.35	7. Der Vorsprung der deutschen Mannschaft schrumpft.
11.50	8. Der zweite Läufer meistert die schwere Abfahrt.
	9. Die Zuschauer jubeln.
11.56	10. Der dritte Läufer startet.
12.22	11. Dem zweiten Läufer kommen die ersten Glückstränen.
	12. Der dritte Läufer legt einen fantastischen Endspurt hin.
12.24	13. Die deutsche Mannschaft gewinnt Gold!
20.00	14. Dann beginnt in Oberstdorf die längste Nacht des Jahres.

Zeitpunkt: 11.00 Uhr

vergangen: ____________________ gegenwärtig: ____________________

zukünftig: ____________________

1. Die deutsche Mannschaft ______________________________________

2. ____

Zeitpunkt: 12.24 Uhr

vergangen: ____________________ gegenwärtig: ____________________

zukünftig: ____________________

12. ____

14. ____

3

Bestimme die Verbformen vollständig nach Person, Numerus, Modus, Tempus und Genus.

Ein Glückspilz

Roy Whetstine **hat** das Geschäft seines Lebens **gemacht**, als er bei einer Edelsteinausstellung auf einen roten Kristallklumpen **aufmerksam wurde**. Er **erkannte** sofort, was sich dahinter **verbergen könnte**. Zehn Dollar **waren** die Kaufsumme für den verstaubten Stein. Seine Söhne **hätten** ihm erst das Geld **borgen müssen**, **gab** er nachher **bekannt**. Er **wurde** so zum Besitzer des größten jemals gefundenen Saphirs. Dessen Wert **wird** auf 2,8 Millionen Dollar **geschätzt**. Wer von uns **hätte** nicht schon einmal von solch einem Glück **geträumt**?

4

Wie komme ich von A nach B?

Finde heraus, was sich jeweils von der ersten zur zweiten Tempusform verändert hat. Benenne die Veränderung(en).

Beispiel: mit zwei Veränderungen!

a) ich werde gelobt | b) ich werde loben | *Tempus und Genus*

mit einer Veränderung!

1. a) ich bin verloren | b) ich habe verloren | ______
2. a) ich werde warten | b) ich würde warten | ______
3. a) du tanzt | b) du kannst tanzen | ______
4. a) du hilfst | b) du halfst | ______
5. a) er geht | b) sie gehen | ______
6. a) er lacht | b) ich lache | ______

mit zwei Veränderungen!

1. a) hilf! | b) du halfst | ______
2. a) sie wäre verschwunden | b) sie waren verschwunden | ______
3. a) er tanzt | b) du willst tanzen | ______
4. a) du siehst | b) du bist gesehen worden | ______

5. a) wir springen b) sie sprängen ____________

6. a) ich stolpere b) ich sei gestolpert ____________

mit drei Veränderungen!

1. a) du singst b) ihr hättet gesungen ____________
2. a) wir sind verraten b) ihr verratet uns ____________
3. a) seid brav b) wir sind brav gewesen ____________
4. a) wir würden bestraft b) wir haben bestraft ____________
5. a) ich lache b) du hättest auch gelacht ____________
6. a) sie sind gelaufen b) ich sei gelaufen ____________

5

Verändere die Verbform nach dem jeweils angegebenen Stichwort und verwende sie dann weiter.

Beispiel:	Ich bin gegangen	Konjunktiv	*ich sei gegangen*
	ich sei gegangen	Plural	*wir seien gegangen* usw.

Formenschlange oder: Bis zum bitteren Ende

Wie heißt die letzte Form?

1. ihr werdet gelobt Singular ____________
2. ____________ Aktiv ____________
3. ____________ Konjunktiv I ____________
4. ____________ 3. Person ____________
5. ____________ Perfekt ____________

1. wir flogen Konjunktiv II ____________
2. ____________ Plusquamperfekt ____________
3. ____________ Singular ____________
4. ____________ Passiv ____________
5. ____________ 3. Person ____________

5 Adverb

5.1 Definition

Das **Adverb** bestimmt ein Geschehen oder Personen und Gegenstände genauer und macht nähere Angaben zum ganzen Satz.

Beispiele: Ich blieb mit meinem Schiff weiterhin auf Kurs Südwest.
= Angaben zu einem Geschehen

Wir litten unter Seegang, mehr als zuvor.
= Angaben zu einem Satz

Im Unterschied zum Adjektiv verändert das Adverb nie seine Form und steht im Satz alleine.

Die Adverbien lassen sich nach der **temporalen, lokalen, modalen** und **kausalen** Sinnrichtung unterscheiden.

5.2 Temporale Sinnrichtung

Die **temporalen Adverbien** drücken zeitliche Umstände aus. Sie geben Auskunft auf die Fragen:

Wann? Seit wann? Wie lange? Wie oft?

Beispiel: Um 10 Uhr **abends** wurden im Mittelalter die Stadttore geschlossen.

1

Bringe die einzelnen Handlungen in die zeitliche Ordnung, indem du die Sätze richtig durchnummerierst.

Wie man in der Spanischen Hofreitschule das erste Mal ein Pferd besteigt

1 Zunächst wird der junge Hengst in die Mitte der Reithalle geführt.

☐ Jetzt wird der Reiter dicht neben dem Pferd mehrmals hochgehoben.

☐ Hierauf lässt der Reiter ganz langsam sein Gewicht auf den Sattel nieder.

☐ Unterdessen ist der Reiter unauffällig neben das Pferd getreten.

☐ Zugleich muss das Pferd ein paar Schritte nach vorwärts tun und das ganze Gewicht des Reiters tragen.

☐ Dann hebt der Reiter vorsichtig erst das eine Bein über den Sattel.

☐ Einstweilen stützt er sich lediglich auf den Sattel, ohne sich hinzusetzen.

8 Zuletzt zieht der Reiter das zweite Bein nach und sitzt auf dem jungen Pferd, ohne es erschreckt zu haben.

2

Unterstreiche die temporalen Adverbien. Auf welche Verben beziehen sie sich?

Sprüche aus dem Poesiealbum

1. Was ein Häkchen werden will,
krümmt sich beizeiten.
Dein Turnlehrer

2. Jedes Mal, wenn die Schule beginnt,
packt mich sofort die Schlafkrankheit.
Mitschüler Kalle

3. Wer mit dem Leben spielt,
kommt nie zurecht,
wer sich nicht selbst befiehlt,
bleibt immer ein Knecht.
Dein Religionslehrer

4. Wenn einst in fernen Tagen
mein Name wird genannt,
dann kannst du sehr wohl sagen:
Die hab ich auch gekannt.
Mutter

5. Manchmal ereignet sich im Augenblick,
was man bislang erhofft hat.
(Römische Weisheit)
Dein Lateinlehrer

5.3 Lokale Sinnrichtung

Die **lokalen Adverbien** machen Angaben zu den räumlichen und örtlichen Verhältnissen (Standort, Herkunft, Richtung). Du findest sie sehr häufig bei Verben der Bewegung.
Sie antworten auf die Frage: **Wo? Wohin? Woher?**

Beispiel: Ich reiste von Rom aus **nach** Ägypten.

3

Setze die folgenden lokalen Adverbien in die passenden Sätze ein:

hinauf und hinunter – hin und her – vor und zurück – hier und dort – oben und unten – drunter und drüber

1. Beim Tennisspielen fliegt der Ball immer ________________.
2. Beim Schwimmen geht es im Wasser ________________.
3. Beim Klettern muss der Bergsteiger ________________.
4. Beim Fechten springt man ________________.
5. Beim Drachenfliegen ist man bald bald ________________.
6. Beim Ringen liegt der eine ____________ der andere ____________.

4

Ordne die Adverbien dem passenden Stichwort zu.

Ein einfaches Spiel mit zwei Würfeln

1. Jeder Spieler schreibt anfangs die Zahlen 2 – 12 nebeneinander auf ein Papier.
2. Dann beginnt derjenige, der oben am Tisch sitzt.
3. Nun würfelt jeder und streicht sogleich die entsprechende Zahl durch.
4. Ist eine Zahl bereits durchgestrichen, geht der Würfel an den links sitzenden Mitspieler.
5. Die Zahlen 2 und 12 dürfen mehrmals durchgestrichen werden.
6. Wer zuerst alle Zahlen auf dem Papier durchgestrichen hat, ist Sieger.

temporale Adverbien: … lokale Adverbien: …

5.4 Modale Sinnrichtung

Die **modalen Adverbien** machen Angaben zu den näheren Begleitumständen eines Geschehens. Außerdem kannst du mit ihnen den Satz insgesamt beurteilen.
Sie beantworten folgende Fragen: **Wie? Wie sehr? Inwiefern? Auf welche Art und Weise? In welchem Maße? Im Vergleich wozu?**

Beispiele: Wir freuen uns **sehr** auf den Ausflug.
Es schien **so**, als wäre die Tür eben erst zugefallen.

5

Stelle fest, wie das Adverb die Aussage näher bestimmt, und setze in die Klammer hinter dem jeweiligen Adverb das passende Zeichen.

(+) bedeutet Erweiterung, Ergänzung, Hervorhebung
(–) Einschränkung, Unbestimmtheit
(x) Gegensatz, Widerspruch

Aus einer Schlussbemerkung unter einem Deutschaufsatz

Dein Aufsatz ist besonders ( ) im ersten Teil gelungen. Teilweise ( ) macht das Lesen deiner Erlebniserzählung richtig Spaß. Dagegen ( ) hast du im zweiten Teil dir weder ( ) große Mühe gegeben noch ( ) das Thema genau beachtet. Der Höhepunkt ist kaum ( ) erkennbar. Außerdem ( ) hast du ziemlich ( ) wenig anschauliche Adjektive verwendet. Jedoch ( ) ist der Schluss recht ( ) originell. Deine Arbeit wird den Anforderungen einigermaßen ( ) gerecht.

6

Ersetze die folgenden Hauptsätze durch passende Adverbien.

Beispiel: Es ist sicher, dass ich morgen zu dir komme.
→ Sicherlich komme ich morgen zu dir.

1. Es besteht kein Zweifel, dass Kolumbus einer der größten Entdecker war.
2. Aber es ist auch sicher, dass er einem großen Irrtum erlegen ist.
3. Sein Irrtum bestand nämlich darin, dass er den Seeweg falsch berechnet hat.
4. Es ist möglich, dass er sein Unternehmen nicht sorgfältig vorbereitet hat.
5. Es war allerdings ein glücklicher Zufall, dass er dabei Amerika entdeckte.
6. Es ist zu bedauern, dass Kolumbus arm und einsam gestorben ist.

5.5 Kausale Sinnrichtung

Die **kausalen Adverbien** begründen das Geschehen. Sie beziehen sich meist auf den ganzen Satz und beantworten die Fragen: **Wodurch? Womit? Wieso? Wozu? Mit welcher Folge? Warum?**

Beispiel: Ich war krank, **deshalb** konnte ich am Ausflug nicht teilnehmen.

7

Was geben die farbigen Adverbien an: Grund, Folge, Bedingung oder Zweck?

Hinweise für den Hundebesitzer

Jeder Hund ist ein Rudeltier. Deshalb ist es wichtig, dass immer Menschen um ihn herum sind. Es ist dazu notwendig, ihn nie längere Zeit alleine zu lassen. Sonst verkümmert seine Seele, und er wird folglich eher krank als ein glücklicher Hund. Wozu braucht der Hund den Menschen noch? Genau genommen zum Gehorchen. Der Hund braucht nämlich ein Leittier, das ihm überlegen ist. Notfalls muss man ihm das mit Strenge klarmachen. Sonst wird er machen, was er will. Deshalb muss der Mensch auch dafür sorgen, dass der Hund sein Futter bekommt. Dadurch gewöhnt er sich noch mehr an sein „Herrchen".

8

Finde zu den farbigen Wörtern ein passendes Adverb in Frageform, so dass die vorgegebenen Sätze als Antwort möglich sind.

Beispiel: **Wie** muss der Hund gehorchen?
→ Der Hund muss seinem Herrn aufs Wort gehorchen.

1. So wird ein Hund richtig erzogen.
2. Für diese Aufgabe musst du dir viel Zeit nehmen.
3. Mit Geduld und Zuwendung kannst du ihm am besten etwas angewöhnen.
4. Durch genaue Beobachtung lernst du auch sein Verhalten schnell verstehen.
5. Dein Hund braucht ständig Lob und Ermunterung.
6. Vor Schlägen und lautem Schreien hat ein Hund am meisten Angst.

1

Ordne die Adverbien je nach ihrer Sinnrichtung den entsprechenden Stichwörtern zu.

Geheimnis des Alltags: der Dosenöffner

In der Sendereihe „Die Geheimnisse des Alltags" wenden wir uns heute einem Gegenstand zu, der unser Leben zutiefst verändert hat, dem Dosenöffner. Bald wird keine Hausfrau mehr auf diese Erfindung verzichten wollen. Der Ärger mit Nagelfeile und Schleifpapier ist nun endlich vorbei. Deswegen wollen Sie sicherlich wissen, wie er funktioniert. Er ist im Gebrauch besonders einfach. Sie nehmen zunächst das Gerät in die Hand und setzen es vorne – mit der Spitze unten – dort auf der Dose auf, wo Sie vorher ein Loch gebohrt haben: und dann – immer im Kreis herum. (Richten Sie deshalb vorsichtshalber Verbandszeug her.) Flugs ist die Dose geöffnet, und schon lächeln Ihnen die schönsten Dinge entgegen: Schuhcreme, Wiener Würstchen, Bier und Tennisbälle. Alles rein in den Topf – und alles mindestens eine Woche köcheln.

temporale Sinnrichtung: ______________________________

lokale Sinnrichtung: ______________________________

kausale Sinnrichtung: ______________________________

modale Sinnrichtung: ______________________________

2

Unterscheide das Adverb vom adverbialen und prädikativen Adjektiv.
Führe die Adverbien und die Adjektive (in der Grundform) getrennt auf.

Aus dem ABC nach Hans Christian Andersen

Bauersleut leben heute / besser als in alter Zeit.
Elefanten tappen schwer / ebenfalls als Kind daher.
Ferkel werden niemals fein / folglich nie gesittet sein.
Hier und da und fern und nah / hört nicht jeder gern „hurra".
Kuh ist weiblich, Stier ist Mann / Kälber kommen später dran.
Tönt auch wunderschön sein Lied / Teetopf summt nur, wenn er zieht.
Zöpfe, die man schneiden muss / zieren niemand. Aus und Schluss.

Adverbien: ______________________________

Adjektive: ______________________________

6 Präposition

6.1 Definition

Die **Präposition** setzt Personen und Dinge in ein bestimmtes Verhältnis zueinander. Im Satz kommt sie meist mit einem Substantiv oder Pronomen zusammen vor. Sie bestimmt den Kasus des Wortes, zu dem sie gehört. Präposition und abhängiges Wort nennt man zusammen **Präpositionalausdruck**.

Wie das Adverb drückt auch die Präposition verschiedene Sinnrichtungen aus: **lokal, temporal, kausal, modal.**

6.2 Lokale Sinnrichtung

Die **lokalen Präpositionalausdrücke** machen Angaben zu Raum und Ort. Sie bezeichnen die Lage, den Standort oder die Richtung. Einige Präpositionen können sowohl den Dativ als auch den Akkusativ nach sich haben. Du kannst die Frage:
Wo? oder **Wohin?** stellen.

Beispiel:	Richtung (wohin?)	Ich fliege **auf die Insel Tahiti**.
	Lage (wo?)	Ich bin endlich **auf der Insel Tahiti**.

Die Präpositionen können mit dem bestimmten Artikel (Maskulinum und Neutrum) zu einer Form verschmolzen werden.

Beispiel: durch das Wasser → durchs Wasser

1

Ordne die Präpositionalausdrücke der richtigen Spalte zu.

Wie romantisch!

Gehen Sie doch abends einmal **an den Strand.** Suchen Sie sich **unter den dunklen Palmen** ein ruhiges Plätzchen. Schauen Sie zu, wie sich die Sonne **auf das tiefblaue Meer** niedersenkt und sich dann **hinter den Horizont** langsam zurückzieht. **An dem dunklen Himmel** leuchten bald funkelnde Sterne, und **über Ihnen** erstrahlt das berühmte Kreuz des Südens. Träumen Sie und lassen Sie alle Sorgen **hinter sich.** Und wenn sich **zwischen Ihre Träume** die melodischen Lieder der Eingeborenen mischen, dann spüren Sie den ganzen Zauber der Südsee.

Standort, Lage Dativ	Richtung, Ziel Akkusativ
______________________	______________________
______________________	______________________
______________________	______________________
______________________	______________________

2

Schreibe die Präpositionalausdrücke mit lokaler Sinnrichtung heraus.

Die Deutsche Bahn AG informiert

Lieber Kunde.
Sie reisen in einem unserer Großraumwagen.
Ihrer Bequemlichkeit dienen:
- Sitze mit verstellbarer Armlehne
- Hochklappbare Armlehne zwischen den Sitzen
- Leseleuchten über jedem Platz
- Klapptisch vor jedem Sitzplatz in der Rückenlehne des Vordersitzes
- Regale für Gepäckstücke neben den Eingängen
- große Abfallbehälter an den Türen
- in den Einstiegsräumen ein Hinweisschild zum Zugrestaurant

Wir wünschen gute Reise!

Die Bahn

6.3 Temporale Sinnrichtung

Mit den **temporalen Präpositionalausdrücken** bezeichnest du den **Zeitpunkt** und die **Zeitdauer** eines Geschehens. Sie antworten auf die Fragen: **Wann? Seit wann? Wie lange? Wie oft?**

Beispiele: Zeitpunkt: **während** der Fahrt
Zeitdauer: all die Jahre **hindurch**

3

Suche die temporalen Präpositionalausdrücke und ordne sie richtig zu.

Mit dem „Palast auf Rädern" durch Indien

Hauptbahnhof Delhi: Fauchend und auf Hochglanz poliert steht der Orientexpresszug abfahrbereit. Er verkehrt nur während der sechs kühlen Monate des indischen Winters. Von Oktober bis März herrscht Aufregung auf Bahnsteig 1. Und am darauf folgenden Mittwoch ist der „Palast auf Rädern" bei Tagesanbruch wieder zurück. In aller Eile wird er sauber gemacht und aufpoliert. In kurzer Zeit kann die Fahrt durch das Land der Maharadschas erneut losgehen. In früheren Jahren hatten die Engländer ein hervorragendes Eisenbahnnetz aufgebaut, das bis auf den heutigen Tag alle Teile Indiens miteinander verbindet. Seit dieser Zeit kann man von Delhi aus mit dem Zug zu den großen Sehenswürdigkeiten fahren. Auch in unseren Tagen ist es noch ein großes Erlebnis; denn bei dieser Reise werden die Gäste wie Großfürsten aus vergangenen Tagen verwöhnt.

temporale Präpositionen mit Genitiv:

___

temporale Präpositionen mit Dativ:

___

___

temporale Präpositionen mit Akkusativ:

___

6.4 Modale Sinnrichtung

Die **modalen Präpositionalausdrücke** helfen dir, die **Art und Weise** oder die **Eigenschaft** auszudrücken. Sie geben Antwort vor allem auf die Fragen: **Wie? Von welcher Art? Für wen?**

Beispiel: **Ohne Handy** verlässt der moderne Mensch nicht das Haus.

Folgende Präpositionen solltest du kennen:

mit Genitiv: abzüglich …, anstatt …, ausschließlich …, einschließlich …, trotz …

mit Dativ: aus …, außer …, bei …, in …, mit …, nach …, unter …, von …, zu …

mit Akkusativ: auf …, bis …, für …, gegen …, ohne …, über …, wider …

4

Ersetze die modalen Präpositionen durch solche, die das Gegenteil bezeichnen.

1. Gehen Sie ohne feste Schuhe und ohne Kletterseil ins Gebirge.
2. Verzehren Sie Ihr Essen mit Hast und in Eile.
3. Steigen Sie nur entgegen der Erlaubnis des Hüttenwirts auf.
4. Nehmen Sie alles Nötige mit, ausgenommen ein Notsignal.
5. Seien Sie über das gesunde Maß hinaus ehrgeizig.
6. Befolgen Sie diese Hinweise wider alle Vernunft.

So verhält man sich richtig im Gebirge!

1. ______________________________
2. ______________________________
3. ______________________________
4. ______________________________
5. ______________________________
6. ______________________________

6.5 Kausale Sinnrichtung

Die **kausalen Präpositionalausdrücke** dienen dazu, das Geschehen zu begründen, indem die **Ursache**, das **Mittel**, die **Bedingung** oder der **Zweck** angegeben wird. Sie geben Antwort vor allem auf die Fragen: **Warum? Womit? Unter welcher Voraussetzung? Wozu?**

Beispiel: **Wegen eines seltsamen Brauches** unter den Eingeborenen empfiehlt sich ein Besuch auf der Insel Raiatea.

Folgende Präpositionen solltest du kennen:

mit Genitiv: angesichts …, anlässlich …, aufgrund…, dank …, gemäß …, infolge …, trotz …, wegen …

mit Dativ: aus …, laut …, nach …, von …, zu …, zufolge …, … zuliebe

mit Akkusativ: auf …, durch …

5

Bilde Präpositionalausdrücke mit dem richtigen Kasus.

Deshalb konnte ich nicht in die Schule kommen!

1. *Anlässlich* ______________________________
(Geburtstag von Kaiser Franz)

2. *Aufgrund* ______________________________
(kräftiger Knoblauchgenuss)

3. *Wegen* ______________________________
(angeborene Antriebsschwäche)

4. *Gemäß* ______________________________
(einstimmiger Familienbeschluss)

5. *Aus* ______________________________
(unerfindliche Gründe)

6. *Auf* ______________________________
(ausdrücklicher Wunsch meines Katers)

7. *Nach* ______________________________
(uralte Indianerweisheit)

8. *Infolge* ______________________________
(plötzlicher Wintereinbruch)

6

Suche die kausalen Präpositionalausdrücke heraus. Welche haben den Genitiv nach sich, welche den Dativ?

Sommerurlaub in Deutschland

Laut einer Umfrage fährt nur etwa die Hälfte der Deutschen in den Urlaub. Von denen bleiben aus finanziellen Gründen oder infolge schlechter Erfahrungen im Ausland viele zur Erholung im eigenen Land. Vor allem den Kindern gefällt der Urlaub wegen der vielen Freunde, die sie schnell finden, besser als Ferien im fremden Land. Auch die Eltern, die vielleicht nur ihren Kindern zuliebe hier geblieben sind, finden ihr Vergnügen: z. B. einmal nach Lust und Laune durch kleine romantische Dörfer zu bummeln. Trotz mancher Regenfälle werden sie sich prächtig erholen. Und dank der Bundesbahn kommt man auch wieder bequem nach Hause.

1

Bestimme die Sinnrichtung und den Kasus der fett gedruckten Präpositionalausdrücke und ordne sie zu.

Kein Faschingsscherz!

Der Krapfen gehört zum Fasching wie das Clownskostüm. Dass er nur durch Zufall erfunden wurde, weiß kaum jemand. **Vor etwa 350 Jahren** soll die Bäckermeisterin Cäcilie Krapf **aus lauter Wut** einem ungeschickten Lehrbuben ein Stück Teig quer **durch die Backstube** nachgeschleudert haben. Aber der Teig landete in einer Pfanne mit heißem Fett. **Gegen alle Erwartung** war die Bäckerin **vom Ergebnis** höchst entzückt. So wurde das „Wurfgeschoss" zu einem schmackhaften Geschenk **für die Menschheit**. Das alles soll **einer Wiener Chronik zufolge im Jahr 1635** gewesen sein. **Seit diesen Tagen** kann man sich den Fasching **ohne den Krapfen** gar nicht mehr vorstellen. Sogar Seine Majestät der Kaiser ließ ihn **bei allen Hofbällen** auftischen. Manche machten sich schon damals einen Jux daraus, **in einige Krapfen** Senf statt Marmelade zu füllen. Also Vorsicht! Und ganz langsam **in den weichen Teig** hineinbeißen!

lokale Präpositionen mit Akkusativ:

____

____

temporale Präpositionen mit Dativ:

____

____

kausale Präpositionen mit Dativ:

____

____

modale Präpositionen mit Akkusativ:

____

____

2

Bestimme die Wortart der Ausdrücke mit der Präposition „auf".

„Ich gebe euch nun die Hausaufgaben auf morgen. Übersetzt das Kapitel 12 auf Seite 24. Wer sich nicht ganz sicher ist, kann die Aufgabe auch zunächst auf einem eigenen Blatt machen. Und legt wieder mehr Wert auf die Schrift. Auf jeden Fall möchte ich morgen die Lösungen auf Englisch auf den Tischen sehen. Noch eines: Schaut euch die Regeln auf derselben Seite genau an. Und achtet auf alles, was ich heute gesagt habe."

Substantivgruppe: ______________________________

____

Pronomen: ______________________________

Adjektiv: ______________________________

Adverb: ______________________________

3

Bestimme die Wortart bei den Präpositionalausdrücken und schreibe sie in die richtige Zeile.

Am nächsten Tag

„Susi, komm doch bitte nach vorne an die Tafel. An und für sich dürftest du keinen Fehler machen, weil wir die Aufgaben bis in jede Einzelheit besprochen haben. Von mir aus kannst du die Lösung vom Blatt ablesen. Und schreibe bitte deutlich, damit man es auch von weitem lesen kann. Für die anderen gilt es jetzt aufzupassen. Vergleicht eure Lösungen mit dem, was die Susi bis jetzt geschrieben hat."

Substantivgruppe: ______________________________

Pronomen: ______________________________

Adjektiv: ______________________________

Adverb: ______________________________

7 Konjunktion

7.1 Definition

Konjunktionen verbinden Einzelwörter, Wortgruppen oder Sätze mit anderen. Sie stehen immer **am Beginn** des angefügten Teiles. Nach der Art der Verknüpfung unterscheidet man die **nebenordnenden** von den **unterordnenden** Konjunktionen.

7.2 Nebenordnende Konjunktionen

Nebenordnende Konjunktionen verknüpfen Wörter, Wortgruppen oder Sätze.

Beispiele: Die Fahrt ist an einem Tag gut zu bewältigen **und** es bleibt noch Zeit für kleinere Aufenthalte **oder** Verschnaufpausen. Das Baden im Meer ist **zwar** nicht so angenehm **wie** bei uns in einem See, **aber** dafür ist es recht erfrischend. **Dennoch** lohnt sich ein Ausflug ans Meer immer.

Beachte bei den nebenordnenden Konjunktionen die Zeichensetzung!

Ohne Komma werden verwendet:	**Bedeutung:**
und, sowohl … als auch …, (so)wie	Gleichartigkeit
oder, entweder … oder …	Wahlmöglichkeit
wie, als	Vergleich
Immer mit Komma werden verwendet:	
aber, sondern, dennoch, zwar	Unterschied
denn, nämlich, also	Begründung

1

Setze die folgenden Bruchstücke eines zerrissenen Geständnisses so zusammen, dass sie einen Sinn ergeben.

Ich bin mit einer harten,

Hiermit erkläre

oder Frankfurter dazu gezwungen.

Aber ich bitte um Milde

und um Gnade.

und beschwöre, dass die Hamburger weder Schmerzen

und Frankfurtern aus dem Weg gehen.

oder etwas Ähnlichem.

noch Qualen erdulden mussten.

und in meinen Haaren stammt aus einer Ketchupflasche

Das rote Blut auf meinen Lippen

Denn ich wurde durch einen Wiener

aber gerechten Strafe einverstanden.

sondern auch den Wienern

In Zukunft werde ich nicht nur den Hamburgern,

Ich versichere

und bekenne ich, dass ich zwei Hamburger umgebracht habe.

2

Wandle die Adjektive in der Klammer in die richtigen Formen um und füge die passende nebenordnende Konjunktion ein.

Wie warm ist der Mensch?

Der Körper des Menschen ist nicht überall gleich warm:

(kalt) ______________________ ist es an den Zehenspitzen, während sich die Haut an der Schulter ungefähr so **(warm)** __________ ________ unter der Achsel anfühlt. Die Körpertemperatur misst man **(gut)** ______________ im Mund, weil die Schleimhaut **(genau)** ______________ Werte gibt ________ andere Körperteile. Wenn du aufwachst, fühlst du dich meist **(frisch)** ______________ ________ am Abend. Kein Wunder: Dein Körper ist um 6 Uhr **(kühl)** ____________ ________ 12 Stunden **(spät)** ____________.

7.3 Unterordnende Konjunktionen

Unterordnende Konjunktionen verknüpfen einen **Gliedsatz** mit einem anderen Satz. Man nennt sie auch **Subjunktionen**. Dabei ist der Gliedsatz vom übergeordneten Satz abhängig. Der übergeordnete Satz kann ein Hauptsatz oder ebenfalls ein Gliedsatz sein.

Beispiele: (1) Ich spiele gerne Schach, (2) **weil** es so toll ist, (3) wenn ich gewinne.
[Der Gliedsatz (2) ist abhängig vom übergeordneten Hauptsatz (1), der Gliedsatz (3) vom Gliedsatz (2).]

Einen Gliedsatz, an dessen Beginn eine unterordnende Konjunktion steht, nennt man **Konjunktionalsatz.** Die unterordnenden Konjunktionen bestimmen die Sinnrichtungen des Gliedsatzes.

a) Durch **temporale Konjunktionen** drückst du das Zeitverhältnis zwischen zwei Sätzen aus. Die wichtigsten temporalen Konjunktionen sind:

Gleichzeitigkeit	Vorzeitigkeit	Nachzeitigkeit
während, indem, als, wenn sooft, sobald solange	nachdem, als, wenn sobald seit(dem)	bevor, ehe bis

Vorzeitigkeit:
(1) **Nachdem** man die Hauptstadt Papeete verlassen hat,
(2) erreicht man bald eine berühmte Sehenswürdigkeit.
[Das Geschehen in Satz (1) liegt zeitlich vor dem Geschehen in Satz (2).]

Nachzeitigkeit:
(1) **Bevor** Sie nach Papeete zurückkehren,
(2) können Sie noch einen Ausflug machen.
[Das Geschehen in Satz (1) liegt zeitlich nach dem Geschehen in Satz (2).]

b) Durch **kausale Konjunktionen** begründest du das Geschehen des übergeordneten Satzes. Die häufigsten kausalen Konjunktionen sind:

Grund, Ursache:	weil, da, dadurch dass
Ziel, Zweck:	damit
Bedingung,Voraussetzung:	wenn, falls
Folge, Auswirkung:	so dass
Einschränkung, Gegengrund:	obwohl

Beispiel: Sie sollten die Insel im Uhrzeigersinn umfahren,
(2) **weil** sich da wunderbare Ausblicke auftun.
[Die Tatsache in Satz (2) ist der Grund für die Empfehlung in Satz (1).]

c) Mit Hilfe der **modalen Konjunktionen** bezeichnest du nähere Umstände des Geschehens im übergeordneten Satz. Die häufigsten modalen Konjunktionen sind:

begleitende Umstände:	indem, wobei
fehlende, unnötige Umstände:	ohne dass
Gegensatz:	während (hingegen)
Vergleich:	wie, als dass
Möglichkeit:	sofern

Beispiel: (1) Sie können ganz Tahiti mit dem Auto umfahren,
(2) **ohne dass** Sie einmal anhalten müssen.
[Der Satz (2) nennt Umstände, die für das Geschehen in Satz (1) nicht nötig sind.]

3

Verwandle den jeweils ersten Hauptsatz in einen Gliedsatz.

Beispiel: Ich habe mich geduscht. Nachher frühstücke ich.
→ Nachdem ich mich geduscht habe, frühstücke ich.

Ein ganz normaler Tag

1. Der Wecker klingelt. Vorher hat die Mutter bereits das Frühstück gemacht.
2. Der Wecker hat geklingelt. Danach wacht Klausi auf und dreht sich nochmals auf die Seite.
3. Klausi verzehrt genüsslich seine Haferflocken mit Schoko. Gleichzeitig hört er den neuesten Schlagern aus dem Radio zu.
4. Die erste Stunde hat begonnen. Unterdessen liest Klausi die Sportnachrichten.
5. Der Rundfunksprecher hat wie jeden Tag sein Programm unterbrochen. Dann ruft er: „Jetzt aber los, Klausi!"

4

Die Geschichte der Xocoatl

1. Fernando Cortez eroberte für Spanien das Reich der Azteken.
2. Er entdeckte auch das Getränk Xocoatl.
3. Es wurde aus Kakaobohnen gewonnen.
4. Um 1530 brachte das erste spanische Schiff Kakaokerne nach Europa.
5. Das bittere Getränk wurde mit Zucker und Vanille versüßt.
6. Es eroberte schnell die Herzen und die Gaumen der Genießer.
7. In Preußen musste man eine Extra-Steuer dafür bezahlen.
8. Heute kann sich jeder mit wenig Geld Xocoatl kaufen.

Sicher hast du begriffen, was mit Xocoatl gemeint ist.
Wie nennt man heutzutage bei uns die Xocoatl? ____________________

Wähle eine geeignete temporale Konjunktion und wandle den jeweils zuerst genannten Satz in einen Gliedsatz um. Ordne die Sätze 1 + 2 gleichzeitig, die Sätze 1 + 4, 4 + 6 vorzeitig und die Sätze 8 + 7 nachzeitig.

5

Was wird durch die kausale Konjunktion bezeichnet: Bedingung, Folge, Grund, Zweck, Einräumung?

Seife zum Selbermachen

Die Seife ist ganz mild, **so dass** ihr Schaum auch nicht einmal in Kinderaugen brennt. **Falls** Sie eine sehr empfindliche Haut haben, können Sie die Seifencreme auch noch mehr verdünnen. Geben Sie zusätzlich ein paar Tropfen Kräuteröl hinzu, **wenn** Sie eine strapazierte Haut haben, **weil** sie z. B. zu viel Sonne abbekommen hat. Benützen Sie ein Rührgerät, **damit** die Zutaten sehr gut vermischt werden. **Wenn** die Mischung zu flüssig geworden ist, fügen Sie einige Gramm Verdicker hinzu.
Noch ein Hinweis: Experimentieren Sie mit den Mengen, **obwohl** die Zutaten nicht gerade billig sind.

1

Gib bei den unterordnenden Konjunktionen die Sinnrichtung (temporal, kausal, modal) an.

Die Osterinsel

Als die ersten Europäer auf die Osterinsel kamen, schien es ihnen so, **als** wären sie auf einem anderen Stern im Paradies gelandet. Da gab es riesige Gestalten aus Stein, größer als ein Haus. Sie waren überall verstreut, **als ob** Götter sie vom Himmel geworfen hätten. Auch 200 Jahre später, **als** Touristen die Osterinsel besuchten, haben diese Steinfiguren ihren Zauber noch nicht verloren.
Während die meisten dieser tonnenschweren Denkmäler, die Moais genannt werden, von brutalen Eroberern umgestürzt wurden, ragen einige noch wie ehemals in den Himmel. **Während** man zwischen den hohen Gestalten hindurchgeht, weht einen der Hauch der Vorzeit an.
Wenn man entlang der Küste zum heiligen Berg Orongo fährt, stößt man auf alte Felsenwohnungen. Auch **wenn** sie heute nicht mehr bewohnt sind, so weiß man doch von Felsenzeichnungen, dass früher Menschen dort gewohnt hatten. Und **immer wenn** Eroberer die Insel überfielen, zogen sich die Einwohner hierher zurück.

2

Wandle die fett gedruckten Ausdrücke in Konjunktionalsätze um.
Bestimme anschließend die Art der Konjunktion.

Beispiel: **Aus Ärger** komme ich nicht
→ Weil ich mich ärgere, komme ich nicht.

Schnell und kurz

1. Komme stop **trotz Erkältung** stop Onkel Fred
2. **Nach Beendigung der Arbeiten** Fenster schließen
3. Rufen Sie **bei Gasgeruch** sofort die Gaswache an!
4. **Vor Inbetriebnahme des Geräts** Benutzerhinweise durchlesen
5. Verständigen Sie bitte **im Unglücksfall** meine Eltern!
6. **Wegen Gleisarbeiten** sind Zugverspätungen möglich.

Schlusstest

1

Beantworte zunächst folgende Fragen zu den „kleinen, aber feinen" Wörtern. Kreuze die jeweils zutreffende Eigenschaft an.

Eigenschaft	Adverb	Präposition	Konjunktion	
			neben-ordnend	unter-ordnend
1. ist mit einem Wort verbunden	☐	☐	☐	☐
2. verbindet Sätze	☐	☐	☐	☐
3. bestimmt den Kasus	☐	☐	☐	☐
4. kann im Satz mehrmals vorkommen	☐	☐	☐	☐

2

Vervollständige die Tabelle unten.

So stellt man Joghurt her

Anwendung: Verwendbar ist jede Milch aus dem Handel. H-Milch kann ohne Erhitzung sofort verwendet werden. Jede andere Milch bis an den Siedepunkt erhitzen, um unerwünschte Keime abzutöten. Milch daraufhin auf 45 °C abkühlen! 1 Beutel Joghurt Ferment in 1 Liter der so vorbereiteten Milch einrühren, diese dann in den Joghurtbereiter geben und bis 5 Stunden reifen lassen. Während der Reifung Gläser nicht bewegen! Nach der Reifung Gläser im Kühlschrank aufbewahren! Der Joghurt ist fertig, wenn er stichfest ist. Für weitere Zubereitungen werden jeweils 3 Esslöffel des selbst zubereiteten Joghurts auf 1 Liter Milch gegeben.

adverbiale/prädikative Adjektive	Adverbien	Präpositionalausdrücke
verwendbar		

3

Verstärke die Bedeutung der Präposition, indem du dahinter ein passendes Adverb schreibst.

Beispiel: Ich gehe in das Haus **hinein**.

Erlebnisse an der Nordsee

Es macht einen Riesenspaß, mit dem Pferdewagen kreuz und quer durch das Wattenmeer __________ zu fahren, von Cuxhaven __________ zu herrlichen Badeinseln __________. Vielleicht darfst du sogar auf dem Kutscherbock __________ sitzen und von dort __________ die Pferde lenken. Allerdings muss man nach einiger Zeit wieder zum Land __________, weil einen sonst die Flut von hinten __________ einholt. An Land __________ warten bereits die Krabbenfischer mit ihrem Fang. Die Krabben schmecken in diesem Augenblick __________ besonders köstlich. Versuche sie mit etwas Zitrone __________, und du bist für alle Ferientage __________ stark wie ein alter Seebär.

4

Vermeide die unschönen Wortwiederholungen, indem du das entsprechende Pronominaladverb einsetzt.

Ein weiterer Ferienspaß an der Nordsee

An der Nordsee gibt es viele lohnenswerte Ausflugsziele. **Zu diesen Ausflugszielen** (______________) gehört auch die Insel Helgoland, zu der stündlich Schiffe fahren. **Nach der Überfahrt** (______________) empfiehlt sich die Helgoländer Düne zum Baden. Du kannst dann sogar **beim Baden** (______________) Robben auf Sandbänken sehen. **Hinter den Sandbänken** (______________) fährt auch manchmal ein großer Ozeanriese vorbei. Wenn du **nach dem Baden** (________________) das große Aquarium besuchst, dann sieh dir auf jeden Fall das große Bassin mit den Haien an. **In diesem Bassin** (______________) segeln auch riesige Rochen durch das Wasser.

5

Ordne die hervorgehobenen Partikeln richtig ein.

Urlaub auf dem Bauernhof (Kann sehr schön sein!)

„**Warum** denn **in die Ferne** schweifen, wo **doch** das Gute liegt **so** nah?" **Mit diesem altbekannten Spruch** lockt der oberbayerische Fremdenverkehrsverband deutsche Gäste **ins eigene Land**. Und es stimmt: **Gerade** die Kinder **aus der Großstadt** erleben wahre Wunder **zwischen Feld und Flur**. **Wo sonst** dürfen sie rosa Schweinchen **übers borstige Fell** streicheln? **Wann** haben sie **jemals zuvor** eine lebendige Kuh **mit Gefühl oder** mit Gewalt gemolken? **In der Nacht** lauschen sie **dann** Gesängen, die **genauso** seltsam klingen **wie** die Lieder der Eingeborenen **auf Tahiti**. **Aber** ganz **im Ernst**: Es lohnt **immer**, **wenn** man sich die eigene Heimat genau anschaut. **Weil** man **dabei** Herrliches erleben kann, ist auch der Urlaub **auf einem Bauernhof** eine Reise wert.

Adverbien: ____

____

Präpositionalausdrücke: ____

____

____

____

Konjunktionen –

beiordnend: ____

____

unterordnend: ____

____

6

Wandle die Adverbien in Präpositionalausdrücke um.

Beispiel: vormittags (Adverb) → am Vormittag (Präpositionalausdruck)

Wetterbericht

Südbayern:
Frühmorgens rascher Übergang zu starker Bewölkung mit zeitweiligen Regenfällen, mittags sonnige Abschnitte. Schwacher bis mäßiger Wind, abends böig um West.

Alpengebiet:
Tagsüber Eintrübung und Regen, samstags aufgelockerte Bewölkung, später aber niederschlagsfrei.
Nachts Temperaturen um 18 Grad, Tiefstwerte um 12 Grad.
Am Wochenende anfangs Berge in Wolken, sonntags frei.
Temperatur in 2000 m bis 5 Grad sinkend, in der Höhe frischer Westwind.

Vorhersage für Samstag und Sonntag:
keine wesentlichen Änderungen.

Satzteile

MAL SCHAUEN WAS PASSIERT, WENN WIR EINE VERSCHIEBE-PROBE MACHEN.
LUDEK
UND
TYTO
ESSEN
MANCHMAL
KAROTTEN
DARF ICH MAL DURCH?
ENT-SCHUL-DIGUNG!
SEN
AUA!
UND
TYTO
LUDEK
KAROTTEN
UND? WAS ERFAHREN WIR?
DASS MAN GEMÜSE NICHT ÜBER DEN WEG TRAUEN DARF!
MANCHMAL
ESSEN
KAROTTEN
TYTO
UND
LUDEK

8 Prädikat und Subjekt

8.1 Was ist ein Satz?

Du hast sicher erkannt, dass es sich bei dieser Ansammlung von Wörtern und Sätzen um Kritzeleien auf einer Schülerbank handelt, die zusammen einen Text ergeben. Du findest:

einzelne Wörter:	Hey! Ciao!
unvollständige Sätze:	Bin ein Mädchen. Wie alt?
vollständige Sätze:	Ich bin leider nur am Dienstag hier.
	Schreib mal wieder!

Neben den vollständigen Sätzen gibt es auch unvollständige Sätze oder Kurzsätze. Sie sind allerdings nur innerhalb eines Textes oder in einer eindeutigen Situation verständlich. Unvollständige Sätze lassen sich zu vollständigen ergänzen:
Wie alt? → Wie alt bist du? Bin ein Mädchen → Ich bin ein Mädchen.

Wörter und Sätze sind sprachliche Zeichen. Alle sprachlichen Zeichen zusammen bilden unsere Sprache. Im Unterschied dazu sind Fotos oder Abbildungen nichtsprachliche Zeichen.

Ich singe.

Ich singe | ein Lied.

Ich singe | meinem Goldfisch | ein Lied.

Ich singe | meinem Goldfisch | zum Geburtstag | morgen | ein Lied.

Du siehst: Sätze können nicht nur unterschiedlich lang und unterschiedlich ausführlich sein, sie können auch aus sehr unterschiedlichen Teilen bestehen. Ein vollständiger Satz muss wenigstens ein Prädikat („singe") besitzen, kann aber noch weitere Ergänzungen und Erweiterungen („meinem Goldfisch zum Geburtstag") enthalten.

Es gibt zwei Möglichkeiten zu bestimmen, aus welchen Teilen ein vollständiger Satz zusammengesetzt ist.

1. Bei der **Umstell- oder Verschiebeprobe** veränderst du probeweise die Reihenfolge der Wörter im Satz. Dabei darf sich der Sinn nicht ändern. Auf diese Weise erfährst du, welche Wörter vom Sinn her zusammenbleiben müssen.

   Ein Wort oder eine Gruppe von Wörtern, die in einem Satz umgestellt werden kann, ist ein **Satzglied**.

Beispiele:	Ich	bin	leider nur am Dienstag hier.
	Leider	bin	ich nur am Dienstag hier.
	Hier	bin	ich leider nur am Dienstag.
	Nur am Dienstag	bin	ich leider hier.

   Ergebnis: Die Ausdrücke „ich", „leider", „hier", „nur am Dienstag" sind Satzglieder. Das Wort „bin" ist immer an derselben Stelle geblieben.

2. Bei der **Ersatzprobe** tauschst du Wörter oder Wortgruppen durch andere aus. Dabei darf sich der Satzbau nicht ändern. So findest du heraus, welche Wörter im Satz die gleiche Rolle spielen.

Beispiele:	Ich bin nur	am Dienstag	hier.
	Ich bin nur	dienstags	hier.
	Ich bin nur	selten	hier.
	Ich bin nur	einmal in der Woche	hier.

   Ergebnis: Alle vier Ausdrücke haben die Aufgabe, näher zu bestimmen, **wann** die Schreiberin an diesem Platz sitzt.

Am Beispiel unserer Bankinschrift ist dir klar geworden, dass diese Sätze an andere Personen gerichtet sind. Die Absicht, die du mit deinen Sätzen verfolgst, bestimmt dabei die Art der Sätze. An der Satzart erkennt der Hörer oder Leser, was du mit deinem Satz erreichen willst.

8.2 Prädikat

Jeder vollständige Satz besitzt ein **Prädikat** (Satzaussage). Es drückt aus, was im Satz geschieht oder ist. Das Prädikat ist der wichtigste Bestandteil eines Satzes. Von ihm hängen die anderen Bausteine des Satzes ab.

1. Zusammen mit dem Subjekt (Satzgegenstand) bildet das Prädikat das Grundgerüst des Satzes. Einfache Sätze bestehen nur aus Prädikat und Subjekt.

   Beispiel: Die Schüler basteln.

2. Das Prädikat bestimmt, wie viele Objekte vorkommen und in welchem Kasus sie stehen.

   Beispiele: Ich mache **den Rumpf**. (= Objekt im Akkusativ)
   Ich ziehe **den Marionetten kostbare Kleider** an.
   (= zwei Objekte im Dativ und Akkusativ)

3. Das Prädikat ist immer eine konjugierte Verbform. Du erkennst sie daran, dass **Person** und **Numerus** bestimmt sind. Eine solche Verbform nennt man auch **finit**.

   Beispiele:

	Person	Numerus
Du **bemalst** die Marionette.	2.	Singular
Die Marionetten **verbeugen** sich.	3.	Plural

1

Bevor du Deutsch lernst, solltest du Japanisch können! Die Japaner betonen das Geschehen im Satz mehr als wir. Statt „Die Glocke läutet" sagen sie „Der Glocke Läuten".

Wandle nach diesem Beispiel die wörtlichen Übersetzungen aus dem Japanischen in übliche deutsche Sätze um.

Ich kann Japanisch!

1. chiisai inu ga naku
   kleines Hundes Bellen ______________________
2. uguisu no naku
   Nachtigalls Rufen ______________________
3. tori ga naku
   Vogels Schreien ______________________
4. sakura ga saita
   Kirschbaumblühen ______________________

2

Wandle das zweite Substantiv in ein Prädikat um und bilde auf diese Weise einfache Sätze.

Auf dem Bauernhof

1.	Magd	Frühstück	*Die Magd frühstückt.*
2.	Bäuerin	Butter	______________________
3.	Bauer	Zorn	______________________
4.	Kuh	Kalb	______________________
5.	Eisen	Rost	______________________
6.	Korn	Schimmel	______________________

3

Wandle die Vergleiche in Prädikate um und verkürze so die etwas lang gewordenen Sätze.

1. Ich sammle wie ein Hamster alles Essbare.
2. Ich bewege mich wie eine Robbe durchs Feld.
3. Ich stehle wie eine Maus Nüsse.
4. Ich lerne wie ein Büffel für die Prüfung.
5. Ich gehe wie ein Lahmer.
6. Ich spreche wie ein Berliner.
7. Ich schreibe in meiner Freizeit wie ein Schriftsteller.
8. Ich laufe wie ein Vagabund durch die Gegend.

Oft besteht das Prädikat aus einer mehrteiligen Verbform.
Zu der konjugierten **(finiten)** Verbform treten andere Wörter hinzu. Sie verändern sich – im Unterschied zur konjugierten Verbform – nicht; man nennt sie deshalb **infinit** (Gegenteil zu finit).
Beim mehrteiligen Prädikat musst du zwischen dem finiten und infiniten Prädikatsteil unterscheiden. Vergleiche, welche Verbformen sich verändern.

Beispiele:		**finiter Prädikatsteil**		**infiniter Prädikatsteil**
	Ich	**werde**	eine Marionette	**bauen**.
	Wir	**werden**	eine Marionette	**bauen**.
	Du	**willst**	eine Marionette	**bauen**.
	Wer	**kann**	eine Marionette	**bauen**?

Solche unveränderlichen Prädikatsteile können sein:

a) infinite Verbformen nach einem Hilfs- oder Modalverb:
Beispiele: Die Marionette ist aus vielen Teilen **zusammengesetzt**. (= Partizip Perfekt)
Die Hände kann man aus Stoff **machen**. (= Infinitiv)

b) Vorsilben oder Partikel als (trennbare) Verbzusätze:
Beispiel: Ich **setze** die Marionette aus 14 Teilen **zusammen**.

c) Substantiv- oder Adjektivausdrücke:
Beispiele: Ich nehme die Marionette **zur Hand**. (= Substantivausdruck)
Ich nehme meine Arbeit sehr **ernst**. (= Adjektivausdruck)

Diese unveränderlichen Prädikatsteile stehen am Ende des Satzes und schließen alle Wörter dazwischen ein. Man nennt dies **Satzklammer**.

Merke:
Verben wie **sein, scheinen, werden** brauchen meist eine zusätzliche inhaltliche Ergänzung, damit das Prädikat vom Sinn her vollständig ist.
Solche Ergänzungen können sein:

a) Substantive
Beispiel: Das Material des Kopfes **ist Lindenholz**.

b) Präpositionalausdrücke
Beispiel: Der Kopf **ist aus einem Stück Lindenholz**.

c) Adjektive, die ihre Form nicht verändern
Beispiel: Der Kopf **ist hölzern.** Die Köpfe **sind hölzern**.

4

In welchen Sätzen ist ein Prädikat enthalten? Unterstreiche sie.

Wir fertigen Lampenschirme nach Ihren Entwürfen. Standardschirme vorrätig.	**Im „Schlaf“ Geld verdienen! Gerne vermitteln wir kostenl. Ihre Whg. etc.**
Früh-Rentner, absolut zuverlässig, übernimmt Kurierdienste/Flüge In- und Ausland/Eilaufträge.	**Monty – außergewöhnliches Showtalent mit Köpfchen sucht seriösen Produzenten. Ich komme so weit wie Madonna! Wetten dass?**

5

Unterstreiche die mehrteiligen Prädikate.

Das Wundersofa

1. Das Wundersofa macht endlich Schluss mit den schweißtreibenden Übungen.
2. Sechs verschiedene Geräte machen Sie auf angenehme Weise fit.
3. Auf der Trainingsliege wird mit einer sanften Wellenbewegung der Kreislauf angeregt.
4. Durch die vierte Übung werden Pfunde an Bauch und Hüften weggeschmolzen.
5. Der Po-Trainer kann Orangenhaut an den Oberschenkeln abbauen.
6. Durch die Klappmesser-Übung werden Sie bis zu 20 Pfund abnehmen.
7. Nach dem Training dürfen Sie sich noch unter dem Solarium die richtige Urlaubsbräune holen.

6

Wandle die farbigen Ausdrücke in einfache Sätze mit dem Verb „sein“ um.

Beispiel: Das rosa Haus gefällt mir. → Das Haus ist rosa.

Hawaii

Die Hawaii-Insel Oahu mit ihrer **weltberühmten Waikiki-Bucht** lädt Sie zu diesem **wunderschönen Urlaub** ein. Die Südsee lockt Sie mit **glitzernd schwarzen Sandstränden** und **riesigen Palmen.** Bummeln Sie durch die **verwinkelten Straßen von Honolulu.** Vergessen Sie nicht die **köstlichen Spezialitäten der Köche aus China!** Bewundern Sie im **herrlichen Naturpark Sea Life** die **gezähmten Delphine** oder die **farbenprächtigen Fische.** Nehmen Sie unterm **tropisch-blauen Himmel** teil an den **fröhlichen Tanzdarbietungen der Einheimischen!**

8.3 Subjekt

In jedem vollständigen Satz wird das Prädikat durch das **Subjekt** ergänzt. Das Subjekt nennt die Person oder die Sache, von der das Geschehen ausgeht oder zu der ein Zustand gehört.

Beispiele: **Biologin** zog verlassene junge Gänse auf und lernte ihre „Sprache".
Streifengänse sind nicht essbar.

1. Subjekt und Prädikat sind in Numerus und Person kongruent, d.h. sie stimmen überein.

   Beispiele:

	Subjekt	**Prädikat**
	Die Gänse	gingen in die Luft.
	Ich	spreche (wie eine Gans).

2. Das Subjekt steht unmittelbar vor oder hinter dem Prädikat.

   Beispiel: **Die Gänsemutter begrüßt** ihre Kinder mit „Gang-gang".
   Mit „Gang-gang" **begrüßt die Gänsemutter** ihre Kinder.

3. Subjekt und Prädikat müssen inhaltlich zusammenpassen.

   Beispiel: Die Biologin fuhr den Gänsen mit dem Rad hinterher.
   aber nicht: ~~Die Gänse fuhren mit dem Rad hinterher.~~

Das Subjekt steht immer im Nominativ.
Wenn du in einem Satz das Subjekt finden und bestimmen willst, stellst du an den Satz die Frage: **Wer** oder **was** tut etwas? **Wer** oder **was** ist? Als Antwort erhältst du das Subjekt.

Beispiel: Die Streifengänse sehen jeden Mann als Artgenossen an.
Wer sieht jeden Mann als Artgenossen an?
Antwort: die Streifengänse → Subjekt

Folgende Wortarten können Subjekt sein.

a) Substantiv oder Substantiv mit Beifügungen

Beispiele: **Biologin** zog verlassene Jungtiere auf.
Die Gänsemutter begrüßt ihre Kinder.
Die fünf Streifengänse sehen jeden als Artgenossen an.

b) Eigenname

Beispiel: **Daniel** hat gute Laune.

c) Pronomen

Beispiel: **Er** kommt nach Hause.

Auch andere Wortarten können Subjekt werden. Dazu müssen sie allerdings erst zu Substantiven gemacht werden. Du schreibst sie groß und stellst einen Artikel davor. Man nennt dies **Substantivierung**.

Beispiele: **Verb:** (Die Gänse **schnattern**.)
Das Schnattern der Gänse stört mich nicht.

Adjektiv: (Die **kleinen** Gänse können noch nicht fliegen.)
Die Kleinen können noch nicht fliegen.

7

Welches Geräusch passt zu welchem Tier? Verbessere die Sätze und setze die Tiere dabei in den Singular.

Katzen krähen
Frösche brüllen
Bienen grunzen
Schweine summen
Tauben kläffen
Stiere gurren
Hähne quaken
Hunde tirilieren
Lerchen miauen

8

Zu einem Prädikat passen jeweils zwei Subjekte.

Eimer – Hund – Mutter – Tür – Schnaps – Streichholz

1. Die ________________ springt auf. Die ________________ springt auf.
2. Das ________________ brennt. Der ________________ brennt.
3. Der ________________ leckt. Der ________________ leckt.

9

Achtung! Die Subjekte sind vertauscht. Bringe die beiden Texte in Ordnung, so dass man wieder darüber lachen kann.

Bereits 1980 wurde in Kalifornien **dein Lehrer** zu einer riesigen Blase aufgepustet. **Niemand** erreichte den sagenhaften Durchmesser von 48,9 cm! Bis heute hat **er** diese Superleistung übertreffen können. Aber **ein Kaugummi** darf dich beim Training in der Schule nicht erwischen.

An der Haltestelle wartet **eine Toilette** auf seinen Bus. Wie im Training übt **eine alte Dame** das schnelle Dribbeln. Das sieht **der große Fußballstar Pele Knallschuh**. Da geht **er** auf ihn zu und sagt: „Junger Mann! Dort drüben ist **sie**."

10

Bestimme das Subjekt eines jeden Satzes.

So bastle ich ein Kaleidoskop

Am besten du besorgst dir drei kleine Spiegel (20 cm lang, 4 cm breit). Billiger ist allerdings Spiegelfolie. Außerdem werden Pappe, Buntpapier oder bunte Glasscherben und Haushaltsfolie benötigt. Zunächst werden die Spiegelteile zu einem Dreieck zusammengestellt und mit Klebebändern festgemacht. Ein Ende wird dann mit der durchsichtigen Haushaltsfolie verschlossen. Nun füllst du die dreieckige Röhre mit den bunten Glasscherben oder Papierschnipseln. Zum Schluss wird die Folie auch über dem anderen Ende befestigt.

11

Bestimme die Wortart der Subjekte.

Mit einer Plastikfolie kannst du noch etwas anderes basteln. Zuerst wird ein Dreieck aus der Folie ausgeschnitten. Dann werden die Kanten durch drei Plastikhalme verstärkt. Allerdings dürfen die Halme nur an den Ecken festgeklebt werden. Denn die Folie muss frei beweglich bleiben; die Luft kann sonst den Flieger nicht emporheben. Die Mitte der Segelfläche kann man durch einen zusätzlichen Halm verstärken. Mit einem kleinen Gewicht verändert sich die Flugbahn. Ich wünsche dir viel Spaß mit deinem Flieger!

Substantiv: ______________________________

Pronomen: ______________________________

12

Trage die farbigen Subjekte in der Grundform bei der richtigen Wortart ein.

Beispiel: Die Alten beschützen die Jungen. → Adjektiv: alt

So wird man flügge

Den Vogelkindern geht es so wie den Menschenkindern: Das **Stillsitzen** im Nest geht ganz schön auf die Nerven. Endlich steht **Fliegen** auf dem Stundenplan. Das **Auf und Nieder** der Flügel versetzt die „Lehrlinge" fast in einen Rausch, und aufgeregtes **Zwitschern** erfüllt die Luft. Bald verlassen die **Jungen** ihre Familie. Dann gilt das harte Gesetz der Natur: Wichtiger als der gestrige Tag ist das **Heute.** Das **Überleben-Wollen** fordert die ganzen Kräfte. Nach einiger Zeit gründen die **Stärksten** unter ihnen selbst eine Familie. Und alles beginnt wieder von vorne.

Verb: ______________________________

Adverb: ______________________________

Adjektiv: ______________________________

1

Bilde ganze Sätze ohne Doppelpunkt. Achtung! Die Vogelnamen sind vertauscht. Orientiere dich an der Bedeutung des Verbs. Es bezeichnet eine Tätigkeit, von der der Vogel seinen Namen hat.

Bedrohte Vogelarten

1. Der Neuntöter: Braucht Sümpfe mit Schilfrohr und Riedgräsern.
2. Das Wintergoldhähnchen: Frisst gerne Samen von Disteln.
3. Die Bartmeise: Hängt an ihren Gesang ein klapperndes Trillern an.
4. Der Seggenrohrsänger: Zieht im Winter nicht nach Süden.
5. Der Distelfink: Spießt seine Beute auf Dornen auf.
6. Die Klappergrasmücke: Trägt einen „Backenbart".

2

Zwei Substantive passen jeweils zu einem Prädikat. Bilde vollständige Sätze.

der Hafer der Vogel das Meer der Blindenhund

der Schüler die gegnerische Mannschaft die Nase der Hase

1. stechen 2. führen 3. fliegen 4. laufen

3

Unterstreiche die Subjekte der Sätze.

1. Im ersten Spiel kam Alemannia Aachen zu einem 0:0 beim Aufstiegskandidaten Darmstadt 98
2. Noch einige tausend Sitzplatzkarten sind für das Europapokal-Spiel FC Bayern gegen Real Madrid in der Geschäftsstelle erhältlich.
3. Die DFB-Meisterschale wird Werder Bremen bereits nach dem letzten Heimspiel gegen den Hamburger SV verliehen.

4

Setze folgende Prädikate richtig in die Sätze ein.

begegnete   bemerkte   beschimpfen   fragte   gibt
wird genannt   überlegte   weinst   ist

Kleine Fabel aus dem Russischen

Ein Esel ________________ auf der Straße einem weinenden Schwein. „Du ________________. Warum?" ________________ mit Anteilnahme der Esel. „Alle Menschen ________________ die anderen mit meinem Namen. Jeder Betrüger ________________ Schwein . Allen Verbrechern ________________ man den Namen Schwein." Der Esel ________________ lange und ________________ dann: „Das ________________ wirklich eine riesige Schweinerei!"

5

Wandle die Infinitive in die richtige Tempusform um und setze sie dann als Prädikate in die Sätze ein. Achte auf die wechselnden Subjekte.

erleben (Perfekt)   gratulieren wollen (Präteritum)
entdecken können (Präteritum)   alt sein (Futur I)
entzückt sein (Präsens)   aussehen (Präsens)

99 Jahre jung

Maggie Aston, eine ältere englische Dame, ________________ kürzlich an ihrem 100. Geburtstag eine freudige Überraschung ________________. Die ganze Familie und das ganze Dorf ________________ der alten Dame ________________. Doch in ihrer Geburtsurkunde ________________ sie etwas Angenehmes ________________. Sie ________________ erst im nächsten Jahr hundert Jahre ________________. „Ich ________________. Da ________________ man immer so alt ________________."

9 Objekte

9.1 Akkusativobjekt

In vielen Sätzen verlangt das Prädikat neben dem Subjekt noch eine Ergänzung, damit die Aussage des Satzes vollständig ist. Diese notwendige Ergänzung nennt man **Objekt**. Das Objekt nennt die Person oder Sache, auf die sich das Geschehen bezieht.

Eine Ergänzung des Prädikats, die im Akkusativ steht, wird **Akkusativobjekt** genannt. Du findest das Akkusativobjekt im Satz mit der Frage: **Wen oder was?**

Beispiel: Öl mit Spatzenmist verjagt den Schmerz.
Wen oder was vertreibt Öl?
Antwort: den Schmerz → Akkusativobjekt

Ein Objekt ist wie das Subjekt ein Nomen oder ein substantivischer Ausdruck. Welche Ergänzung notwendig ist, hängt vom **Prädikat** ab.

Verben, die ein Akkusativobjekt verlangen, nennt man **transitive Verben**, alle anderen intransitive Verben.

Beispiele:	transitiv:	Öl lindert Schmerzen.	= Akkusativobjekt
	intransitiv:	Ich helfe dir.	= Dativobjekt
		Ich zittere.	= kein Objekt

Wenn du einen Aktiv-Satz in einen Passiv-Satz umwandelst, ändert sich der Satzbau.

Beispiele:	Aktiv:	Meine Katze fängt eine Maus.
		Meine Katze fängt zwei Mäuse.
	Passiv:	Eine Maus wird von meiner Katze gefangen.
		Zwei Mäuse werden von meiner Katze gefangen.

Neben Substantiven und Pronomen können auch **substantivierte Wortarten** als Akkusativobjekte verwendet werden.

Beispiele: Das Öl verursacht heftiges **Jucken**. (= substantiviertes Verb)
Ich sehe das **Gelb**. (= substantiviertes Adjektiv)

1

Verwende die Substantive als Subjekt oder Objekt. Bilde alle Sätze, die sinnvoll sind.

Hase Hund Katze Maus	jagen verbellen	Elefant Fliege Löwe	stechen zertreten

2

Streiche alle Wörter durch, die nicht als Akkusativobjekt passen.

1. Ich sehe dich/Sätze/den Honig/nicht/fern/das Radio/zwei Engel.
2. Ich höre das Plätschern des Baches/meinen Vater/die Rose.
3. Ich rieche das Knistern des Feuers/frisches Heu/Sterne/gut.
4. Ich ertaste dich/den Regenwurm/die gute Luft/den Spinat/oben.
5. Ich schmecke die Schweinshaxe/alles Viereckige/das Rascheln.

3

Bilde sinnvolle Sätze. Die Akkusativobjekte sind farbig.

1. altes auch **Brühe** ein eine gibt gute Huhn
2. bei **Bohnen** man Regenwetter säen soll nicht
3. braucht gutes halben Land **Samen**
4. Froschgeschrei herbei jedes nicht **Regen** zieht

4

Sind die farbigen Ausdrücke Subjekte (S) oder Akkusativobjekte (A)? Trage die entsprechenden Abkürzungen ein.

Neues von den Elefanten

Erwachsene Elefanten ( ) bringen **ein Gewicht von sechs Tonnen** ( ) auf die Waage. Pro Tag werden **200 kg Grünfutter** ( ) verspeist. Die Speisekarte bietet **100 verschiedene Pflanzen** ( ) an. Nach der Mittagsruhe drängt es **die Jumbos** ( ) zu den Wasserstellen. **Dickhäuter** ( ) müssen alle 24 Stunden einmal trinken. **Sie** ( ) brauchen **eine Wassermenge von 150 Litern** ( ). **Die hitzeempfindlichen Dickhäuter** ( ) benützen **das Wasser** ( ) auch zur Abkühlung ihrer sehr dünnen Haut. Erst nach einem Jahr trinken übrigens **die kleinen Elefanten** ( ) **das Wasser** ( ) wie die großen mit der Nase.

5

Bestimme die Akkusativobjekte und die Wortart.

Geheimschrift

Man benötigt eine Zwiebel oder eine Zitrone, presst sie aus und siebt sie durch. Dann taucht man einen Pinsel hinein. So bringt man die Geheimbotschaft aufs Papier. Der Empfänger muss es erwärmen. Dadurch macht er die Schrift lesbar.

Substantiv: ______________________________

Pronomen: ______________________________

6

Setze den Bericht in die Ich-Form.

In der Nähstube

Die Kostüme werden in der Schneiderwerkstatt gemacht. Hier werden die nackten Holzmarionetten angezogen. Zuerst wird genau Maß genommen. Dann werden die Maße auf den Stoff übertragen. Erst nach mehreren Stunden sind die Marionetten märchengerecht angezogen. Die Form wird ausgeschnitten, und dann wird das Kleid um die Marionetten gelegt. Schließlich werden die letzten Feinarbeiten erledigt und die Stoffteile festgenäht. So ist aus einem einfachen Stoff das Gewand einer Prinzessin hergestellt worden.

Die Marionettenkleidernäherin berichtet von ihrer Arbeit: „Ich mache …"

7

Setze folgende Wörter in die Sätze ein. Ein paar musst du vorher zu Substantiven machen.

krank **Fahrwege** **knattern** **Gold** **jeder**
wertvoll **reich beladenes Schiff** **es** **gestern**

Piraten ahoi!

__________ lässt der Kapitän im Hafen zurück. Seeräuber kennen die __________ von reichen Händlern und Kaufleuten sehr genau. Schon von weitem hören sie das __________ der Segel und riechen das __________. Dann entern sie das __________.

Sie töten __________ schleppen alles __________ von Bord und setzen __________ in Brand. Keiner wird sich wohl das __________ herbeiwünschen.

9.2 Genitiv- und Dativobjekt

In einigen Sätzen verlangt das Prädikat einen **Dativ** oder **Genitiv** als **Objekt**. Verben, die ein Dativ- oder Genitivobjekt brauchen, sind **intransitiv** – im Unterschied zu den transitiven Verben, die ein Akkusativobjekt nach sich haben. Du findest das **Dativobjekt** im Satz mit der Frage: **Wem?**

Beispiel: Elefanten gehorchen sogar kleinen Kindern.
Wem gehorchen die Elefanten sogar?
Antwort: kleinen Kindern → Dativobjekt

Das **Genitivobjekt** findest du mit der Frage: **Wessen?**
Es kommt nur noch in alten und umständlichen Wendungen vor.

Beispiel: Könige bedienten sich im Krieg oft der Elefanten.
Wessen bedienten sich Könige oft?
Antwort: der Elefanten → Genitivobjekt

So unterscheidest du Akkusativ und Dativ:

1. Stelle an den Satz die Frage nach dem Kasus.

   Beispiele: Ich sehe den Affen. → Akkusativobjekt
   Wen oder was sehe ich?
   Dem Affen geht es schlecht. → Dativobjekt
   Wem geht es schlecht?

2. Schau auf den Artikel oder das Pronomen.

   Beispiele: Ich nähere mich **dem** Affen. → Dativobjekt
   Ich vertreibe **den** Affen. → Akkusativobjekt

Nur die transitiven Verben können ein **persönliches Passiv** bilden.

	Aktiv-Satz	**Passiv-Satz**
Beispiel:	Ich unterstütze **dich**.	**Du wirst** unterstützt.
	Ich unterstütze **euch**.	**Ihr werdet** unterstützt.
Aber:	Ich helfe **dir**.	**Dir** wird geholfen. (Es wird **dir** geholfen.)

8

Bilde sinnvolle Sätze nach dem Muster Subjekt – Prädikat – Dativobjekt.

Beispiel: Du drohst mir.

	drohen	ich
	glauben	du
Du	winken	Luftballon
	ähneln	Meerschweinchen
	begegnen	Erbtante

9

Entscheide, ob im Prädikat ein transitives oder intransitives Verb steckt. Schreibe die Infinitive der Verben heraus.

Aus zwei Fernsehankündigungen

Brian soll beim Erntedankfest in der Schule einen „Spargel" spielen und hat entsetzliches Lampenfieber. Ihm geht es richtig schlecht. Schließlich hilft ALF seinem Freund und besorgt ein Maskottchen. Doch der angebliche Glücksbringer bringt nur Sorgen.

Anlässlich des Erntedankfestes veranstaltet die Schule eine große Feier. Alle Kinder sollen, als Gemüse verkleidet, das Fest bereichern. Brian muss einen Spargel darstellen. Aber so ganz gefällt ihm diese Rolle nicht. Da fällt ALF ein rettender Gedanke ein: Ein Maskottchen am Morgen vertreibt Kummer und Sorgen. Doch ALF und Brian entkommen ihrem Schicksal nicht.

10

Bestimme den Kasus des Wortes „Gold". Benutze die Abkürzungen N (= Nominativ), D (= Dativ), A (= Akkusativ).

Gold ( ) ist ein wichtiges Heilmittel. Man hängt Gold ( ) Kindern um den Hals, so macht es Gift unwirksam. Gold ( ) wohnt allerdings auch eine schädliche Kraft inne: Gold ( ) schadet dem Eierlegen der Hühner. Du wendest die Gefahr auf diese Weise ab: Gold ( ) abwaschen und die Tiere mit dem Wasser besprengen. Gold ( ) mit Honig gekocht, brauchen auch Leute mit Verdauungsschwierigkeiten. Manche schreiben Gold ( ) noch eine andere Wirkung zu: Es bringt Warzen zum Verschwinden. Gold ( ) kannst du auch reinigen: Du röstest das Gold ( ) mit zwei Teilen Salz und einem Teil Schiefer.

11

Gib an, in welchem Kasus das Wort „Bauer" jeweils steht.

2. Februar
Lichtmess trüb ist **dem Bauern** lieb.

*

März
Märzen trocken bringt **den Bauern** auf die Socken.

*

Mai
Mairegen auf die jungen Saaten klingt **den Bauern** wie Dukaten.

*

Gewitter im Mai, da singen **die Bauern** juchhei!

*

August
Der Augusti macht **die Bauern** lusti (lustig).

12

Vermeide die umständlichen Genitivobjekte. Verwende dazu die vorgeschlagenen Ersatzverben.

abgewöhnen **ausziehen** **brauchen** **ergreifen**
erwarten **gebrauchen** **haben** **zurückweisen**

Umständliche Vorbereitungen für den Unterricht

1. Ich entledige mich unter großer Anstrengung meines Mantels.
2. Ich entwöhne mich gezwungenermaßen des Kopfhörers.
3. Ich harre geduldig der göttlichen Eingebung.
4. Ich bemächtige mich wieder meines Kopfhörers.
5. Ich bedarf dringend der inneren Ruhe.
6. Ich erwehre mich deshalb der Frage des Lehrers.
7. Ich bediene mich dazu einer gepflegten Ausdrucksweise:
8. „Ich bin – was das kleine Einmaleins betrifft – anderer Meinung als Sie, mein verehrter Meister der Mengenlehre."

9.3 Präpositionalobjekt

Einige Verben verlangen nach einer Ergänzung, die von einer Präposition abhängt. Die Präposition gehört zum Verb und bestimmt den Kasus der Ergänzung. Dieses Objekt nennt man deshalb **Präpositionalobjekt.** Den Kasus der Präpositionalobjekte erfragst du zusammen mit der jeweiligen Präposition.

Beispiele: Der Mensch soll an seine Kinder denken.
An wen soll der Mensch denken?
Antwort: an seine Kinder → Präpositionalobjekt

Ein paar Verben können verschiedene Präpositionen nach sich haben. Dabei ändert sich die Bedeutung des Verbs.

Beispiele: Ich arbeite **an meinen Hausaufgaben.** (Ich beschäftige mich mit meinen Hausaufgaben.)
Ich arbeite **für Geld.** (Ich bekomme Geld für meine Arbeit.)

Das Präpositionalobjekt tritt auch gemeinsam mit einem anderen Objekt, vor allem mit dem Akkusativ auf.

Beispiel:	Der Mensch durchwühlt	**die Erde**	**nach Gold.**
		Akkusativ-	Präpositionalobjekt

13

Schreibe die Verben im Infinitiv heraus. Vergiss die dazugehörenden Präpositionen nicht.

Tipps für die Schönheit

a) Viele Menschen vertrauen auf die Wirkung der Natur.
b) Am besten fängt man mit einem erholsamen Bad an.
c) Ihre Hautcreme soll aus reinem Öl bestehen.
d) Zur Entspannung gehört auch viel Ruhe.
e) Warme Bäder mit Latschenkieferextrakt sorgen für gesunde Füße.
f) Bei der Schönheitspflege sollten Sie auf Ruhe achten.

14
Bestimme den Kasus der Präpositionalobjekte.

Tipps für den Alltag

- Ärgern Sie sich nicht über Fischgeruch! Spülen Sie das Geschirr kalt ab und vertrauen Sie auf den frischen Zitronenduft.
- Gehen Sie mit Kräutern sorgsam um!
- Freuen Sie sich auf leckeren Pudding! Greifen Sie ruhig nach der Zuckerdose.
- Plagen Sie sich nicht mit zähem Knabbergebäck ab!
- Erfahrene Hausfrauen schwören auf einen einfachen Trick: Vor dem Verzehr kurz in den Backofen!

15
Bilde aus den vorgegebenen Wörtern jeweils zwei Sätze in der Ich-Form. In einem der beiden Sätze kommt ein Präpositionalobjekt vor.

Beispiel: heben – sich abheben – fünf Zentner – mein Bruder
→ a) Ich hebe fünf Zentner.
b) Ich hebe mich von meinem Bruder ab.

1. hören – aufhören – das Zwitschern der Vögel – die Arbeit
2. brechen – ausbrechen – das Gefängnis – der Stab
3. halten – sich halten – der Dieb – dein Ratschlag
4. nehmen – zunehmen – beim Frühstück viel Zucker – Gewicht
5. einstellen – mich einstellen – die Uhr – die Arbeit
6. hüten – sich hüten – die Schafe – wilde Tiere
7. drücken – sich drücken – die Arbeit – die Daumen

16
Ersetze die farbigen Prädikate durch sinnähnliche Verben. Dabei ändert sich der Kasus der Objekte.

trauern um   streben nach   forschen nach   aufhören mit   denken an
sich bei jemandem erkundigen   achten auf   stoßen auf

Auf Goldsuche

Auf der ganzen Welt erstrebt man das Gold. Schon vor Jahrhunderten suchten viele Abenteurer in den Bergen das wertvolle Metall. Sie befragten alle Leute und beachteten jeden Stein. Denn schon in der obersten Erdschicht fanden manche häufig kleine Goldkörner. Selbst in der Nacht beendeten sie nicht ihre mühevollen Arbeiten. Leider bedachten sie nicht die Folgen. Oft stürzten die unterhöhlten Berge ein und man musste viele Opfer betrauern.

1

Bestimme, ob die Verben transitiv oder intransitiv sind. Schreibe die Infinitivformen auf.

Die Flamingos bevölkern vor allem salzreiche Orte. Sie ähneln unseren Störchen und haben einen fast zwei Ellen langen Hals und verhältnismäßig lange Beine. Ihr Gefieder ist rot und weiß, der Schnabel gleicht dem einer Ente. Den Eingeborenen schmeckt besonders deren daumendicke Zunge.

transitive Verben: ______________________

intransitive Verben: ______________________

2

Entscheide, ob die Sätze ein Akkusativobjekt brauchen oder nicht. Setze bei vollständigen Sätzen einen Punkt. Wähle bei unvollständigen Sätzen geeignete Wörter aus.

der Saft einer Zitrone **eine Zitrone** **dein Geheimnis**
das Papier **die geheime Botschaft**

Für die Geheimschrift brauchst du nur ______________________

Deshalb zerdrückst du ______________________

Mit dem Saft schreibst du ______________________

Mit einem Bügeleisen erwärmt dein Freund dann ______________________

Die Buchstaben werden braun ______________________

So erfährt er ______________________

3

Gib den Kasus der Objekte an.

Das alles kann meine Zahncreme:

entfernt **Zahnbeläge**
verhindert **Zahnsteinbildung**
kräftigt **das Zahnfleisch**
gehört **zur täglichen Zahnpflege**
schützt **vor Karies**
sorgt **für glatte Zähne**
riecht **nach Pfefferminz**
eignet sich auch **zur Vorsorge**

4

Ersetze die hervorgehobenen Verben durch sinnähnliche. Möglicherweise musst du dabei den Kasus der Objekte ändern.

entfernen – beobachten – zergehen lassen – bestaunen – hinweisen auf

Du **zeigst** dem Publikum deine leeren Hände und **nimmst** dann langsam das Tuch **weg**. Alle **schauen** dir aufmerksam zu: Du hast die Münze tatsächlich in Luft **aufgelöst**. Das Publikum **staunt** über deine Zauberkräfte.

5

Verwandle die folgenden Aktiv-Sätze in Passiv-Sätze.

Zu diesem Trick benötigt man einen Helfer. Ihm muss man blind vertrauen können. Er unterstützt dich bei deinem Kunststück. Ganz am Ende rufst du ihn auf. Dann nimmt er heimlich die Münze weg. Aber das Publikum applaudiert dir, dem großen Meister.

6

Stelle zunächst fest, welche Aktiv-Sätze ein Akkusativobjekt enthalten. Verwandle diese in Passiv-Sätze.

Der Turban – eine seltsame Kopfbedeckung
Im Nordwesten Indiens trägt man die größten und dicksten Turbane.
Ein Turban ist einfach ein meterlanger Schal aus dünner Baumwolle. Der Vater bringt es dem Sohn bei. In einem Turban kann man alles Mögliche unterbringen. Einige haben ihn auch als Seil bei der Flucht vor bösen Feinden verwendet. Ein echter Inder legt seinen Turban nicht einmal zum Schlafen ab.

7

Bestimme jeweils den Kasus der hervorgehobenen Substantive. Benutze die Abkürzungen Nominativ (N), Genitiv (G), Dativ (D), Akkusativ (A).

Urmenschen (   ) haben schon vor 400 000 Jahren eine sehr wichtige **Erfindung** (   ) gemacht. Die **Erfindung** (   ) bestand darin, einen **Stein** (   ) zu einem scharfen **Messer** (   ) zu machen. Einem begabten **Urmenschen** (   ) war Folgendes eingefallen: Man bearbeitet einen **Stein** (   ) auf beiden Seiten mit einem andern; dadurch splittern kleine Teile ab. Schließlich entsteht ein **Stein** (   ) mit einem stumpfen Ende und scharfen Kanten. Ein solches steinernes **Messer** (   ) nennt man Faustkeil. Diese **Erfindung** (   ) machte man zuerst in Afrika. Erst nach Tausenden von Jahren wurde der Faustkeil von den **Urmenschen** (   ) auch nach Europa gebracht. Das steinerne **Messer** (   ) wurde immer größer und schärfer. In Höhlen wurden **Messer** (   ) mit einer Länge von 60 cm gefunden.

10 Adverbial und Attribut

10.1 Adverbial

Das **Adverbial** ist in vielen Sätzen nötig, um den Sinn zu verdeutlichen. Mit dem Adverbial kannst du einen Satz ausbauen und erweitern und so die Aussage des Satzes verdeutlichen und vervollständigen. Das Adverbial bestimmt die Umstände einer Handlung, eines Vorgangs oder eines Zustands genauer. Man nennt es deshalb auch **Umstandsangabe**.

Beispiele: **In den Spalt** musst du ein Brecheisen stecken. (= Handlung)
Dann öffnet sich eine Felsentür. (= Vorgang)
Hinter ihr ist der Schatz verborgen. (= Zustand)

Im Unterschied zu den Objekten ist das Adverbial nicht direkt vom Prädikat abhängig. Die Adverbialien lassen sich inhaltlich nach ihrer Bedeutung unterscheiden. Es gibt **vier Sinnrichtungen:**

1. Die **temporalen** Adverbialien machen Angaben zu den **zeitlichen Umständen**. Sie antworten auf die Fragen: Wann? Wie lange? Seit wann?

   Beispiel: **Wann** haben die Spanier den Schatz in Sicherheit gebracht?
   Anfang des 19. Jahrhunderts.

2. Die **lokalen** Adverbialien erläutern die Umstände **des Ortes und des Raumes.** Sie werden erfragt mit: Wo? Wohin? Woher?

   Beispiel: **Wo** findest du einen Spalt?
   In der Schulterhöhe eines Mannes.

3. Mit den **kausalen** Adverbialien machst du klar, weshalb etwas geschieht oder ist. Du benennst auf diese Weise den **Grund**, die **Mittel** oder die **Absicht**.
   Du findest sie z.B. mit folgenden Fragen heraus: Weshalb? Wozu? Womit? Von wem?

   Beispiele: **Weshalb** brachten die Spanier den Schatz in Sicherheit?
   Weil die Truppen anrückten.

   Von wem ist der Schatz versteckt worden?
   Von einem schottischen Kapitän.

4. Die **modalen** Adverbialien beschreiben die Begleitumstände. Sie geben z. B. an, in welchem **Zustand** oder in welcher **Stimmung** etwas getan wird, in welchem **Ausmaß** etwas vorhanden ist.
   Du fragst: Wie? Unter welchen Umständen? In welchem Ausmaß?

   Beispiel: **Wie** hat ein schottischer Kapitän den Schatz vergraben?
   unrechtmäßig

Adverbialien gleicher Sinnrichtung lassen sich miteinander austauschen. Durch Wörter wie **danach, deshalb, davor** kannst du ganze Wortgruppen ersetzen.

Beispiel:	lokale Sinnrichtung:	Hinter der Felsentür	liegt ein Schatz.
		Dahinter	liegt ein Schatz.

In einem Satz können auch mehrere Adverbialangaben vorkommen.

Beispiele: Ein schottischer Kapitän hat den Schatz **angeblich** (modal) – anstatt ihn **ordnungsgemäß** (modal) abzugeben – **auf einer einsamen Cocos-Insel** (lokal) vergraben. **An besagter Stelle** (lokal) warten **nach alter Überlieferung** (kausal) über 30 Tonnen Gold.

1

Achtung: Die adverbialen Bestimmungen sind vertauscht. Berichtige die Sätze.

Da stimmt was nicht!

Heute wurde Amerika von Christoph Kolumbus entdeckt. **Ganz gefahrlos** landete er **in seinem Bordtagebuch. Im Jahre 1492** kannst du **auf der Insel San Salvador** die spannenden Abenteuer dieses berühmten Seefahrers **unter Lebensgefahr** miterleben.

2

Bestimme die Sinnrichtungen der farbigen Adverbialien und trage sie beim richtigen Begriff ein.

Ein ungewöhnlicher Wandertipp

Nur **ungern** fährt man **mit dem Auto über die Alpen.** Mal flutet der Ferienverkehr **in Richtung Italien, mal** verstopfen die Rückreisenden die Straßen. **Vielleicht** wird **deshalb** eine andere Art der Alpenüberquerung **wieder** modern: **zu Fuß** auf alten Saumpfaden von Bayern nach Italien. **Vier Wochen** ist ein strammer Wanderer bis nach Venedig unterwegs. Die meisten tun's **auf eigene Faust** – **mit dem Rucksack** auf dem Buckel. Man sollte sich **rechtzeitig** vor Wintereinbruch auf den Weg machen.

lokal: ____________________

temporal: ____________________

modal: ____________________

kausal: ____________________

3

Unterstreiche in den Werbeanzeigen die kausalen Adverbialien.

Durch die deutlich gesenkten Preise kommen Sie jetzt mit der Fähre billiger nach England!

Kenner aus aller Welt schätzen unser Tafelwasser wegen des unnachahmlich frischen Geschmacks.

Zu Ihrer Bequemlichkeit haben wir unsere Busse mit Liegesitzen ausgestattet.

Unsere Pralinen sind dank eines alten Geheimrezepts „in aller Munde".

Für Ihr Wohlbefinden nehmen Sie am besten täglich zwei Tabletten. Gegen frühe Altersbeschwerden empfehlen wir unsere bewährten Knoblauchpillen.

4

Schreibe die lokalen und temporalen Adverbialien heraus.

Die Trommelsignale der Afrikaner tönen weithin – und bis auf den heutigen Tag werden in Afrika Informationen noch auf diese Weise weitergegeben. Bis zu 40 Kilometer reichen die Nachrichten. Oft trommeln die Afrikaner von der Mitte eines Flusses aus. Von dort sind die Trommelschläge nämlich besser zu hören als vom Land aus.

lokale Sinnrichtung: ______________________________

____

temporale Sinnrichtung: ______________________________

____

5

Ersetze die Präpositionalausdrücke durch passende Adverbien.

früher danach später heute leider überall woanders dadurch

Die Geschichte der Kiefer

Vor mehr als 10 000 Jahren besiedelte die Kiefer die Kältesteppen. **In den darauf folgenden Jahrhunderten** breitete sie sich schnell **über alle Länder** aus. **Nach einiger Zeit** wurde sie **zum Bedauern der Förster** durch die Laubbäume aus dem Wald verdrängt. Aber die Kiefer kann auch **auf schlechten Böden** überleben. Sie hat sehr tiefe Wurzeln. **Durch diesen Vorteil** gibt es die Kiefer auch **in unseren Tagen** noch.

6

Mach aus dem Alltag ein Urlaubsparadies, indem du die modalen Adverbialien ins Gegenteil umwandelst.

So ist es im Alltag

Mit unangenehmer Dudelmusik aus dem Radio beginnt der Tag. Ganz schnell stehe ich auf. Unausgeruht gehe ich ins Bad und dusche mich ohne ein Lied auf den Lippen. In aller Eile ziehe ich mich an. Mein Frühstück nehme ich im Stehen ein. Schlecht gelaunt trete ich auf die Straße. Alle Menschen blicken mich unfreundlich an. (Ach, wenn nur schon Urlaub wäre!)

So ist es im Urlaub ...

Folgende Wortarten kommen als Adverbialien vor:

1. **Adverb**
   Beispiel: **Jetzt** beginnt die Fahrt in der Geisterbahn.
2. **Adjektiv** (nicht dekliniert und unveränderlich)
   Beispiel: Halte dich **ganz** fest an deinen Mitfahrer!
3. **Substantivausdruck** (mit oder ohne Präposition)
   Beispiel: Und nun hinein **ins Vergnügen**!

Ein Präpositionalausdruck kann in einem Satz sowohl Objekt als auch Adverbial sein. Wie kannst du das eine vom anderen unterscheiden?

- Beim Objekt ist die Präposition fest mit dem betreffenden Verb verbunden und kann durch keine andere ersetzt werden.
- Bei der Umstandsangabe ist die Präposition nicht mit dem Verb verbunden und kann deshalb ausgetauscht werden.

Beispiele: Ich warte auf dich. (= Präpositionalobjekt)
Ich tanze nach dem Essen/danach (= Adverbial)

Die Begriffe **Adverb** und **Adverbial** klingen recht ähnlich, bedeuten aber etwas Verschiedenes.

Das **Adverb** ist eine Wortart. Es besteht aus einem Wort und verändert sich nicht.
Beispiele: bald, dort, heute, aufwärts, genug, etwa, allerdings

Das **Adverbial** ist ein Satzglied und kann aus mehreren Wörtern bestehen.
Beispiele: im Jahre 1988, am Beginn der Geisterbahnfahrt

7

Unterscheide zwischen Adverbial und Präpositionalobjekt. Schreibe die Umstandsangaben bzw. die Verben in der Grundform zusammen mit der Präposition heraus.

Gleich brech' ich in Entzücken aus, In meinem Schrank, da sitzt 'ne Maus.	Nach Arbeit, Stress und Studium Seh' ich mich nach 'nem Ketchup um.
Verzichte gern auf Ruhm und Geld, Wenn endlich auf den Zähnen meine Spange hält.	Red' ich vom Geldgewinn im Lotto, Fällt von der Wand das Urlaubsfoto.

10.2 Attribut

Das **Attribut** ist eine Beifügung zu einem Satzglied und bestimmt es genauer. Es ist **kein selbstständiges Satzglied,** weil es mit seinem Satzglied fest verbunden ist und nicht von ihm getrennt werden darf. Ein Attribut ist deshalb nur ein Satzgliedteil. Das Wort, das näher bestimmt wird, nennt man **Bezugswort**.

Attribute findest du leicht durch die Umstell- bzw. Verschiebeprobe heraus. Das Attribut kann immer nur zusammen mit seinem Bezugswort im Satz verschoben werden.

Beispiele: Gestern brachte Herr Neumann, unser Nachbar, einen jungen, dunkelbraunen Hund mit.

Das Attribut gehört meistens zu einem Substantiv. Wir unterscheiden:

Adjektivattribut:
Beispiel: ein junger, **dunkelbrauner** Hund

Das Substantiv als Attribut erscheint meist im Genitiv. Es kann aber auch mit einer Präposition angeschlossen werden.

Genitivattribut:
Beispiel: das dunkelbraune Fell **des Hundes**

Attribut mit Präposition:
Beispiel: ein Hund **aus einem Zwinger**

Als Attribute kommen außerdem vor:

Beispiele:	Adverb:	bei den Menschen **dort**
	Verb (im Infinitiv):	die Freude, **herumzuspringen**
	Pronomen:	ohne **irgendeine** Ahnung

Ein Bezugswort kann auch mehrere Attribute haben.

Beispiel: ein **dunkelbrauner** Hund **aus einem Zwinger dort oben**

Eine besondere Form des Attributs ist die **Apposition.** Sie ist eine zusätzliche Erläuterung, die im gleichen Kasus wie das Bezugswort steht. Die Apposition ist durch Kommas von ihrem Bezugswort getrennt.

Beispiel: Herrn Neumann, **unserem Nachbarn,** gelang es nicht, seinen Hund an die Leine zu nehmen.

8

Stelle durch die Verschiebeprobe fest, welche Wörter eine Gruppe bilden. Schreibe sie heraus und unterstreiche das Bezugswort.

Vom Diamant

Unter allen den Menschen bekannten Dingen hat der Diamant den höchsten Wert. Man findet ihn in tiefen Bergwerken, und er ist ein Begleiter des Goldes oder des Kristalls. Auch die Macht des Feuers kann die unzerstörbare Härte nicht besiegen. Nur durch das Blut eines Bockes wird die unüberwindliche Kraft des Steines gesprengt.

9

Wandle die Attribute, die hinter dem Substantiv stehen, in Adjektive um.

Eine originelle Einladung

Der Feinschmecker **von heute** will mit einem Essen **voll Fantasie** verwöhnt werden. Machen Sie deshalb Ihre Einladung **am Abend** zu einem Ereignis. Beginnen Sie mit einer scharfen Suppe **aus Indien.** Überraschen Sie Ihre Gäste dann mit deftigen Spezialitäten **aus Deutschland:** mit leckerem Schinken **aus Westfalen** oder schwäbischen Maultaschen **mit Füllung.** Zum Abschluss empfehlen wir Ihnen eine besondere Eisbombe: Auf dem Boden der Schale **aus Porzellan** liegt ein Gutschein für ein Essen **erster** Klasse an einer Würstchenbude **mit Gemütlichkeit!** Diesen Gag werden Ihre Gäste **ohne Einfälle** sicher nicht vergessen.

10

Ordne die folgenden Attribute ihren richtigen Bezugswörtern zu.

afrikanischen **auf ihrem Pelz** **des Tigers** **dunklen** **gestreifte**
hungrigen **ohne deutliches Muster** **ohne Fellzeichnung** **schwarzen**

Im Pflanzendickicht ist die Gestalt ______________________ mit ihren ______________________ Streifen auf dem gelben Grund kaum zu erkennen. Das ______________________ Zebra ist in den Steppen schwerer zu erkennen als das ungestreifte Gnu.

In einer Landschaft ______________________, z. B. in einer Schneelandschaft, findet man häufig Tiere ______________________.

Mit ______________________ Flecken oder auffälligen Streifen ______________________ würden sie von ihren Feinden schnell entdeckt werden.

11

Ordne die Attribute dem richtigen Stichwort zu.

Efeu

Er wächst auf frischen, nährstoffreichen Böden und rankt sich an den Stämmen der Bäume hoch. Aus seinem Stiel bildet er kleine Wurzeln. Mit ihnen hält er sich an den Rinden der Bäume fest. Bei zunehmendem Alter ändert er die Form seiner Blätter. Die alten Griechen weihten Efeukränze dem Gott des Weines. Der Efeu ist eine immergrüne Pflanze. Aus diesem Grund legten die frühen Christen ihre Toten auf abgeschnittene Efeuzweige. Sie galten als Sinnbild der Unsterblichkeit der Seele.

Adjektivattribut	Genitivattribut

12

Suche die Attribute aus dem Text heraus. Unterstreiche das jeweilige Bezugswort.

Amerigo Vespucci an seinen Fürsten

In den vergangenen Tagen schrieb ich dir von meiner Rückkehr aus den neuen Ländern. Sie waren unter dem Befehl des allerdurchlauchtigsten Königs von Portugal erforscht worden. Mit gutem Grund nennt man sie die Neue Welt; denn keines dieser Länder war unseren Vorfahren bekannt.

13

Welches Satzglied wird durch ein Attribut genauer bestimmt? Ordne es zusammen mit seinen Attributen dem richtigen Stichwort zu.

Aus einem altindischen Text

Hiranyakasipu hatte nicht nur einen goldglänzenden Körper, sondern besaß auch alle erdenklichen Reichtümer. Er ließ sich sogar im prachtvollen Palast des Himmelskönigs Indra nieder. Die Stufen aus Korallen in diesem Palast blendeten das Auge, und den mit Smaragden verzierten Fußboden bedeckten prächtige Teppiche. Das seidene, perlenverzierte Bettzeug war über alle Maßen schön. Die Damen des Palastes spazierten unter dem melodischen Klang der Fußglöckchen im weiträumigen Palast hin und her und betrachteten ihr eigenes Spiegelbild in glitzernden Edelsteinen.

Subjekt: ______________________________

____

____

Objekt: ______________________________

____

____

Adverbial: ______________________________

____

____

14

Entscheide, ob die farbigen Wörter im Satz Adverbial oder Attribute sind.

Neue Erfindungen

Auf der Erfindermesse in Nürnberg gibt es neben nützlichen Dingen auch recht merkwürdige zu sehen.
Der Schreibstift mit individueller Schreibmulde für den Finger formt sich selbstständig und ohne Kraftaufwand beim ersten Griff: Ein Abdruck in Weichplastik bewahrt die Form des Fingers und schafft so auch für später sicheren Halt.
Das ist vielleicht auch für dich interessant: Mit 40 € kannst du bereits deine Erfindung als gesetzlich geschütztes Gebrauchsmuster anmelden.

Adverbial: ______________________________

____

____

Attribut: ______________________________

____

____

15

Füge folgende Erklärungen als Appositionen in die Sätze ein.

(1) der ostfriesische Zappelphilipp

(2) eine Mischung aus Jodlern und Jux

(3) ein Durcheinander von Armen und Beinen

(4) sein trockener Humor von der Waterkant

(5) Deutschlands größter Witzbold

Wir alle kennen ihn, (1), aus Film und Fernsehen. Mit seiner Stimme, (2), reißt er sein Publikum immer wieder zu Beifallsstürmen hin. Seinen spindeldürren Körper, (3), benützt er wie eine Marionette. Mit seinen Witzen, (4), macht er sich über sich selbst und andere lustig. Ihn, (5), kennst du sicher auch.

Schlusstest

1

Welcher Bestandteil des Satzes ist das Wort „Pferd" jeweils?

1. Das **Pferd** (________________) hat einen Schweif.
2. Den Schwanz des **Pferdes** (________________) nennt man Schweif.
3. Dem **Pferd** (________________) nähert man sich am besten vom Schweif her.
4. **Pferde** (________________) sind Flüchter.
5. Den **Pferden** (________________) schmeckt Hafer am besten.
6. Die Hufe der **Pferde** (________________) müssen nach dem Ritt gereinigt werden.

2

Stelle die Satzglieder um. Wie viele Sätze kannst du bilden?

1. Den Pferden schmeckt Hafer am besten.
2. Dem Pferd nähert man sich am besten vom Schweif her.

3

Vergleiche die Sätze und schreibe die Satzglieder auf, die verschoben worden sind.

1. Die Hufe der Pferde reinigt man nach dem Ritt. Nach dem Ritt reinigt man die Hufe der Pferde. Man reinigt die Hufe der Pferde nach dem Ritt.

   Verschoben worden sind: ________________________________

   ____

2. Den Schwanz eines Pferdes nennt man Schweif. Schweif nennt man den Schwanz eines Pferdes. Man nennt den Schwanz eines Pferdes Schweif.

   Verschoben worden sind: ________________________________

   ____

4

Bestimme die einzelnen Satzteile.

Wer ist das?

1. **Kleines grünes Tier wird geküsst.**

   ____

2. **Armes graues Mädchen tanzt mit einem goldenen Schuh.**

   ____

3. **Zwei Geschwister finden in einem finsteren Wald ein Haus aus einem merkwürdigen Material.**

   ____

4. **Eine sehr müde Königstochter schläft hinter einer Dornenhecke.**

   ____

5. **Ein Haustier stiefelt durch die Landschaft.**

   ____

5

Stelle die ursprünglichen Sätze wieder her.

Unser Abführtee Rapido	vor Husten und Heiserkeit schützen
Der wohlschmeckende Hustensirup Keuch	das Gesicht straffen
Die natürliche Knoblauchbutter	Zahnfleischbluten verhindern
Die Pflegecreme für die moderne Frau	aus jedem Steak ein Festgericht machen
Unsere in Kliniken erprobte Zahnpasta	den Darm in Schwung bringen

6

Bilde Sätze mit dem wichtigen Substantiv „Taschengeld“ und den angegebenen Verben. Schreibe hinter die Substantivformen den Kasus (N, G, D, A)

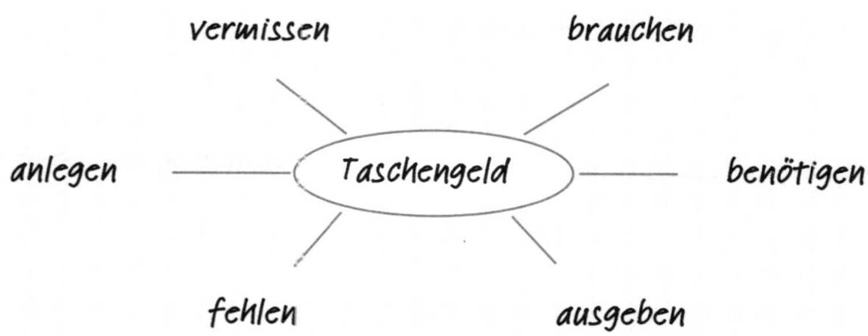

1. ______________________________

2. ______________________________

3. ______________________________

4. ______________________________

5. ______________________________

6. ______________________________

7

Mit welchem Satzglied beginnt jeweils der Satz?

Kräuter sind zum Baden da. **Ihre Kräfte** entspannen oder regen an. **Beim Baden** dringen wertvolle Öle in die Haut ein. **Sanft** wird Ihre Haut gepflegt. **Die belebende Wirkung** spüren Sie am ganzen Körper. **Ihre Lebensgeister** werden durch das Bad aus den Schätzen der Natur geweckt. **Acht verschiedene Naturkräuterbäder** bieten wir Ihnen an.

8

Welches Substantiv passt in alle Sätze? Trage es in der richtigen Form ein und gib an, welches Satzglied es jeweils ist.

Schon die Ägypter kannten ____________________, und die Römer schätzten ____________________ nicht nur als Fensterscheibe. Heute ist ____________________ ein wichtiger Bestandteil des Bauens und Wohnens. Dem ____________________ verdanken Sie Wohnlichkeit und ungestörte Ruhe. Denn durch ____________________ werden Verkehrslärm und Zugluft abgehalten.

Und am Abend verzaubert die Schönheit eines geschliffenen ____________________ Ihre festliche Tafel.

Ohne ____________________ würde unser aller Leben ohne Glanz sein.

9

Bestimme, zu welchem Satzglied das hervorgehobene Adjektiv jeweils gehört.

Der Bau der chinesischen Mauer

30 000 Arbeiter setzte der **chinesische** Kaiser beim Bau der Großen Mauer ein. Doch ein **kurzer** Streckenabschnitt trotzte **allen** Bemühungen. Immer wieder stürzte die Mauer ohne **ersichtlichen** Grund ein. Der **ratlose** Kaiser befragte die Götter und erhielt die **überraschende** Antwort: „Lass Zehntausend (Wan) im Boden der Mauer begraben." Nach **kurzer** Überlegung befahl er, einen Arbeiter mit dem Namen Wan (Zehntausend) zu begraben. So rettete er **durch den Tod** dieses Unglücklichen das Leben vieler und konnte den Bau der Großen Mauer vollenden.

10

Entscheide, ob der Präpositionalausdruck als Adverbial (Adv) oder Attribut (Attr) verwendet ist.

Die ersten Tiergärten

Es begann **im Reich der Mitte** (   ). **Im Jahre 1150** (   ) **vor Christi Geburt** (   ) gründete der Fürst Wenwang den ersten Zoo. **Beim Anblick seiner Tiere** (   ) erholte er sich **von den Regierungsgeschäften** (   ). Den ältesten Zoo **in Europa** (   ) findet man in Wien. Franz I. **von Österreich** (   ) eröffnete ihn bereits **im Jahre 1752** (   ). **In Deutschland** (   ) hat Berlin den ältesten Zoo. Die ersten Freianlagen entstanden **in Hamburg** (   ).

11

Bestimme die hervorgehobenen Ausdrücke. Sind es Objekte, Adverbialien oder Attribute?

Städte an der Alten Salzstraße

Einst zogen Salzwagen von Lüneburg **durch das Herzogtum Lauenburg** nach Lübeck zur Ostsee. Heute erschließt sich dem Wanderer ein Paradies **aus Wäldern und Seen**. Die historischen Altstädte **von Mölln, Ratzeburg, Lübeck und Lauenburg** machen den Urlaub **in diesem Land zu einem Erlebnis**. Ratzeburg liegt auf einer Insel **inmitten der Seenplatte** des Naturparks. Ratzeburg freut sich **auf Sie!** Die historische Hansestadt Lübeck ist Tor **zum europäischen Norden**. Sie verfügt **über den größten Fährschiffhafen** Europas.

Objekte: ______________________________

____

____

Adverbialien: ______________________________

____

____

Attribute: ______________________________

____

Notizen

Satzarten

SO, LUDEK, MAL SEHEN, OB DU ALLE SATZARTEN KENNST. KANNST DU MIR EIN BEISPIEL FÜR EINEN AUSSAGESATZ GEBEN?
ICH HABE KEINE LUST, JETZT DEUTSCH ZU ÜBEN.
RICHTIG. UND JETZT EINEN AUFFORDERUNGS-SATZ.
LASS MICH IN RUHE HIER LIEGEN!
EINEN FRAGESATZ?
HÖRST DU MIR ÜBERHAUPT ZU?!?
HERVORRAGEND! DU HAST ALLE DREI RICHTIG!
HAB ICH? OH...ÄH, JA, NATÜRLICH.

11 Hauptsätze

11.1 Definition

Die **Art des Satzes** richtet sich danach, was du beim Hörer (oder Leser) erreichen willst. Du kannst drei Satzarten unterscheiden, mit denen der Sprecher verschiedene Absichten verfolgt.

1. **Aussagesatz**
   Mit ihm kannst du etwas darstellen, erzählen, berichten, du kannst Informationen geben oder Feststellungen treffen.

   Beispiel: Ich werde ein Zauberkunststück mit einem Ring vorführen. Ich habe einen Ring aus Papierstreifen.

2. **Aufforderungssatz (oder Befehlssatz)**
   Mit ihm sprichst du immer eine bestimmte Person an. Du wünschst oder erbittest dir etwas von ihr, forderst sie zu einer bestimmten Tätigkeit auf oder befiehlst ihr, etwas zu tun.

   Beispiel: Nimm das Ende des Papierstreifens, drehe es einmal herum und klebe es dann am Anfang fest!

3. **Fragesatz**
   Du verwendest ihn, wenn du von einem anderen etwas erfahren willst. Die Antwort kann aus einem einzelnen Wort, einem Satz oder auch mehreren Sätzen bestehen.

   Beispiele: Willst du zaubern lernen? Antwort: Ja.
   Wie macht man das? Antwort: Du brauchst einen etwa 10 cm breiten und 1 m langen Papierstreifen …

Wenn du die **Satzart** und die **Sprechabsicht** bestimmen willst, sieh dir zunächst das Zeichen am Ende des Satzes an. Es zeigt dir, um welche Satzart es sich handelt.

Satzart	**Schlusszeichen**
Aussagesatz	Es ist ein einziger Ring geblieben **.**
Aufforderungssatz	Sieh mir genau zu **!**
Fragesatz	Willst du zaubern lernen **?**

11.2 Aussagesatz

Der **Aussagesatz** ist die häufigste und einfachste Satzart. Mit ihm kannst du etwas **feststellen, erzählen, berichten, darstellen** oder **mitteilen.**

In einem Aussagesatz steht das Prädikat an zweiter Stelle. Bei einem mehrteiligen Prädikat befindet sich nur der finite (= konjugierte) Teil an der zweiten Stelle. Der infinite (= nichtkonjugierte) Teil steht am Ende und schließt dadurch den Satz ab.

Beispiele: Ich **zeige** dir ein zweites Kunststück.
Ich **werde** dir ein zweites Kunststück **zeigen**.

Das Satzschlusszeichen ist der **Punkt**.

1

Bilde aus den Fragen Aussagesätze, indem du die Antwort mitverwendest.

Beispiel: Wo kommt der Zug an? — auf Bahnsteig 22
→ Der Zug kommt auf Bahnsteig 22 an.

Aus einem Sprachführer

1. Wie viel kostet ein Brötchen?	30 Cent
2. Woher kommen Sie?	aus Berlin
3. Wann ist das Museum geschlossen?	am Montag
4. Wie komme ich zum Bahnhof?	zu Fuß
5. Wie lange gilt der Fahrschein?	zwei Stunden lang
6. Wohin fährt der Bus?	zum Marktplatz
7. Wo muss ich umsteigen?	in Verona

11.3 Aufforderungssatz

Der **Aufforderungssatz** (oder **Befehlssatz**) richtet sich direkt an eine andere Person. Dadurch versuchst du zu erreichen, dass sich der andere so verhält, wie du es willst. Das Prädikat steht deshalb in der **Imperativform** und betont am Satzanfang. In Aufforderungssätzen fehlt meistens ein ausdrückliches Subjekt. Weil die Aufforderung an eine bestimmte Person gerichtet wird, ist aus dem Zusammenhang klar, wer gemeint ist.

So kann eine Aufforderung gemeint sein:

a) als **Befehl** oder **Anweisung**
Beispiel: Nimm endlich deine Füße vom Tisch!

b) als **Empfehlung** oder **Warnung**
Beispiel: Nimm lieber nicht so viel Butter aufs Brot!

c) als **dringender Wunsch**
Beispiel: Nimm bitte den Milchtopf vom Herd!

Aufforderungssätze enden mit einem **Ausrufezeichen**. Bei Wünschen oder Hinweisen genügt oft auch ein Punkt.

Manche Aussagesätze werden durch ein Ausrufezeichen betont. Sie sind Ausrufesätze, aber keine echten Aufforderungssätze. Dies erkennst du an der Stellung des Prädikats.

Beispiele: **Pass** auf die Milch auf! (= Aufforderung)
Jetzt **hast** du doch nicht **aufgepasst!** (= Ausruf)

In manchen Aufforderungssätzen wird das Subjekt aber doch genannt. Dies ist der Fall bei Aufforderungen:

a) an eine Person, die mit „Sie" angesprochen wird (Höflichkeitsform)
Beispiel: Verlassen **Sie** sofort meine Wohnung!

b) an eine Gruppe, zu der der Sprecher selbst gehört
Beispiele: Gehen **wir** nach Hause. Lasst **uns** nach Hause gehen!

c) an eine Person, die besonders hervorgehoben ist.
Beispiel: Geh **du** nur ins Kino! Ich bleibe zu Hause.

2

Entscheide, welche der folgenden Kurzsätze echte Aufforderungssätze sind. Unterstreiche sie.

1. **Achtung! Steht still!**
2. **Augen rechts! Hände auf den Tisch!**
3. **Rührt den Vanillepudding! Esst langsam!**
4. **Abtreten zum Spülen! Spült das Geschirr!**

3

Welches Substantiv könnte auch der Imperativ eines Verbs sein? Setze dahinter ein Ausrufezeichen.

Fahrt	**Falle**	**Fische**	**Fracht**
Kerne	**Klage**	**Kreise**	**Küsse**
Sätze	**Schätze**	**Schneide**	**Sprache**

4

Logo ist eine Sprache, die ein Computer versteht. Mit ihr kannst du eine Schildkröte über ein weißes Blatt wandern lassen. Dabei zeichnet sie Linien.

Wandle folgende Aussagesätze in Befehlssätze um, so dass sie der Computer versteht. Finde heraus, was die Schildkröte zeichnet.

Die zeichnende Schildkröte

1. **Ich gehe vom Mittelpunkt hundert Schritte nach unten.**
2. **Ich mache eine Vierteldrehung nach links und gehe in dieser Richtung ebenfalls 100 Schritte weit.**
3. **Ich wiederhole dies zweimal.**
4. **Ich mache drei Vierteldrehungen nach rechts.**
5. **Ich bewege mich 70 Schritte nach vorne.**
6. **Ich vollführe eine Vierteldrehung nach rechts und marschiere nochmals 70 Schritte nach vorne.**
7. **Ich bleibe stehen und betrachte mein Kunstwerk.**

5

Bilde Aufforderungssätze.

Wir kochen zusammen Milchreis (nach einem 100 Jahre alten Rezept)

an Klausi, deinen Bruder:
einen Topf holen – ihn halb voll mit Wasser füllen – das Wasser zum Kochen bringen

an Patricia, deine Freundin:
das kochende Wasser über den Reis gießen – ihn in 1 Liter guter Milch mit etwas Salz leise kochen – dabei häufiger umrühren

an Klausi und Patricia:
in der letzten Viertelstunde 50 g Butter und zwei Esslöffel Zucker hinzufügen – den Reis beim Anrichten dick mit Zucker und Zimt bestreuen

an Klausi, Patricia und mich selbst:
an den Tisch setzen – die Köstlichkeit ganz langsam genießen

6

Weigere dich, der Werbung zu folgen, indem du das Gegenteil willst.

Beispiel: Treiben Sie Sport! → Ich will aber keinen Sport treiben.

Empfehlungen für einen Muskelmann

1. Entwickeln Sie eine gut aussehende, athletische V-Form!

   ____

2. Formen Sie eine schmale Taille!

   ____

3. Packen Sie neue Kraft in Schultern und Rücken!

   ____

4. Wählen Sie Ihr persönliches Fitness-Programm!

   ____

5. Testen Sie die Kraftmaschine Superman 14 Tage lang!

   ____

7

Die Erfahrung der Menschen rät überall auf der Welt zur Vorsicht. Aber Vorsicht! Die Imperative sind vertauscht. Finde die richtigen Ratschläge.

Falsche Ratschläge

1. Sag zu einem Bären auf einer Brücke „Onkel", bevor du springst!
2. Blas auf die Suppe, bevor du sprichst!
3. Gib Acht, bevor du nass wirst!
4. Roll die Zunge siebenmal, bevor du sie isst!
5. Hol dir einen Schirm, wenn du den Übergang nicht kennst!
6. Überquer den Strom nicht, wenn du den Kopf neigst!
7. Schau, bis du das andere Ufer erreicht hast!

8

Formuliere Aufforderungen für die Besucher eines Erholungsgebietes.

Beispiel: Verboten ist das Rauchen. → Rauchen Sie nicht!

Das ist verboten:
das Parken auf unbefestigten Plätzen wie Feldwegen oder Wiesen
das Abstellen von Anhängern an Uferabschnitten
das Befahren von Vogelschutzgebieten
das Ankern in der Nähe von Laichplätzen
das Betreten von Kies- und Schlammbänken
das Missachten von Verbots- und Gebotsschildern

9

Wandle den Ich-Bericht in ein allgemeines Rezept um.

Beispiel: Ich nahm Milch. → Man nehme Milch!

Rezept für einen deutschen Kaffee (nach Mark Twain)

Ich nahm ein Fass Wasser und brachte es zum Kochen. Darauf rieb ich eine Zichorienbeere an einer Kaffeebohne und gab Erstere in das Wasser. Ich ließ den Sud abkühlen. Dann schirrte ich die Überreste einer ehemaligen Kuh vom Pflug los, gab sie in eine Presse und fügte einen Löffel von diesem blassblauen Saft, den die Deutschen Milch nennen, dem kalten Kaffee bei. Ich milderte aber dessen schädliche Kraft mit einem Eimer lauwarmen Wassers und läutete zum Frühstück. Schließlich genoss ich maßvoll und band mir zum Schluss gegen zu starke Erregung ein nasses Tuch um den Kopf.

11.4 Fragesatz

Mit einer **Frage** willst du von einem andern etwas erfahren, was du selbst nicht weißt, aber gerne wissen möchtest. Es gibt zwei verschiedene Arten von Fragen.

1. Die **Ergänzungsfrage** (oder auch: Satzfrage)

   Du verlangst vom andern eine Auskunft, weil du über etwas nicht vollständig Bescheid weißt. Die Antwort informiert dich über Personen, Sachen oder Sachverhalte. Sie besteht meist aus mehreren Wörtern oder einem ganzen Satz.

   Beispiel: **Was** brauche ich fürs Schwimmbad heute?
   Du brauchst einen Schwimmreifen, Flossen und viel Geld.

   Eine Ergänzungsfrage erkennst du schnell an ihrer Form. Sie beginnt immer mit einem **Fragewort**.

   Fragewörter sind

   a) Pronomen, die dekliniert werden können.

      Beispiele: **Wer** geht mit ins Schwimmbad?
      Mit **wem** gehst du ins Schwimmbad?

   b) Adverbien, die sich nicht verändern.

      Beispiele: **Weshalb / wann / wohin** gehst du zum Schwimmen?

2. Die **Entscheidungsfrage** (oder auch: Wortfrage)

   Du stellst deine Frage so, dass der andere sie bejahen oder verneinen kann. Er entscheidet sich für eine der beiden Möglichkeiten. Die Antwort besteht meist aus einem „Ja" oder „Nein". Dazwischen liegen Antworten wie „vielleicht", „weiß nicht", „kommt darauf an".

   Beispiel: Willst du den Trick mit dem Schwimmreifen kennenlernen? Ja gerne/noch nicht/ wenn möglich/nein.

   Die Entscheidungsfrage hat, im Unterschied zur Ergänzungsfrage, kein Fragewort.

Fragesätze enden immer mit einem **Fragezeichen**.

Die zwei Fragesatzarten kannst du auch an der Stellung des Prädikats unterscheiden.
Bei der **Ergänzungsfrage** steht es – wie in einem Aussagesatz – an **zweiter** Stelle.

Beispiel: Wann **kommst** du nach Hause?

Bei der **Entscheidungsfrage** steht es – wie in einem Aufforderungssatz – an **erster** Stelle.

Beispiel: **Kommst** du heute Abend nach Hause?

Aus einer einfachen Entscheidungsfrage wird eine Wahlfrage, wenn du dem anderen zwei Möglichkeiten zur Auswahl anbietest.

Beispiel: Kommst du heute **oder** morgen? Morgen.

Ein direkter Fragesatz wird zu einem indirekten Fragesatz, wenn er von einem anderen Satz abhängig ist.
Ein indirekter Fragesatz ist immer ein Nebensatz. Daran erkennst du ihn:

a) Er hängt von einem Verb mit der Bedeutung „fragen", „nicht wissen" u. Ä. ab.
b) Das Prädikat steht – wie in jedem Nebensatz – am Ende.
c) Es gibt kein Fragezeichen mehr.
d) Die indirekte Satzfrage beginnt mit der Konjunktion „ob".

	direkter Fragesatz	indirekter Fragesatz
Beispiele:	Wann kommst du?	Ich **frage** dich, wann du **kommst**. Ich **weiß nicht**, wann ich **komme**.
	Kommst du morgen?	Ich **frage** dich, **ob** du morgen **kommst**. Ich **weiß nicht, ob** ich morgen **komme**.

10

Ordne folgende Antworten den passenden Fragen zu:

In München. **Zu Fuß.** **10 vor 12.** **Auf einer Insel.** **Leider nein.** **Ja immer.** **Am Montag.**

Kostenlose Auskünfte

1. Wie viel Uhr ist es?
2. Können Sie mir ein Eurostück wechseln?
3. Hast du Lust auf ein Eis?
4. Wo finde ich das Deutsche Museum?
5. Fahren wir mit der U-Bahn oder gehen wir zu Fuß?
6. Wann haben die Museen geschlossen?
7. Möchtest du in München oder in Hintertupfing leben?

11

Bestimme die Art der Frage: Entscheidungsfrage oder Ergänzungsfrage?

Für alle Postkunden

1. Was kostet ein Brief nach Peking?
2. Wie kann ich Bücher nach Brasilien schicken?
3. Kann ich in Polen Geld vom Postsparbuch abheben?
4. Zu welchen Gebühren kann ich von Griechenland aus anrufen?
5. Wie kann ich Geld in die USA schicken?
6. Ist das Faxen nach Japan möglich?
7. Welche Zeitschriften kann ich als Drucksache verschicken?

12

Ordne folgende Fragen den entsprechenden Antworten zu:

Scharfes Verhör

Was haben Sie getan?	Nicht zu Hause.
Haben Sie die Gummibärchen gestohlen?	Ich habe mir einen Film angesehen.
Hat Sie jemand dabei gesehen?	Einen Tierfilm.
Wann war die Vorstellung zu Ende?	Das weiß ich nicht genau.
Wo waren Sie gestern Abend?	Um 22 Uhr.
Haben Sie ein Taxi oder die Straßenbahn benützt?	Ein Taxi.
Welchen Film haben Sie sich angeschaut?	Bei meinem Ehrenwort: Nein!

13

Verwandle die Feststellungen in entsprechende Fragesätze und finde die Lösung. (Du kannst das auch im Wettbewerb mit anderen spielen.)

Beispiel: Dieses **E** wächst in der Heide und ist ein Mädchenname.
→ Welches **E** wächst in der Heide und ist ein Mädchenname?
Erika

1. Dieses **E** findest du bei einem Grautier und in deinen Büchern.
2. Dieses **T** tragen Damen und suchen alle Menschen manchmal auf.
3. Dieses **B** haben manche Männer im Gesicht und braucht ein Schlüssel.
4. Über dieses **N** freut sich der Musiker, der Schüler aber nicht immer.
5. Dieses **K** haben Hühner am Kopf und Menschen in der Tasche.

14

Witze bestehen oft aus einer Frage und einer unerwarteten Antwort. Stelle die Antworten zu den passenden Fragen.

Amerika – ein seltsames Land

1. „Hattest du in England Schwierigkeiten mit deinem Englisch?"
   „Ich habe mir meine Amerikareise aus dem Kopf geschlagen."
2. „Weißt du, warum die Amerikaner eine andere Uhrzeit haben?"
   „Ich nicht, aber die Engländer."
3. „Warum hast du einen Verband um den Kopf?"
   „Ja. Und in manchen Jahren scheint sie noch häufiger."
4. „Scheint in Florida wirklich an 365 Tagen die Sonne?"
   „Natürlich. Amerika wurde doch viel später entdeckt!"

15

Erfrage die farbigen Ausdrücke.

1. Kolumbus hat **1492** einen neuen Erdteil entdeckt.
2. Mit vier Schiffen ist er am 10. Oktober **auf der Insel San Salvador** gelandet.
3. In den darauf folgenden Jahren unternahm er noch **dreimal** die abenteuerliche Reise übers Meer.
4. Kolumbus starb im Jahre 1506 **verarmt und von allen vergessen**.
5. **Amerigo Vespucci** hat dem neuen Erdteil seinen Namen gegeben.

1

Ordne die farbigen Sätze der richtigen Sprechabsicht zu.

Am ersten Schultag kommt der Erstklässler heim und meint zu seiner Mutter: „Ich gehe nicht mehr in die Schule." „Weshalb willst du denn nicht mehr dahin?", will sie von ihm wissen. Da meint der Kleine: „Die Lehrerin ist ein bisschen blöde. Dauernd fragt sie uns."

Am letzten Schultag sagt der Sohn zu seinem Vater: „Ich werde auswandern." Und fügt warnend hinzu: „Versuch nicht mich daran zu hindern!" „Wer versucht dich daran zu hindern?", fragt der Vater seinen Sohn. „Nimm mich bitte mit!"

a) feststellen: ______________________________

____

b) fragen: ______________________________

____

c) auffordern: ______________________________

____

2

Bestimme die Satzart und setze das richtige Satzzeichen ans Ende.

1. Vergiss nicht, Leonie anzurufen
2. Leonie hat angerufen
3. Wann soll ich Leonie anrufen
4. Ich muss Leonie anrufen
5. Hast du schon Leonie angerufen
6. Ich will noch Leonie anrufen
7. Ruf endlich Leonie an
8. Leonie hat schon angerufen

3

Wandle die Anfragen in Antworten um.

Beispiel: Ist der Urlaub auf dem Bauernhof schön?
→ Der Urlaub auf dem Bauernhof ist schön.

Urlaub auf dem Bauernhof

1. Gibt es Halbpension?
2. Kann man die Küche mitbenützen?
3. Liegen die Zimmer im Hauptgebäude?
4. Dürfen die Kinder bei der Feldarbeit zusehen?
5. Befindet sich in der Nähe ein Schwimmbad?
6. Haben die Zimmer Zentralheizung?
7. Besteht eine Busverbindung zum nächsten Ort?

4

Wandle die Anweisungen in Aussagesätze in Ich-Form um.

Beispiel: Glauben Sie an die Sterne!
→ Ich habe an die Sterne geglaubt.

1. Verlassen Sie sich nicht auf falsche Freunde!
2. Bleiben Sie gelassen!
3. Gehen Sie bei einem neuen Vorhaben vorsichtig zu Werk!
4. Halten Sie sich nicht mit Kleinigkeiten auf!
5. Überwinden Sie Ihre Vorbehalte gegen einen bestimmten Menschen!
6. Lassen Sie es in der Liebe auf einen Versuch ankommen!
7. Nehmen Sie sich fürs Wochenende nicht zu viel vor!
8. Weichen Sie Problemen im privaten Bereich nicht aus!
9. … und es hat alles nichts genützt.

5

Wandle die Fragen in Befehlssätze um.

Beispiel: Bist du ruhig? → Sei ruhig!

1. Bist du ganz Ohr?
2. Sperrst du die Ohren auf?
3. Schreibst du dir das hinter die Ohren?
4. Legst du die Ohren an?
5. Legst du dich aufs Ohr?
6. Schaltest du die Ohren auf Empfang?
7. Hältst du die Ohren steif?

12 Nebensätze

12.1 Definition

Ein Nebensatz ist wie ein Hauptsatz ein vollständiger Satz. Der Nebensatz ist aber anders aufgebaut als der Hauptsatz.

Achte auf folgende **Merkmale** des Nebensatzes:

1. Im Nebensatz steht das **Prädikat** (= die konjugierte Verbform) immer **am Ende**.

   Beispiel: Hauptsatz: Kathrin **fährt** alleine in den Urlaub,
   Nebensatz: weil ihre Freunde keine Zeit **haben**.

2. Am Beginn des Nebensatzes steht ein Wort, das ihn **einleitet** und ihn **mit dem Hauptsatz verbindet**.

   Beispiel: Hauptsatz: Kathrin fährt alleine in den Urlaub,
   Nebensatz: **weil** ihre Freunde keine Zeit haben.

Drei Wortarten können einen Nebensatz einleiten:

a) Unterordnende Konjunktion
Solche Nebensätze heißen **Konjunktionalsätze**.

Beispiel: **Nachdem** Kathrin alleine losgefahren ist, verspürt sie plötzlich heftiges Heimweh.

b) Relativpronomen
Solche Nebensätze nennt man **Relativsätze**. Ein Relativpronomen bezieht sich auf ein Wort im Hauptsatz.

Beispiel: Kathrin nimmt einen **Zug**, **der** in dem kleinen Bergdorf hält.

c) Fragewort
Solche Nebensätze heißen **indirekte Fragesätze**.
Dabei musst du darauf achten, welche Art der Frage vorliegt. Ergänzungsfragen (oder W-Fragen) beginnen mit einem **Fragewort**. Entscheidungsfragen (oder Ja/Nein-Fragen) beginnen mit dem Wörtchen **ob**.

Beispiel: Du fragst dich, **wer** Kathrin wohl empfangen wird.
Du fragst dich, **ob** Kathrin vielleicht zu ihrer Oma gefahren ist.

Beachte:
Hauptsatz und Nebensatz zusammen nennt man Satzgefüge. Ein Nebensatz wird vom Hauptsatz immer durch ein Komma getrennt, auch wenn er vor dem Hauptsatz steht.

Beispiel: Wer Kathrin empfängt, weiß sie noch nicht.

Nebensätze sind wichtig, weil sie bestimmte Teile des Hauptsatzes ersetzen. Man kann Nebensätze also nicht nur nach ihrer äußeren **Form** unterscheiden (Konjunktionalsätze, Relativsätze, indirekte Fragesätze), sondern auch nach ihrer **Funktion**, d.h., welche Teile des Hauptsatzes sie ersetzen.

1. **Gliedsätze** sind Nebensätze, die ein **Satzglied** ersetzen. Das Satzglied kann das **Subjekt**, ein **Objekt** oder eine **Umstandsbestimmung (= Adverbial)** sein.

   Beispiel: Nach dem freudigen Empfang durch ihre Oma (= Umstandsbestimmung) strahlt Kathrin wieder.
   Nachdem Kathrin freudig von ihrer Oma empfangen worden ist (= Gliedsatz), strahlt sie wieder.

2. **Attributsätze** sind Nebensätze, die ein **Attribut (= Beifügung)** ersetzen.

   Beispiel: Die Oma überrascht Kathrin mit einem selbst gebackenen (= Attribut) Kuchen.
   Die Oma überrascht Kathrin mit einem Kuchen, den sie selbst gebacken hat (= Attributsatz).

Nebensätze können auch von Nebensätzen abhängen.

Beispiel: Nachdem Kathrin alleine in den Urlaub gefahren ist, weil ihre beste Freundin keine Zeit hatte, verspürt sie doch großes Heimweh.

Damit du dich in diesen Begriffen besser zurechtfindest, werden die zwei Unterscheidungsarten hier noch einmal in Schaubildern dargestellt:

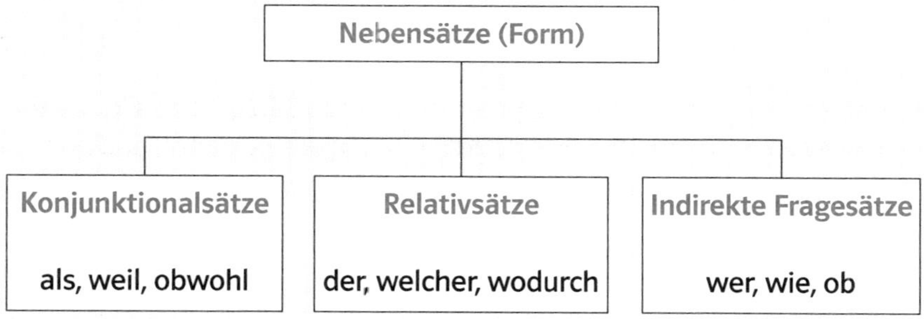

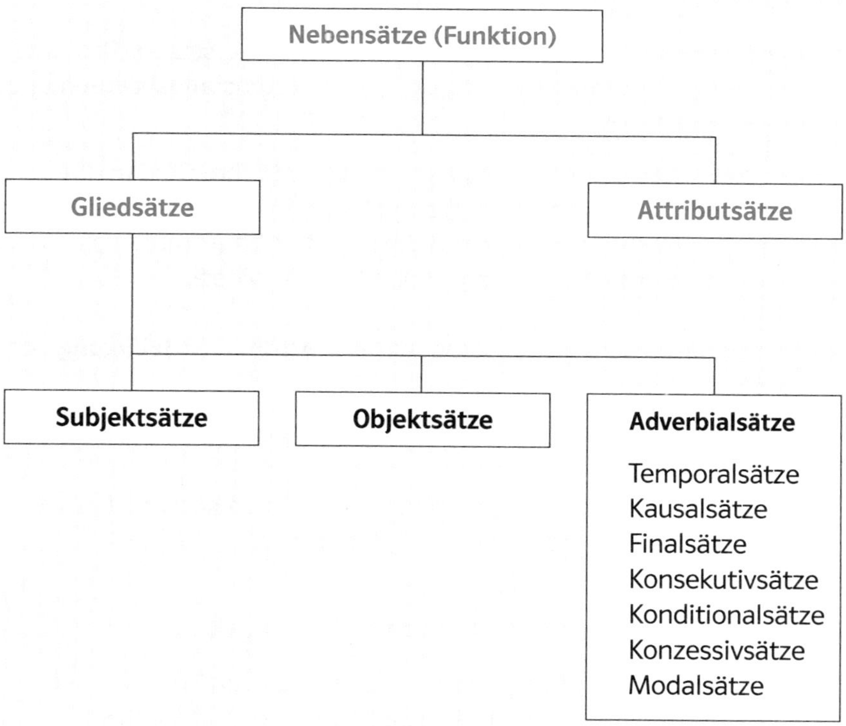

1

Finde alle Nebensätze heraus und unterstreiche sie. Unterstreiche die Wörter, die die Nebensätze einleiten, doppelt.

So wird Käse hergestellt

Milch, Lab und Milchsäure werden zusammengemischt. Die Folge ist, dass diese Mischung langsam dick wird. Die feste Masse, die ein einzelner Mann gar nicht heben kann, wird mit einem Netz herausgeholt. Sie kommt dann in einen Kasten mit einem Deckel, der langsam nach unten gedrückt wird. Die runden Laibe werden in ein Salzbad gelegt, damit sie nicht verderben. Dort bleiben sie, bis sie fest sind. Nach einiger Zeit prüft der Käsemeister den Reifegrad. Nachdem der Käse zwei bis drei Monate gelagert hat, kann er verkauft werden.
Übrigens: Der Emmentaler hat unterschiedlich große Löcher, weil auch die Milchsorten verschieden sind.

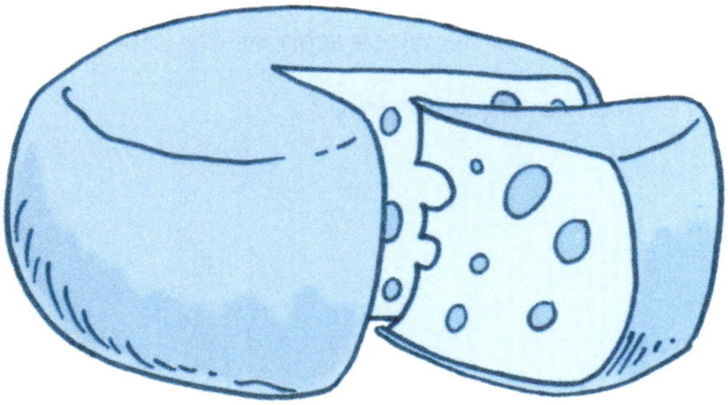

2

Welche Nebensätze sind Konjunktionalsätze? Trage in die Klammer für Konjunktionalsätze ein K ein, andernfalls einen Strich, und unterstreiche die Wörter, die den Nebensatz einleiten.

Früchte aus fernen Ländern

Zalagh: Diese Frucht, die (   ) eine Schlangenlederhaut hat, besitzt ein trockenes, helles Fruchtfleisch. Wenn (   ) man sie geschält hat, kann man sie sofort essen. Weil (   ) ihr birnenartiger Geschmack gut zu Eis passt, wird sie gerne gegessen.

Nespoli: Diese kleine Frucht wird manchmal mit einer Pflaume verwechselt, weil (   ) ihre Form ihr sehr ähnlich ist. Das Fruchtfleisch, das (   ) aprikosenfarben ist, enthält viel Saft. Obwohl (   ) es leicht säuerlich schmeckt, passt es ganz gut zu vielen Speisen.

Carambola: Diese Frucht, die (   ) die Form eines Sternes hat, wirkt auf dem Tisch sehr schön. Man schneidet sie in Scheiben, damit (   ) sich der Rosenduft gut entfaltet. Seltsamerweise stört es die Leute nicht, dass (   ) das Fruchtfleisch etwas modrig schmeckt.

3

Welche Nebensätze sind Relativsätze? Trage in die Klammer nur für Relativsätze ein R ein und unterstreiche zusätzlich das Bezugswort im Hauptsatz. Bei den Konjunktionalsätzen machst du einen Strich in die Klammer.

Wissenswertes über die Banane

Die Banane wächst rund um den Äquator, der (   ) die Erde wie eine Bauchbinde umgibt. Ursprünglich stammt die Banane aus dem Fernen Osten. Auf den Gewürzstraßen, die (   ) man nach der wichtigsten Ware benannte, kam sie nach Europa. Ungefähr 20 Jahre, nachdem (   ) Amerika entdeckt worden war, brachte ein Missionar die ersten Wurzelstöcke, die (   ) sehr kostbar waren, ins Land. Heute wachsen die Bananen meist in riesigen Plantagen, die (   ) von Wassergräben durchzogen sind. Die Bananen werden grün geerntet, damit (   ) sie nicht schon vor dem Transport reif sind. In Kühlschiffen, die (   ) eigens dafür gebaut sind, werden sie zu uns gebracht. Erst dann reifen sie aus und warten darauf, dass (   ) du sie isst.

4

Unterscheide im folgenden Text die drei Nebensatzarten. Benutze folgende Abkürzungen: K = Konjunktionalsatz, R = Relativsatz und IF = indirekter Fragesatz.

Das würzige Geheimnis

Kaum jemand weiß die Antwort auf die Frage, wer salzig schmeckt und in diesem Jahr siebzig Jahre alt geworden ist (   ). Ja, er ist es: der Kartoffelchip. Viele wissen auch nicht, wie Kartoffelchips entstehen. (   ) Nachdem die Kartoffeln mit der Hand sortiert worden sind (   ), heißt es erst einmal warten. Ein raffiniertes Lüftungssystem sorgt dafür, dass die Kartoffeln nicht vorzeitig keimen (   ). In einer riesigen Trommel werden dann die Kartoffeln geschält und zerkleinert, damit sie leichter verarbeitet werden können (   ).

Eine Walze, die auf ein Zehntelmillimeter genau arbeitet (   ), schneidet sie dann in Scheibchen. In einem Fritierbad, das aus ungefähr 5 000 Litern Öl besteht (   ), werden sie bei genau 170 Grad erhitzt. Wenn sie gesalzen sind (   ), werden sie noch mit verschiedenen Geschmacksstoffen gewürzt. Eine elektronische Waage sorgt schließlich dafür, dass jeder Verbraucher genau die gleiche Menge bekommt (   ). Am Ende sind aus einem Kilo Kartoffeln genau 250 g Chips entstanden, die uns aus durchsichtigen Tüten entgegenlächeln (   ).

5

Welche Nebensätze sind indirekte Fragen? Wandle sie in direkte Fragen um.

Beispiel: Ich weiß nicht, wer zum Essen kommt.
→ Wer kommt zum Essen?

Die tanzenden Schlangen

Sicher möchtest du wissen, wie die indischen Zauberer ihre Schlangen zum Tanzen bringen. Die Schlangen, welche meist ungefährlich sind, bewegen sich scheinbar nach den Klängen der Musik. Seltsam ist dabei die Tatsache, dass Schlangen von Natur aus taub sind. Also scheint es unerklärlich, weshalb die Schlangen sich so gut nach der Musik bewegen. Lange hat man gerätselt, wie die Zauberer das machen. Die Lösung ist einfach: Es sind nicht die Töne, nach denen die Schlangen sich bewegen, sondern die flinken Finger des Zauberers, die den Schlangen den „Takt“ angeben.

6

Finde alle Nebensätze heraus und unterstreiche sie. Unterstreiche die Wörter, die die Nebensätze einleiten, doppelt.

Wer bohrt eigentlich die Löcher in den Käse?

Jeden Sonntag sitzt du vor deinem Käse und fragst dich, wer die vielen Löcher in den Käse gebohrt hat. Ich sage dir, wer das macht.
Der Milch, die langsam auf 30 Grad erwärmt wird, fügt man Bakterien hinzu. Löcher sind noch keine da, weil ja auch noch kein Käse da ist. Nun verwandeln die Bakterien den Milchzucker, der in jeder Milch vorhanden ist, in Milchsäure. Die Milchsäure bringt die Milch zum Gerinnen, sodass ein Teil der Milch fest wird. Nachdem man die wässrige Molke abgelassen hat, bleibt die halbfeste Käsemasse zurück. Wenn man eine Weile wartet, dann reift der Käse und wird immer fester. Die Bakterien aber leben immer noch und atmen Gas aus, wie wir Menschen es ja auch tun. An verschiedenen Stellen sammelt sich das Gas, das natürlich dort die Käsemasse verdrängt. Endlich sind die berühmten Löcher da, die das Beste am Käse sind.

7

Welche Sätze im vorangestellten Text sind Relativsätze? Finde sie und nenne das Bezugswort im Hauptsatz.
Welche Sätze sind indirekte Fragesätze? Finde sie und wandle sie in direkte Fragen um.

12.2 Subjekt- und Objektsätze

Einen Nebensatz, der das Subjekt oder Objekt des Hauptsatzes ersetzt, nennt man **Subjektsatz** bzw. **Objektsatz**. Ob ein Nebensatz ein Subjekt oder Objekt vertritt, kannst du durch Fragen herausfinden.

Beispiele:

Frage nach dem Subjekt: Wer oder was ist gut?
Wer begabt ist und gute Noten schreibt, ist gut. (Subjektsatz)

Frage nach einem Akkusativobjekt: Wen oder was finde ich schlimm?
Ich als Mädchen finde es schlimm, **wie sich Jungen oft benehmen**. (Objektsatz)

Frage nach einem Präpositionalobjekt: Worüber sind wir froh?
Später sind wir Jungen froh (darüber), **dass es Mädchen gibt**. (Objektsatz)

Subjekt- und Objektsätze können auf dreifache Weise eingeleitet werden:

a) durch eine **unterordnende Konjunktion**

Beispiel: Ich finde es schön, **wenn** Jungen und Mädchen sich gut vertragen.

b) durch ein **Relativpronomen**

Beispiele: **Wer** fleißig lernt, bekommt auch gute Noten.
Ich lerne fleißig, **wodurch** ich gute Noten bekomme.

c) durch ein **Fragewort**

Beispiel: **Ob** du fleißig lernst, weiß ich nicht.

Subjekt- oder Objektsätze lassen sich durch Infinitivsätze oder Substantivausdrücke ersetzen. Dabei muss jedoch das Subjekt im Hauptsatz und Nebensatz gleich sein.

Beispiel: **Ich** freue mich (darüber), dass **ich** im Lotto gewonnen habe.
Ich freue mich (darüber) **im Lotto gewonnen zu haben.**
Ich freue mich über **meinen Lottogewinn**.

8

Bestimme, ob der blau gedruckte Substantivausdruck in den Hauptsätzen 1–5 S(ubjekt) oder O(bjekt) ist.
Trage dann in die Hauptsätze 6–10 die Nebensätze ein, die inhaltlich dazu passen.

Was denken Mädchen über Jungen und Jungen über Mädchen?

1. Jungen sind später froh **über die Existenz der Mädchen**. ( )
2. Bei den Noten spielt **das Geschlecht** keine Rolle. ( )
3. Mädchen finden **das Verhalten von Jungen** manchmal scheußlich. ( )
4. Es kommt **auf die Hilfsbereitschaft der Jungen** an. ( )
5. Ein Mädchen glaubt **an das nette Wesen von Jungen**. ( )

6. Jungen sind später froh, ______________________________

______________________________.

7. Bei den Noten spielt es keine Rolle, ______________________________

______________________________.

8. Mädchen finden es scheußlich, ______________________________

______________________________.

9. Es kommt darauf an, ______________________________

______________________________.

10. Ein Mädchen glaubt daran, ______________________________

______________________________.

9

Wandle die Hauptsätze in entsprechende Objektsätze um: Aussagesätze werden zu dass-Sätzen. Fragesätze werden zu indirekten Fragesätzen. Achte dabei auf die Art der Fragen.

Fragen und Antworten für kluge Köpfe

1. Welche Stadt ist die älteste der Welt?
2. Wir Menschen leben seit Beginn der Welt erst 30 Sekunden.
3. Wie viele Nervenzellen hat das menschliche Gehirn?
4. Gab es in Deutschland einmal Menschenfresser?
5. Ein leichtes Tuch auf der Stirn erleichtert das Einschlafen.
6. Wir singen das Lied „Stille Nacht“ nicht richtig.
7. Werden Goldfische älter als Menschen?
8. Die australischen Koala-Bären trinken kein Wasser.

Weißt du eigentlich,

1. ____?
2. ____
____?
3. ____?
4. ____?
5. ____
____?
6. ____?
7. ____?
8. ____?

10

Überlege dir, ob der dass-Satz ein Subjekt oder ein Objekt vertritt. Verwende die Abkürzungen S und O.

Eigenlob stinkt

Es kommt schon mal vor, dass uns jemand wegen unserer günstigen Preise für ein bisschen verrückt hält ( ). Dass dies nicht so ist ( ), beweisen unsere zufriedenen Kunden. Die Wahrheit ist vielmehr, dass wir einen umfassenden Kundendienst anbieten ( ). Wir garantieren außerdem, dass die Möbel zu Ihnen nach Hause geliefert werden ( ). Wir versprechen auch, dass alles vor Ort fachgerecht aufgebaut wird ( ). Dass unsere Möbel trotzdem sehr günstig sind ( ), hat mit unserer Sparsamkeit zu tun. Dass Sie aber unsere Kataloge kostenlos bekommen ( ), betrachten wir als Selbstverständlichkeit.

11

Bestimme, ob der dass-Satz ein Akkusativ- oder ein Präpositionalobjekt vertritt. Verwende die Abkürzungen A und P.

Nessie (Nach einem Bericht des Kapitäns William Brodie)

„Ich war überrascht darüber, dass es ein so großes Tier in einem Binnenmeer gibt ( ). Bald merkte ich, dass es kein Wal war ( ). Ich sah nämlich, dass hinter dem ersten Buckel ein zweiter auftauchte ( ). Dann tauchte das Tier unter. Ich wunderte mich darüber, dass es sich mit großer Geschwindigkeit fortbewegte ( ). Dabei sahen wir, dass das Tier sieben Buckel hatte ( ). Die Bugwelle war die eines schnell fahrenden Motorbootes. Dass dies der Wahrheit entspricht ( ), kann die ganze Mannschaft mit Ausnahme des Heizers bestätigen."

12

Bestimme, ob die Sätze ein Subjekt, ein Akkusativ- oder ein Präpositionalobjekt vertreten. Verwende die Abkürzungen S, A und P.

Mädchen und Jungen

Vor einiger Zeit hat eine Zeitschrift eine Umfrage unter Jugendlichen gemacht. Das interessante Thema lautete: Wie sind Jungen, wie sind Mädchen? Das sind einige Antworten:

Meike: Ich glaube, dass manche Jungen wirklich nett sind ( ). Es kommt darauf an, dass sie hilfsbereit sind ( ). Wie sich einige in der Pause gegenüber Kleineren verhalten ( ), finde ich aber scheußlich.

Lena: Die meisten Jungen sind hilfsbereit. Es kommt manchmal sogar vor, dass Jungen ein Mädchen trösten ( ).

Anna: Die Jungen wollen immer, dass die Mädchen ihnen gehorchen ( ). Darum möchte ich einen hohen Posten im Staat. Die Männer sollen wissen, wo es langgeht ( ).

Timo: Später sind wir froh darüber, dass es Mädchen gibt ( ).

Marie: Bei den Noten spielt es keine Rolle, ob jemand ein Mädchen oder ein Junge ist ( ).

13

Ersetze die Modalverben durch dass-Sätze und schreibe sie in dein Heft.
Wähle jeweils einen passenden Hauptsatz aus.

Es ist polizeilich angeordnet

Es ist nämlich sehr sinnvoll

Es ist wichtig für Kinder

Es ist deshalb unbedingt nötig

Von der Polizei ist es ausdrücklich erlaubt

Es muss unbedingt vermieden werden

Beispiel: Man **soll** sich nach jedem Essen die Zähne putzen.
→ Es ist **ratsam, dass man sich nach jedem Essen die Zähne putzt.**

Kinder haben Vorfahrt

1. Durch verkehrsberuhigte Straßen müssen Autofahrer besonders rücksichtsvoll und vorsichtig fahren.
2. Kinder sollen auch auf der Straße spielen.
3. Sie wollen Erfahrungen in der näheren Umgebung sammeln.
4. Die Autofahrer müssen deshalb Schrittgeschwindigkeit einhalten.
5. Kinder dürfen die Straße in ihrer ganzen Breite benützen.
6. Sie dürfen durch Autos nicht gefährdet oder behindert werden.

12.3 Adverbialsätze: Definition

Adverbialsätze sind Nebensätze, die in einem Satz das Satzglied Adverbial (= Umstandsbestimmung, adverbiale Angabe) ersetzen. Ein Adverbialsatz erläutert, **unter welchen Umständen** etwas geschieht oder ist. So kannst du das Geschehen viel genauer und ausführlicher darstellen als mit einer einfachen Angabe, die manchmal nur aus einem Wort besteht.

Beispiel:

Danach (adverbiale Angabe) geht Tim zusammen mit Marie ins Kino.
Nachdem Tim seine Hausaufgaben gemacht hat (Adverbialsatz), geht er zusammen mit Marie ins Kino.

Adverbialsätze sind die häufigsten Nebensätze und fast immer **Konjunktionalsätze**.

An der einleitenden Konjunktion erkennst du die **Sinnrichtung** des Nebensatzes. Adverbialsätze haben dieselben Sinnrichtungen wie adverbiale Angaben. Die Sinnrichtung kannst du erfragen.

Beispiele:

Sinnrichtung **Grund**:
Weshalb schmeckt das Popcorn heute besonders gut?
Weil das Popcorn sehr süß ist, schmeckt es heute besonders gut.

Sinnrichtung **Zeit**:
Wann gehen Marie und Tim nach Hause?
Nachdem Marie und Tim ihren Lieblingsfilm gesehen haben, gehen sie nach Hause.

14

Lies den folgenden Text aufmerksam durch und beantworte die Fragen.

Wie Schokoküsse entstehen

Die Grundbestandteile sind Zucker und Eiweiß. Bevor die Schokoküsse entstehen können, werden kleine runde Waffelböden in eine Maschine eingelegt. Während dies geschieht, wird an anderer Stelle der Fabrik Zucker gekocht. Der Zucker wird auf etwa 115 Grad erhitzt, damit er sich mit der übrigen Masse leicht verbindet. Dem Zuckersirup fügt man nun leicht erwärmtes Eiweiß hinzu, weil sich so die Zutaten besser miteinander vermischen. Während die Zutaten kochen, werden sie kräftig gerührt, sodass eine feste, cremige Schaummasse entsteht. Wenn sich alles schön verbunden hat, wird diese Masse durch Düsen auf die Waffelböden aufgespritzt. Die Eiweißhäufchen laufen, nachdem sie abgekühlt sind, durch einen Vorhang aus flüssiger Schokolade. Und erst wenn die Schokoküsse schön dunkelbraun sind, werden die süßen Verführer verpackt.

1. Wann werden die Waffelböden vorbereitet?

____

____

2. Mit welcher Absicht wird der Zucker auf 115 Grad erhitzt?

____

____

3. Weshalb wird leicht erwärmtes Eiweiß dem Sirup hinzugefügt?

____

____

4. Wann laufen die Eiweißhäufchen durch flüssige Schokolade?

____

____

12.4 Adverbialsätze: Der Temporalsatz

Temporalsätze sind Nebensätze, die genauere Angaben zu den **zeitlichen Umständen** eines Geschehens machen. Sie können wie einfache temporale Angaben erfragt werden.

1. Temporalsätze antworten auf die Frage: **Wann?**

   Beispiel: **Wann** macht Felix seine Hausaufgaben?
   Bevor Felix Fußball spielen geht, macht er seine Hausaufgaben.

   Dabei ist es wichtig, wann das Geschehen im Vergleich zum Geschehen des Hauptsatzes stattfindet. Es gibt drei Zeitverhältnisse zwischen Haupt- und Nebensatz:

a) Gleichzeitigkeit

Das Geschehen in Haupt- und Nebensatz findet **zur selben Zeit** statt. Die Zeiten sind gleich. Folgende Konjunktionen brauchst du: **während, als, wenn**.

Beispiel: **Während** er Hausaufgaben macht, spielt seine Schwester Klavier.

b) Vorzeitigkeit

Das Geschehen des Nebensatzes liegt zeitlich **vor** dem des Hauptsatzes. Die Zeiten in den beiden Sätzen sind verschieden. Zwei Konjunktionen solltest du kennen: **nachdem, als**.

Beispiel: **Nachdem** Felix Fußball gespielt hat, besucht er seinen Freund Christian.

c) Nachzeitigkeit

Das Geschehen des Nebensatzes kommt zeitlich **nach** dem des Hauptsatzes. Die betreffenden Konjunktionen lauten: **ehe, bevor**.

Beispiel: **Ehe** er sich wieder auf den Heimweg macht, geht er noch kurz bei Hannah vorbei.

2. Temporalsätze bezeichnen auch den **Beginn** oder das **Ende** eines Geschehens. Die Fragen lauten: **Ab wann? Bis wann?** Der Beginn eines Geschehens wird durch die Konjunktion **seit(dem)** angezeigt.

   Beispiel: Felix schaut öfter bei Hannah vorbei, **seit(dem)** er weiß, dass sie gerne am Computer spielt.

   Das Ende wird durch die Konjunktionen **bis, solange** ausgedrückt.

   Beispiel: Hannah übt jeden Tag am Computer, **bis** sie gegen Felix endlich gewinnen kann.

3. Schließlich kann der Temporalsatz noch die **Häufigkeit** eines Geschehens ausdrücken. Die entsprechenden Konjunktionen lauten: **jedes Mal wenn; sooft**.

   Beispiel: **Sooft** Felix gegen Hannah spielt, gewinnt sie.

15

Lies den folgenden Text aufmerksam durch und löse die Aufgabe.

Die Geburt eines Tischtennisballs

Für die Herstellung von Tischtennisbällen braucht man zunächst eine flache Platte aus Zelluloid. Nachdem man aus ihr für jeweils einen Tischtennisball zwei runde Scheiben herausgestanzt hat, werden sie in Wasser eingelegt, bis sie weich und biegsam geworden sind. In einer Presse werden dann daraus zwei Halbkugeln. Während die beiden Halbkugeln ineinandergesteckt werden, verklebt man sie zu einer ganzen Kugel. Nachdem man sie nochmals in Wasser eingeweicht hat, werden sie in einer Metallkugel mit Wasserdampf in ihre endgültige Form gebracht. Während sie in einer großen Trommel poliert werden, erhalten sie ihr vorgeschriebenes Gewicht. Ehe die Tischtennisbälle die Fabrik verlassen, wird noch ihre Qualität geprüft.

Ersetze die folgenden Zeitangaben durch die entsprechenden Sätze aus dem Text.

1. **Nach** dem Herausstanzen zweier Scheiben: ____________________

   ____

   ____

2. **Nach** dem Einweichen: ____________________

   ____

3. **Während** des Polierens: ____________________

   ____

4. **Vor** dem Verlassen der Fabrik: ____________________

   ____

16

Setze die passenden Konjunktionen ein. Eine kleine Hilfe: Jede kommt zweimal vor.

während *nachdem* *bevor*

Der Fuchs und der Kranich

Einst lud der Fuchs den Kranich zum Mahl. ____________________ dieser sich zu Tisch gesetzt hatte, gab ihm der Fuchs eine flache Schüssel mit einem öligen Brei. Aber der Brei lief dem Kranich immer wieder aus dem spitzen Schnabel, ____________________ er ihn hinunterschlucken konnte. ____________________ sich der Kranich vergebens abmühte, verlachte ihn der Fuchs. Aber der Kranich sann auf Rache. ____________________ er den bösen Schlaumeier zu sich eingeladen hatte, stellte er eine hohe Flasche mit einem engen Hals auf den Tisch. Noch ____________________ der Fuchs den Trick durchschaute, holte der Kranich sich mit seinem langen Schnabel die köstlichsten Speisen. Vergnügt ließ er es sich schmecken, ____________________ der Fuchs hungrig danebensaß.

17

Achte auf die temporalen Angaben. Wandle dann die Hauptsätze davor in Temporalsätze um und schreibe sie in dein Heft.

Tiere als Propheten

1. Im Zweiten Weltkrieg zerstörte ein Luftangriff große Teile Berlins. Zuvor hatte eine Ente durch schrilles Geschnatter die Anwohner gewarnt. Der Vogel kam im Bombenhagel um. Danach setzten die Menschen dem Vogel ein Denkmal.
2. Seit Jahrzehnten nisteten Tauben auf dem Wiener Justizpalast. Eines Tages verließen sie ihre gewohnte Behausung. Kurz darauf brannte dann das Justizgebäude ab.
3. In den Alpen ging im Februar 1939 eine riesige Lawine zu Tal. Kurz zuvor hatten sich die Bernhardinerhunde geweigert, den morgendlichen Rundgang anzutreten.

18

Vielleicht wirst du einmal von der englischen Königin eingeladen, dann musst du sie mit einem Hofknicks begrüßen. Da ist es wichtig, dass du Arme und Beine in der richtigen Reihenfolge bewegst. Ich sage dir, was du tun musst. Überlege dir die Reihenfolge und verwende die richtige Konjunktion.

ehe *nachdem* *während* *seitdem* *wenn* *bis*

Achtung! Sturzgefahr!

____________________ die Königin den Saal betritt, stelle ich mich gerade hin. ____________________ sie dann hereingekommen ist, stelle ich mir die Bewegungen ganz genau vor. ____________________ sie vor mir steht, beginne ich mit dem Hofknicks. ____________________ ich mit dem rechten Fuß einen kleinen Halbkreis nach hinten ausführe, beuge ich das linke Bein und neige meinen Kopf. ____________________ mir dies ohne große Schwierigkeiten gelungen ist, verharre ich in dieser Stellung, ____________________ die Königliche Hoheit ein Wort an mich richtet. Sie lächelt mir aber nur zu. ____________________ sie zu meiner Nachbarin weitergeht, erhebe ich mich langsam. ____________________ alles vorbei ist, frage ich mich: War das alles? ____________________ ich dies weiß, mache ich nur noch vor meiner Katze einen Hofknicks.

19

Löse die Präpositionalausdrücke in Temporalsätze auf. Dann kannst du dir zur Belohnung selbst eine große Portion Eis machen!

Fruchteis selbst gemacht

1. Vor der Zubereitung des Fruchteises soll der Fruchtsaft mindestens 3 Stunden im Tiefkühlfach gefroren werden.

   ____

   ____

2. Das Eis aus Fruchtsaft muss während des Gefriervorgangs öfters umgerührt werden.

   ____

   ____

3. Nach der Beendigung des Einfrierens wird das Eis mit einem Messer grob zerschlagen.

   ____

   ____

4. Während des Zerkleinerns lässt man das Eis leicht antauen.

   ____

   ____

5. Das Eis darf aber beim Servieren nicht zerlaufen.

   ____

   ____

12.5 Adverbialsätze: Der Kausalsatz

Kausalsätze sind Nebensätze, die den **Grund** für das Geschehen im Hauptsatz nennen. Kausalsätze sind nötig, wenn die Aussage im Hauptsatz begründet werden muss.

Beispiel: Die Bachstelze wippt mit den Schwanzfedern, **weil** sie dadurch den anderen Bachstelzen Zeichen gibt.

Der Kausalsatz antwortet auf die Fragen: **Warum? Weshalb? Aus welchem Grund?**

Kausalsätze werden mit den Konjunktionen **weil, da** eingeleitet. Man kann sie auch verstärken: **weil / da ja, da doch, zumal (da)**.

Beispiel: Die Bachstelze wippt mit dem Schwanz, **da** sie sich ja wegen des rauschenden Wassers nur so mit anderen verständigen kann.

Beachte:
Substantivausdrücke mit der Präposition **wegen** haben einen **kausalen** Sinn. Du kannst sie in Kausalsätze umwandeln.

Beispiel: **Wegen** des rauschenden Wassers hören die Bachstelzen nichts.
Weil das Wasser rauscht, hören die Bachstelzen nichts.

20

Lies den folgenden Text aufmerksam durch und löse die Aufgaben.

Warum wippt die Bachstelze mit dem Schwanz?

Auch im Tierreich gibt es viele Geheimnisse und Rätsel. Eines davon bietet die Bachstelze, ein kleiner Vogel, der an Bächen und Flüssen lebt. Man hat beobachtet, dass sie häufig ihre Schwanzfedern bewegt. Im Biologieunterricht hat ein Lehrer deshalb die Frage gestellt: „Warum wippt die Bachstelze mit dem Schwanz?" Folgende Antworten kamen dabei heraus:

Jasmin: Weil sich die Bachstelzenbabys langweilten, durften sie bei Mama wippen.

Tina: Die Bachstelze hält ihre Schwanzfedern hoch, da sie nicht will, dass sie im Dreck schleifen.

Rafael: Sie bewegt die Schwanzfedern, weil sie Moskitos vertreiben will.

Moritz: Das tut sie, weil das ihr Schwimmstil ist.

Der Lehrer hat auf die Frage nach dem Grund die entsprechenden Stichwörter an die Tafel geschrieben.
Ersetze sie durch Nebensätze aus dem Text.

1. Langeweile: ______________________________
2. Kein Dreck: ______________________________
   ____
3. Moskitos: ______________________________
4. Schwimmen: ______________________________

21

Mein Freund Patrick ist wieder einmal eine halbe Stunde zu spät in die Schule gekommen. Ich zähle dir die Gründe (1 – 6) dafür auf. Mach daraus eine zusammenhängende Geschichte, und zwar so, dass der jeweils folgende Satz den Satz davor begründet.

Beispiel: 1. Sven ist krank. 2. Er hat Schnupfen. 3. Er hat sich erkältet.
→ Sven ist krank, **weil** er Schnupfen hat. Er hat Schnupfen, **weil** er sich erkältet hat.

„Na, Patrick! Warum so spät?" „Das ist eine lange Geschichte, Herr Lehrer!"

2. Ich konnte nur auf dem linken Bein hüpfen.

1. Ich habe den Schulbus nicht mehr rechtzeitig erreicht.

3. Ich habe meinen rechten Schuh nicht gefunden.

Herr Lehrer, ich bin leider spät gekommen, weil ...

6. Ich habe ihr ihre Lieblings-Gummiente weggenommen.

4. Meine Katze hat ihn versteckt.

5. Sie hat sich sehr geärgert.

22

Entscheide, welcher der beiden Sätze jeweils den Grund angibt. Wandle diesen dann in einen Kausalsatz um.

Beispiel: Ich gehe nicht in die Schule. Ich bin sehr stark erkältet.
→ Ich gehe nicht in die Schule, **weil** ich sehr stark erkältet bin.

1. Meine Haare sind rot.
   Mein kleiner Bruder hat das erste Mal Pommes mit Ketchup gegessen.
2. Mein Schulranzen ist gelb.
   Manche Leute werfen Briefe hinein.
3. Meine Goldfische sind Blaufische.
   Mein Füller ist ins Aquarium gefallen.
4. Meine Haare sind grün.
   Ich habe den Spitznamen Waldmeister bekommen.
5. Mein Gesicht ist weiß.
   Ich habe die Tüte mit Mehl an der falschen Seite aufgemacht.
6. Meine schönen braunen Schuhe sind seit dem 1. April schwarz.
   Mein großer Bruder hat die Schuhcreme ausgetauscht.

23

Auf der Sportseite der Zeitung haben Fußballspieler wie in der Schule Noten bekommen. Wandle die Sätze in Kausalsätze für die jeweilige Note um.

Noten für Fußballspieler

Note 1: P. B. bewies auch in gefährlichen Situationen Übersicht und Führungsqualität.
Note 2: R. A. warf sich vor seinem Tor entschlossen ins Getümmel.
Note 3: Der Mittelfeldspieler mit der Pferdelunge war einer der lauffreudigsten Spieler.
Note 4: Bomber W. brachte fast nichts zuwege.
Note 5: Der Ex-Nürnberger rackerte wie gewohnt, konnte aber dem Spiel keine Wendung mehr geben.
Note 6: Der Vorstopper leistete „hilfreiche" Vorarbeit für das spielentscheidende Gegentor.

P. B. erhält die Note 1, weil ...

24

Wandle die Sätze mit den blauen Wörtern in Kausalsätze um. Diese Wörter fallen dann bei der Umwandlung weg.

Patricks Geschichte (Schluss)

7. Ich habe meiner Katze ihre Lieblings-Gummiente weggenommen, denn ich habe sie selbst gebraucht.
8. Ich habe sie mit unter die Dusche genommen, allein habe ich mich nämlich gefürchtet.
9. Ich habe schreckliche Angst, sitzt doch seit gestern ein grasgrüner Frosch darin.
10. Aber ich bin ja selber schuld, ich habe nämlich das Märchen vom Froschkönig gelesen.

25

In einer Zeitung habe ich folgende seltsame Anzeige gefunden, mit der ein Nachtwächter gesucht wird. Begründe, warum du die richtige Person für die Stelle bist.

Nachtwächter gesucht

Sie waren schon immer eine Leuchte!
Sie sind der Beste in Ihrer Nachbarschaft!
Sie sind erfinderisch!
Sie wollen etwas mit Technik zu tun haben!
Sie sind auch nachts hellwach!
Sie wollen schnell gutes Geld verdienen!

Firma Grau, Birnenweg 5, 20123 Leuchtstedt

Hey Boss! Ich bin der Richtige für Sie, weil …

26

Als Fremdenverkehrsdirektorin willst du eine besonders romantische Werbeanzeige entwerfen. Mach aus den Präpositionalausdrücken vollständige Kausalsätze.

Warum ist es im Allgäu so schön?

1. wegen der Blumen, die mit dem Regenbogen um die Wette blühen
2. wegen der Sonne, die Mensch und Tier wärmt
3. wegen der Natur, die auf stillen Wegen und Pfaden zu hören ist
4. wegen der Vögel, die aus voller Kehle zwitschern
5. wegen der Bienen, die von Blütenkelch zu Blütenkelch summen
6. wegen der Wanderschuhe, die warten

Im Allgäu ist es so schön,

1. *weil die Blumen* ______________________________

____

2. ______________________________

____

3. ______________________________

____

4. ______________________________

____

5. ______________________________

____

6. ______________________________

____

12.6 Adverbialsätze: Der Finalsatz

Finalsätze sind Nebensätze, die dir sagen, **mit welcher Absicht** oder **welchem Ziel** etwas getan wird oder geschieht. Finalsätze nennt man deshalb auch Absichts- oder Zielsätze.

Du kannst Finalsätze herausfinden, indem du fragst:

Wozu? Mit welcher Absicht? Zu welchem Zweck? Mit welchem Ziel? Zu welchem Nutzen?

Finalsätze werden durch die Konjunktionen **damit (dafür), dass** eingeleitet.

Beispiele: Die Natur hat die Tiere mit besonderen Möglichkeiten ausgestattet, **damit** sie sich gut an ihre Umwelt anpassen. Der schlauchartige Rüssel des Schmetterlings ist z. B. besser als eine normale Zunge **dafür** geeignet, **dass** der süße Saft aus den Blüten herausgeschlürft werden kann.

Beachte:
Finalsätze können durch Infinitivsätze ersetzt werden. Diese werden durch **um zu** eingeleitet. Das aber ist nur möglich, wenn das Subjekt im Hauptsatz dasselbe ist wie im Finalsatz.

Beispiel: Auch Tiere haben ihre Tricks, **damit** sie (= die Tiere) sich gut an die Umwelt anpassen.
Auch Tiere haben ihre Tricks, **um sich gut an die Umwelt anzupassen.**

Beachte:
Finalsätze können auch **Präpositionalausdrücke** ersetzen (und umgekehrt).

Beispiel: Die Natur hat die Tiere **für die gute Anpassung an ihre Umwelt** mit besonderen Möglichkeiten ausgestattet.
Die Natur hat die Tiere mit besonderen Möglichkeiten ausgestattet, **damit sie sich gut an ihre Umwelt anpassen.**

27

Lies den folgenden Text aufmerksam durch und löse die Aufgaben.

„Mundwerkzeuge“ der Tiere

Die Natur hat die Tiere mit besonderen Möglichkeiten ausgestattet, damit sie sich gut an ihre Umwelt anpassen und dadurch leichter überleben.
Das „Werkzeug“ besteht beim Schmetterling aus einem schlauchartigen Rüssel. Dieser ist besser als eine normale Zunge dafür geeignet, dass der süße Saft aus den Blüten herausgeschlürft werden kann.
Etwas Besonderes ist auch die Zunge der Schnecke: Sie ist mit kleinen Reibezähnchen besetzt, damit sich die Schnecke von ihrer Nahrung Teilchen abschaben kann. Diese Teilchen müssen klein sein, damit sie von der Schnecke überhaupt aufgenommen werden können.
Der Specht hat z. B. einen langen Schnabel, um Käfer, die tief in den Ritzen der Bäume sitzen, leicht herauszuholen. Kurz ist dagegen der Schnabel beim Sperling. Das hat den Vorteil, dass er Körner schnell und sicher aufpicken kann.
Das Löwengebiss braucht große Fangzähne, damit sich die zappelnde Beute nicht mehr losreißen kann.
Die Schlange spritzt mit ihren Zähnen Gift in das Opfer, um es sofort zu lähmen. Das Gift dient auch dazu, dass die Tiere keine unnötigen Schmerzen erleiden müssen.

In den folgenden Aussagen bezeichnen die blauen Ausdrücke Absichten und Ziele. Wandle sie mithilfe des vorangegangenen Textes schriftlich in Nebensätze um.

1. Die Natur hat die Tiere **für das leichtere Überleben** mit besonderen Werkzeugen ausgestattet.

___

___

2. **Zur Lähmung ihrer Opfer** spritzt die Schlange Gift.

___

___

3. Das Gift dient auch der Vermeidung von unnötigen Schmerzen.

____

____

4. Der Rüssel ist zum Herausschlürfen von Saft gut geeignet.

____

____

28

Mach aus dem zweiten Hauptsatz einen Finalsatz mit der Konjunktion „damit". Die Modalverben „wollen"/„sollen" fallen dabei weg.

Beispiel: Ich stehe jeden Tag um 5 Uhr auf. Bello soll Gassi gehen.
→ Ich stehe jeden Tag um 5 Uhr auf, **damit** Bello Gassi geht.

Seltsame Urlaubsziele

1. Ich fahre ans Meer. Meine Badewanne will sich auch erholen.
2. Du steigst auf hohe Berge. Die Leute sollen so klein wie Zwerge werden.
3. Wir fahren ins Riesengebirge. Rumpelstilzchen soll endlich wieder einmal Besuch bekommen.
4. Ihr fahrt nach Amerika. Die Freiheitsstatue soll befreit werden.
5. Einige fahren gar nicht in den Urlaub. Die Zöllner wollen einmal Ferien machen können.

1. ______________________________

____

2. ______________________________

____

3. ______________________________

____

4. ______________________________

____

5. ______________________________

____

29

Baue aus den vorgegebenen Ausdrücken Sätze nach folgendem Muster:
Der Mensch braucht Messer und Gabel, um seine Speisen zu zerteilen.

Achtung, die Reihenfolge wurde vertauscht.

Werkzeuge der Tiere:

langer, spitzer Schnabel (Specht)
Giftzähne (Schlange)
kurzer, stumpfer Schnabel (Spatz)
schlauchartiger Rüssel (Schmetterling)
Reibezähnchen (Schnecke)
ein Gebiss mit Fangzähnen (Löwe)

Und dazu brauchen es die Tiere:

aus Blüten Saft herausschlürfen
die zappelnde Beute festhalten
in den Ritzen der Bäume nach Nahrung suchen
leicht Körner vom Boden aufpicken
wie mit einer Feile kleine Teilchen von den Blättern schaben
die Beute schnell lähmen

30

Wandle die Infinitivsätze mit „um zu" in Finalsätze mit „damit" um.
Achte dabei auf das richtige Subjekt.

Wie Indianer Wildpferde zähmen

Die Wildpferde laufen in Herden von zwei- bis dreihundert Stück umher. Die Indianer fangen diese Tiere ein, **um mit ihrer Hilfe Zelte und Hausrat zu transportieren**. Der tapferste Indianer wirft eine Seilschlinge um das stärkste Pferd, **um so die anderen Tiere gefügig zu machen**. Die eingefangenen Pferde werden dann angebunden, **um nicht weglaufen zu können**. Nun legen die Indianer den Pferden mehrere Tage lang schwere Lasten auf, **um sie endgültig zu zähmen**. Jedes einzelne Pferd wird so behandelt, **um später die schweren Lasten leichter zu ertragen**.

31

Finde die Sätze heraus, in denen das Subjekt im Hauptsatz dasselbe wie im „damit"-Nebensatz ist. Wandle diese Nebensätze in „um zu"-Infinitivsätze um.

Mahlzeit!

1. Die Fregattvögel fliegen sehr schnell, damit sie nicht die Beute von Raubvögeln werden.
2. Sie wagen sich weit aufs Meer hinaus, damit sie dort reiche Beute machen.
3. Damit ihre Kinder vor Feinden geschützt werden, bauen sie die Nester auf Bäumen im Wasser.
4. Manchmal wenden sie einen gemeinen Trick an, damit sie doch noch ihre Jungen füttern können.
5. Sie fliegen zu den Nestern anderer Vögel und schlagen mit ihren Flügeln auf sie ein, damit diese aus Angst davonfliegen.
6. Die aufgeschreckten Vögel speien all ihre Nahrung aus, damit sie schneller flüchten können.
7. Die schlauen Fregattvögel fliegen nun geschwind herbei, damit sie das Ausgespiene erwischen.

32

Entscheide, ob der jeweils zweite Satz einen Grund oder eine Absicht / ein Ziel nennt. Wandle ihn dann in den entsprechenden Nebensatz um. Im Kausalsatz setze „weil" ein, im Finalsatz setze „damit" ein.

Beispiel: Meide sumpfige Gewässer! Schlingpflanzen sollen dich nicht in Gefahr bringen.
→ Meide sumpfige Gewässer, **damit** dich Schlingpflanzen nicht in Gefahr bringen!

Richtiges Verhalten am Wasser

1. Rufe nicht aus Jux um Hilfe! Die anderen helfen dir im Ernstfall sofort.
2. Bade niemals mit vollem oder leerem Magen! Du verlierst sonst möglicherweise die Besinnung.
3. Kühle dich vor dem Sprung ins Wasser ab! Dein Kreislauf soll nicht in Unordnung geraten.
4. Verlasse beim ersten Frösteln das Wasser! Du sollst dich nicht erkälten.
5. Springe nicht in unbekanntes Gewässer! Es birgt oft unangenehme Überraschungen.

33

Entscheide, ob die Sätze a) und b) einen Grund oder eine Absicht nennen, und formuliere sie entsprechend um.

Beispiel: Ich gehe in die Schule.

a) Ich langweile mich zu Hause.

→ Ich gehe in die Schule, **weil** ich mich zu Hause langweile. (Kausalsatz)

b) Ich langweile mich zu Hause nicht.

→ Ich gehe in die Schule, **damit** ich mich zu Hause nicht langweile. (Finalsatz)

Seltsame Urlaubswünsche

1. Ich fahre nach Tirol.
   a) Ich verbessere meine Jodelkünste.
   b) Ich liebe Speckknödel.
2. Ich schwimme nach Grönland.
   a) Meine Schwimmflossen kommen von dort.
   b) Ich sehe endlich meine Freunde, die Pinguine, wieder.
3. Ich klettere mit einem Kühlschrank auf den Mount Everest.
   a) Ich werde berühmt und komme ins Buch der Rekorde.
   b) Das hat noch niemand gemacht.
4. Ich reite auf einem Seepferdchen.
   a) Mir sind die Reitstunden an Land zu teuer geworden.
   b) Ich lerne auf diese Weise schwimmen.

12.7 Adverbialsätze: Der Konsekutivsatz

Konsekutivsätze sind Nebensätze, durch die **Auswirkungen** oder **Folgen eines Geschehens** bezeichnet werden. Man nennt sie deshalb auch Folgesätze. Sie stehen immer nach dem Hauptsatz.

Konsekutivsätze werden durch Konjunktionen eingeleitet.

Folgende solltest du kennen: **sodass; so ..., dass.**

Beispiel: Die Larven fressen viel, **sodass** sie schnell wachsen.
Die Larven fressen **so viel, dass** sie schnell wachsen.

Wenn eine Folge oder Wirkung ausbleibt, verwendest du die Konjunktion **ohne dass**. Der Konsekutivsatz wird dadurch verneint.

Beispiel: Die Raupen werden zu Puppen, **ohne dass** man es merkt.

Beachte:
Konsekutivsätze sind das Gegenstück zu Kausalsätzen.
Wenn man den Konsekutivsatz zum Hauptsatz macht, folgt ein Kausalsatz.

Beispiel: Ich bin krank, **sodass ich den Unterricht nicht besuchen kann.**
Hauptsatz — Nebensatz

Ich kann den Unterricht nicht besuchen, **weil ich krank bin.**
Hauptsatz — Nebensatz

34

Lies den Text aufmerksam durch und löse die Aufgaben.

Was hat ein Schmetterling mit einem Gewitter zu tun?

In der Natur hängt alles in einem Kreislauf voneinander ab. Einige Wissenschaftler haben etwas Unglaubliches herausgefunden: In tropischen Ländern ist die Luft manchmal so aufgeladen, dass ein Schmetterling mit seinen dünnen Flügeln ein Gewitter auslöst. Auch im Kleinen kannst du sehen, welche Folgen etwas hat.
Bleiben wir beim Schmetterling: Eines Tages legt er Eier. Aus ihnen schlüpfen Larven. Die fressen viel, sodass sie schnell wachsen. Diese Raupen werden zu Puppen, ohne dass man es merkt. Im Innern ihrer harten Schale haben sie einen ausreichenden Nahrungsvorrat, sodass sie leicht überwintern können. In dieser Zeit wächst der Schmetterling heran. Eines Tages ist er so groß und stark, dass er ausschlüpfen kann und davonflattert.

Vervollständige die Hauptsätze, indem du aus dem Text in ganzen Sätzen die Folgen beschreibst.

1. Die Larven fressen viel, ______________________________
2. Die Puppen haben genügend Nahrungsvorrat, ______________________________

   ____
3. Der Schmetterling ist eines Tages so stark, ______________________________

   ____
4. In den Tropen ist die Luft manchmal so „dick“, ______________________________

   ____

35

Der zweite Satz nennt immer eine Folge. Achte darauf, ob sie verneint ist oder nicht. Verwende dann die richtige Konjunktion („sodass“ oder „ohne dass“).

Beispiel: Ich putze unser Auto. Mein Vater gibt mir kein Geld dafür.
→ Ich putze unser Auto, **ohne dass** mir mein Vater Geld dafür gibt.

Raffinierte Burschen

1. Herr Buntspecht trommelt 40-mal in der Sekunde auf einen Ast.
   Alle Spechtfrauen im Umkreis von 2 km hören ihn.
2. Die Röhrenspinne gräbt eine Röhre mit Deckel.
   Die Beute bemerkt die gut getarnte Falle nicht.
3. Die Lassospinne hält ein Netz zwischen den Vorderbeinen.
   Sie kann ihr Opfer sofort fangen.
4. Die Amsel macht mit ihren Beinen das Geräusch von Regentropfen nach.
   Der Regenwurm durchschaut den Trick nicht.
5. Der Lampionfisch hat einen Leuchtpunkt auf seinem Kopf.
   Die anderen Fische werden angelockt und dann gefressen.

36

Bilde mit Hilfe der Infinitivausdrücke konsekutive Nebensätze.

von einer Schildkröte überholt werden

von einem Lufthauch umgestoßen werden

einen Ozeandampfer zum Sinken bringen

ohne Pausenbrot nicht das Schulheft aufschlagen können

beim Zuspätkommen vom Direktor nicht gesehen werden

ein Telefonbuch mit zwei Fingern zerreißen

Leichte Übertreibungen

Ich bin so schwach, ______________________________

____

Du bist so stark, ______________________________

____

Mancher ist so langsam, ______________________________

____

Wir sind so schnell, ______________________________

____

Ihr seid so schwer, ______________________________

____

Einige sind so leicht, ______________________________

____

37

Wähle die richtige Konjunktion und setze sie in die Lücken ein.

(so)dass *damit* *weil* *wenn*

Nudeln – selbst gemacht

1. __________________ selbst gemachte Nudeln die gekauften im Geschmack weit übertreffen, sollten Sie es einmal versuchen.
2. Die 4 Eier, das Salz und das Öl werden mit 5 EL Mehl verrührt, __________________ ein dünner, etwas zäher Teig entsteht.
3. Diesen Teig zum restlichen Mehl geben und beides sehr gut vermengen, __________________ sich keine Klumpen bilden.
4. Den Teig so kräftig kneten, __________________ er glatt wird und glänzt.
5. Dann wickeln Sie den Teig für 30 Minuten in ein feuchtes Tuch, __________________ er nicht austrocknet.
6. __________________ der Teig zu trocken ist, können Sie ihm ein paar Tropfen Wasser oder Öl beigeben.

38

Liebst du Pflanzen? Dann helfen dir die folgenden Hinweise.
Wandle den blauen Satz in einen Nebensatz um und überlege dir dabei, ob es ein Kausalsatz oder ein Konsekutivsatz werden muss.

Fehler bei der Pflanzenpflege

1. **Die Pflanze steht an einem falschen Platz.**
   Der Stiel fault.

   ____

   ____

2. Die Pflanze bekommt zu wenig Nahrung.
   Die Blätter verfärben sich gelb.

   ____

   ____

3. Die Pflanze bekommt zu viel Nahrung.
   Sie wird anfällig für Läuse.

   ____

   ____

4. **Die Pflanze erhält zu wenig Wasser.**
   Die Knospen und Blüten fallen ab.

   ____

   ____

5. Die Pflanze bekommt zu viel Wasser.
   Die Wurzeln beginnen zu verfaulen.

   ____

   ____

6. **Die Pflanze steht an einem zu kalten Platz.**
   Die Blätter werden braun und fallen schließlich ab.

   ____

   ____

12.8 Adverbialsätze: Der Konditionalsatz

Ein **Konditionalsatz** ist ein Nebensatz, der **die notwendige Voraussetzung** für das Geschehen im Hauptsatz angibt.
Im Konditionalsatz nennst du eine Bedingung, die erfüllt sein muss, bevor das Geschehen möglich ist. Konditionalsätze nennt man deshalb auch **Bedingungssätze**.

Beispiel: **Wenn du Tierforscher wirst,** entdeckst du noch viele Geheimnisse der Tiere.

Konditionalsätze, die eine **unerfüllbare Bedingung** nennen, stehen im Konjunktiv II (= Präteritum oder Plusquamperfekt).

Beispiel: **Wenn die Bachstelze Töne von sich geben würde,** könnten die anderen Bachstelzen sie nicht verstehen.

Du kannst Konditionalsätze folgendermaßen erfragen: **In welchem Fall? Unter welcher Bedingung? Unter welchen Voraussetzungen?**

Konditionalsätze sind fast immer Konjunktionalsätze.
Die folgenden Konjunktionen solltest du kennen: **falls**, **wenn** und **sofern**.

Beispiel: **Falls du Tierforscher wirst,** entdeckst du noch viele Tiergeheimnisse.

Beachte:
Die Konjunktion **wenn** kann auch einen Temporalsatz einleiten. Sie gibt dann an, wann oder wie oft etwas geschieht. Du kannst sie probeweise durch die Konjunktion **während** oder **jedes Mal wenn** ersetzen.

Beispiel: **Wenn (= während) ich esse,** kann ich kein Lied singen.
Wenn (= jedes Mal wenn) ich esse, freue ich mich.

Beachte:
Es gibt auch einen verkürzten Konditionalsatz ohne einleitendes Wort. Die Wortstellung ist anders als gewohnt: Das Prädikat steht an erster Stelle.

Beispiel: **Wenn du als Frosch an einem lauten Fluss lebst,** kannst du dich nur mit deinen Beinen verständigen.

Lebst du als Frosch an einem lauten Fluss, kannst du dich nur mit deinen Beinen verständigen.

39

Lies den Text aufmerksam durch und löse die Aufgaben.

Wenn du eine Bachstelze wärst ...

Du würdest mit deinen Schwanzfedern wippen, wenn du mit deinen Freunden „sprechen" wolltest. Wegen des rauschenden Wassers würden sie dich nämlich nicht verstehen, wenn du ihnen etwas mit Tönen sagen würdest.
Wenn du ein Frosch wärst, der an einem lauten Fluss lebt, würdest du dich mit deinen Beinen verständigen. So würden dich auch deine Freunde am anderen Flussufer verstehen.
Falls du einmal Tierforscher wirst, entdeckst du sicher noch viele aufregende Geheimnisse der Tiere.

Beantworte folgende Fragen mit Informationen aus dem Text. Bilde Konditionalsätze, die du in dein Heft einträgst.

1. **Unter welcher Bedingung** würdest du mit deinen Schwanzfedern wippen?
2. **Unter welcher Voraussetzung** würdest du dich mit deinen Beinen verständigen?
3. **In welchem Fall** entdeckst du noch weitere Tiergeheimnisse?

40

Welche Voraussetzungen musst du (normalerweise) erfüllen, wenn du einen der folgenden Berufe ergreifen willst? Achtung, die Reihenfolge wurde vertauscht.

Beispiel: Wenn du **Hundezüchter** werden willst, musst du **tierlieb** sein.

Pilot	musikalisch begabt
Fensterputzer	empfindsame Nase
Kaffeetester	schwindelfrei
Fernsehunterhalter	Abitur
Popsänger	an Farben und Formen interessiert
Modeschöpfer	kontaktfreudig

41

Auch mit Wörtern kann man spielen und manchmal verkleiden sie sich auch. Wandle die folgenden Hauptsätze in Konditionalsätze um.

Seltsame Pflanzen

Der Pfifferling bringt keinen Ton heraus.
Das Vergissmeinnicht weiß seinen Namen nicht.
Der Löwenzahn fürchtet sich vor einer Maus.
Die Taubnessel hört gerne Konzerte.
Die Totentrompete bläst den Geburtstagsmarsch.
Das Gänseblümchen wird von einer Ente gefressen.

Seltsam ist es, wenn …

42

Hier sind Haupt- und Nebensätze durcheinandergeraten. Suche die passenden Bedingungssätze zu den Hauptsätzen.

Tolle Tipps

1. Eine tolle Schokoladencreme gibt es, wenn man sie in Olivenöl einlegt.
2. Frische Gewürze halten ihr Aroma länger, wenn man Knoblauch in einen Gang legt.
3. Maulwürfe vertreibt man, wenn sie nach Gebrauch mit lauwarmem Salzwasser ausgespült werden.
4. Flüstern wirkt Wunder, wenn man eine Tafel Schokolade mit Sahne schmilzt.
5. Weiche Fensterleder erhält man, wenn ein Kind zornig ist.

43

Glaubst du an dein Glück, wenn dir ein Schornsteinfeger über den Weg läuft? Bei den folgenden Sätzen nennt ein Satz jeweils die Voraussetzung dafür, dass sich ein Wunsch erfüllt. Wandle diesen in einen Konditionalsatz um.

Lebensregeln aus Pommern

1. Ein Apfelkern verbrennt im Herdfeuer mit einem lauten Knall.
   Der geheimste Wunsch erfüllt sich.
2. Das rechte Ohr juckt.
   Von einem wird gut gesprochen.
3. Man sieht alle Geheimnisse auf der Welt.
   Ein Spiegel wird acht Tage lang in ein Grab gelegt.
4. Man hat Glück.
   Man findet ein vierblättriges Kleeblatt.
5. Auf dem Hof passiert kein Unglück.
   Der Knecht trägt einen getrockneten Maulwurffuß in der Tasche.

44

Die Verwandten gehen einem manchmal ganz schön auf die Nerven, vor allem wenn die Beziehungen etwas unübersichtlich sind. Hilf, indem du die Hauptsätze in Konditionalsätze verwandelst und die Frage richtig beantwortest.

Beispiel: Du bist der Bruder meiner Mutter. Wer bin ich?
→ **Wenn du der Bruder meiner Mutter bist,** bin ich dein Neffe oder deine Nichte.

Das sind mir schöne Verhältnisse!

1. Du bist die Schwester meines Vaters. Wer bin ich?
2. Ich bin der Sohn deines Vaters. Wer bist du?
3. Du bist die Tochter des Bruders meines Vaters. Wer bin ich?
4. Ich bin die Mutter deines Vaters. Wer bist du?

?

45

Jeder hat unerfüllbare Wünsche. Ein paar habe ich dir aufgeschrieben. Stelle die Bedingungssätze zu den passenden Hauptsätzen.

Wenn ich längere Beine hätte,	würde ich mit meinem Wellensittich um die Welt segeln.
Wenn ich einen großen Bruder hätte,	könnte ich mir zwei Eisbomben auf einmal kaufen.
Wenn ich ein Jahr Ferien hätte,	würde ich auf 100 Meter Weltrekord laufen.
Wenn ich älter wäre,	wärst du viel freundlicher zu mir.
Wenn ich mehr Taschengeld bekommen würde,	dürfte ich bis Mitternacht aufbleiben.

46

Verbessere die folgenden unsinnigen Sätze, indem du den ganzen Satz in den Konjunktiv II setzt und den jeweils ersten Satz in einen Konditionalsatz verwandelst.

Beispiel: Ich bin ein Vogel. Ich fliege im Winter nach Süden.
→ **Wenn ich ein Vogel wäre, würde** ich im Winter nach Süden fliegen.

Das ist doch nicht möglich!

1. Das Wasser fließt den Berg hinauf. Ich kann mit dem Paddelboot auf die Zugspitze fahren.
2. Es gibt noch Dinosaurier. Sie verstopfen alle Aufzüge.
3. Ich lerne im Schlaf. Ich bringe in die Schule mein Bett mit.
4. Du hast eine Tarnkappe. Du streichst im Notenbuch deines Mathematiklehrers die schlechteste Note aus.

47

Ersetze die Konditionalsätze ohne Einleitung in Konditionalsätze mit „wenn" – und umgekehrt.

Geldstrafen für Verkehrssünder

1. Fahren Pkw-Fahrer bis 30 km/h schneller als erlaubt, müssen sie mit einer Geldbuße von 120 € rechnen.
2. Wenn sie die vorgeschriebene Geschwindigkeit um mehr als 30 km/h überschreiten, müssen 450 € bezahlt werden.
3. Fahren Lastkraftwagen innerhalb geschlossener Ortschaften 20 Stundenkilometer zu schnell, droht eine Geldstrafe von 100 €.
4. Gefährdet ein Autofahrer beim Abbiegen Fußgänger, kostet es ab sofort ebenfalls Geld.
5. Wenn die Parkzeit eine Stunde überschritten ist, ist eine Geldbuße von 5 € fällig.

12.9 Adverbialsätze: Der Konzessivsatz

Konzessivsätze sind Nebensätze, die **auf einen Grund** hinweisen, der **die Aussage des Hauptsatzes einschränkt**.

Beispiel: Der Goldregenpfeifer fliegt von Alaska nach Hawaii, **obwohl** er nur vier Gramm wiegt.
(Gegen diese gewaltige Leistung spricht eigentlich sein geringes Körpergewicht.)

Durch folgende Konjunktionen werden Konzessivsätze eingeleitet:
obwohl, obgleich, wenn ... auch.

Beispiele: Selbst Gänse überfliegen das höchste Gebirge der Welt, **obgleich** Bergsteiger am Himalaja kaum ohne Sauerstoffgerät auskommen.

Obwohl Vögel normalerweise ständig Nahrung brauchen, bleiben manche fast zwei Tage ununterbrochen in der Luft.

48

Lies den Text aufmerksam durch und löse die Aufgabe.

Unglaubliche Rekorde

Die Natur gibt dem Menschen immer noch viele Rätsel auf. Eines davon ist der jährliche Flug der Zugvögel in den Süden. Auf ihrer Flucht vor dem Winter stellen die Zugvögel jedes Mal Rekorde auf. Hier ein paar Beispiele:
Obwohl der Goldregenpfeifer nur vier Gramm wiegt, fliegt er von Alaska nach Hawaii; das sind mehr als 3000 Kilometer. Wenn größere Vögel auch mehr Muskeln haben, so sind sie nicht im Vorteil gegenüber den kleinen Vögeln. Trotzdem: Selbst Gänse überfliegen ohne Zwischenstopps das höchste Gebirge der Welt, obgleich Bergsteiger am Himalaja kaum ohne Sauerstoffgerät auskommen. Obwohl Vögel normalerweise ständig Nahrung brauchen, bleiben manche fast zwei Tage ununterbrochen in der Luft.
Es sind noch längst nicht alle Rätsel gelöst, obwohl die Forscher mit modernsten Methoden die Zugvögel beobachten. Für vieles gibt es bis heute keine Erklärung.

Gib zu den folgenden Sätzen die Gegengründe an, indem du sie durch Nebensätze aus dem Text ergänzt.

1. Der Goldregenpfeifer fliegt von Alaska nach Hawaii, ____________________

   ____

2. Gänse überfliegen gefahrlos den Himalaja, ____________________

   ____

3. Manche Vögel bleiben fast zwei Tage ununterbrochen in der Luft,

   ____

   ____

49

Wandle die Sätze in Konzessivsätze um. Achtung, die Reihenfolge wurde vertauscht.

Passt das zusammen?

Gärtner	Riecht immer erst spät den Braten.
Dachdeckermeister	Legt seine Worte nicht auf die Goldwaage.
Goldschmied	Ist manchmal nicht im Bilde.
Bäcker	Drückt bei seinen Kindern oft ein Auge zu.
Koch	Hört das Gras nicht wachsen.
Fotograf	Hat einen kleinen Dachschaden.
Optiker	Lässt sich oft die Butter vom Brot nehmen.

Er ist Gärtner, obwohl ...

50

Diesmal geht es um schlechte Manieren. Wandle die Bedingungssätze in Konzessivsätze um. Ergänze oder streiche im Hauptsatz die Verneinung.

Beispiel: **Wenn** mir jemand etwas schenkt, bedanke ich mich.
→ **Obwohl** mir jemand etwas schenkt, bedanke ich mich **nicht**.

Anstandsregeln eines Flegels

1. Wenn andere noch essen, stehe ich nicht vom Tisch auf.
2. Wenn ich gähne, halte ich mir die Hand vor den Mund.
3. Wenn ein älterer Mensch einen Sitzplatz braucht, biete ich ihm meinen an.
4. Wenn ein anderer spricht, rede ich ihm nicht dazwischen.
5. Wenn mir jemand hilft, bedanke ich mich bei ihm.
6. Wenn mich jemand freundlich grüßt, grüße ich zurück.

51

Wandle die Kausalsätze in Konzessivsätze um, indem du sie ins Gegenteil wendest.

Beispiel: **Weil** ich Lust habe, gehe ich ins Schwimmbad.
→ **Obwohl** ich **keine Lust** habe, gehe ich ins Schwimmbad.

Lebensweisheiten verkehrt

1. Weil Morgenstund Blei im Mund hat, komme ich morgens nur mit Mühe aus dem Bett.

____

____

2. Weil aller Anfang leicht ist, fange ich beim Lesen mit der ersten Seite an.

____

____

3. Weil Arbeit das Leben sauer macht, lutsche ich gerne saure Bonbons.

____

____

4. Weil man durch Schaden nicht klug wird, passe ich ganz besonders auf mein neues Fahrrad auf.

____

____

5. Weil Scherben Unglück bringen, werfe ich die Kristallvase nicht aus dem Fenster.

____

____

6. Weil in einer rauen Schale oft ein harter Kern steckt, esse ich keine Nüsse.

____

____

52

Liest du auch gerne Krimis? Als Detektiv untersuchst du genau, ob jemand schuldig ist oder nicht. In einem der Sätze 1–6 findest du den wirklichen Grund, weshalb Mister X nicht der Mörder sein kann.
Bilde fünf Konzessivsätze (mit den falschen Gründen) und einen Kausalsatz (mit dem wirklichen Grund) und schreibe sie in dein Trainingsheft.

Kurzkrimi

1. Ihm gehört die Tatwaffe.
2. Ihn haben zwei Zeugen genau beschrieben.
3. Man hat seine rote Wollmütze am Tatort gefunden.
4. An seinen Schuhen fand man verdächtige Spuren.
5. Er hat sich zur Tatzeit im Fernsehen einen Krimi angesehen.
6. Der Inspektor konnte ihn nicht leiden.

Mister X ist unschuldig, obwohl/weil ...

53

Der Satz: „Ich kaufe mir ein Schloss in Oberbayern" kann mit fünf Nebensätzen verbunden werden. Verwende dabei der Reihe nach folgende Nebensätze: Grund – Absicht – Einschränkung – Folge – Bedingung.

1. Ich hatte schon immer das Gefühl, ein verwunschener Prinz zu sein.
2. Ich werde dann von meinen Freunden endlich mit „Exzellenter Prinzengraf" angesprochen.
3. Ich konnte es mir von meinem Gehalt als Postbote eigentlich gar nicht leisten.
4. Ich bin bald unter meiner alten Adresse nicht mehr erreichbar.
5. Ich gewinne in der nächsten Woche im Lotto.

Ich kaufe mir ein Schloss in Oberbayern, weil/damit/obwohl/sodass/falls ...

54

Entscheide, welche Aussage eigentlich gegen den Hauptsatz spricht, und mache daraus einen Konzessivsatz.
Stelle dann deine Sätze nach folgendem Muster zusammen:
Konzessivsatz – Hauptsatz – Kausalsatz.

Wohin geht die Reise?

1. Ich fahre nach Italien.

   a) Im Sommer ist es mir dort manchmal zu heiß.
   b) Das Meer ist immer warm.

2. Ich fahre nach England.

   a) Ich kann dort meine Schwester besuchen.
   b) Die Anfahrt ist recht weit.

3. Ich fahre nach Frankreich.

   a) Ich kann noch nicht gut Französisch sprechen.
   b) Ich will meine Französischkenntnisse verbessern.

4. Ich fahre in die Antarktis.

   a) Ich habe letztes Jahr zwei Pinguine kennen gelernt.
   b) Ich friere leicht.

5. Ich bleibe zu Hause.

   a) Ich bekomme so leicht Heimweh.
   b) Meine Freunde in Australien haben mich eingeladen.

12.10 Adverbialsätze: Der Modalsatz

Modalsätze sind Nebensätze, durch die du die näheren **Begleitumstände eines Geschehens** oder eines Zustands genauer bezeichnest. Mit ihnen gibst du an, wie ein Geschehen abläuft oder wie ein Zustand ist.

Du kannst sie mit folgenden Fragen herausfinden: **Wie? Unter welchen Umständen? Mit welchem Mittel? Auf welche Art und Weise?**

Modalsätze werden durch folgende Wörter eingeleitet:

indem, wobei, während, ohne dass, dadurch dass, wodurch, womit, weshalb, wie, als, als ob, je ... desto.

Ein Modalsatz kann folgende Bedeutungen haben:

a) Du bestimmst das Hauptgeschehen genauer, indem du angibst, was daneben **gleichzeitig geschieht oder ist**.

Beispiel: Die Lassospinne lauert auf ihre Beute, **wobei** sie ein tragbares Netz zwischen ihren Beinen hält.

Verneinte Modalsätze werden mit **ohne dass** eingeleitet.

Bei gleichem Subjekt in Haupt- und Nebensatz lässt sich der Modalsatz auch in einen Infinitivsatz mit **ohne ... zu** umwandeln.

Beispiel: Die Spinne überfällt den Käfer, **ohne dass** er etwas merkt. Der Käfer gerät plötzlich in eine Falle, **ohne es zu merken**.

Beachte:
Besteht zwischen Hauptsatz und Nebensatz ein gedanklicher Gegensatz, spricht man von einem **Adversativsatz**.

Beispiel: **Während** viele Tiere am Tag ihre Beute jagen, versuchen die sogenannten Nachttiere, ihre Nahrung in der Dunkelheit zu finden.

b) Du nennst das Mittel, mit dem etwas getan wird oder geschieht. Man spricht dann von einem **Instrumentalsatz**.

Beispiel: Die Röhrenspinne fängt ihre Beute **dadurch, dass / indem** sie den Deckel öffnet und der Käfer hineinfällt.

c) Du stellst einen Vergleich an. Diesen Modalsatz nennt man deshalb auch **Vergleichssatz (Komparativsatz)**. Dabei gilt wie bei jedem Vergleich:

- **wie** drückt die Ähnlichkeit oder Gleichheit aus,
- **als** bezeichnet einen Unterschied.

Beispiele: Du bist jetzt so groß, **wie** ich vor einem Jahr war.
Ich bin größer, **als** du glaubst.
Du benimmst dich, **als ob** du Superman wärst.
Je seltsamer du dich benimmst, **desto weniger** nehmen dich die anderen ernst.

Beachte:
Ausdrücke mit der Präposition **durch** lassen sich in Instrumentalsätze umwandeln. Dadurch klingt der Satz oft besser.

Beispiel: Durch das Bewerfen der Ameisen mit Sand besorgt sich der Ameisenlöwe seine Nahrung.
Der Ameisenlöwe besorgt sich seine Nahrung, indem er die Ameisen mit Sand bewirft.

55

Lies den Text aufmerksam durch und beantworte die Fragen.

Weitere tolle Tricks der Tiere

Die Tiere sind bei der Beschaffung von Nahrung raffinierter, als wir Menschen ihnen zunächst zutrauen. Auf folgende Art und Weise holen sie sich ihre Nahrung:
Die Lassospinne lauert auf ihre Beute, indem sie ein tragbares Netz zwischen ihren Beinen hält. Und ohne dass der ahnungslose Käfer etwas merkt, stellt sie sich ihm plötzlich in den Weg und fängt ihn mit ihrem „Lasso" ein, indem sie ihm das Netz überstülpt.
Während die Lassospinne ihr „Werkzeug" immer bei sich hat, legt die Röhrenspinne ihre Opfer auf eine andere Weise herein. Sie baut eine Röhre in den Boden, auf der sie einen Deckel befestigt. Sie fängt ihre Beute dadurch, dass sie den Deckel der Falle öffnet und der Käfer hineinfällt.

1. Auf welche Art lauert die Lassospinne auf ihre Beute?

____

____

____

2. Wie fängt die Lassospinne ihre Beute?

____

____

____

3. Wie fängt die Röhrenspinne ihre Beute?

____

____

____

56

Finde zu den Hauptsätzen 1.–6. die passenden Modalsätze a)–f). Trage die passenden Buchstaben in die Kreise ein und schreibe die vollständigen Sätze in dein Trainingsheft.

Werbesprüche

1. Bei uns finden Sie Mode aus Paris
2. Unsere Reibekuchen schmecken
3. Mit einer Anzeige bei uns haben Sie schneller Erfolg
4. Je eher Sie das Wunschpaket bestellen
5. Durch unsere Traumflüge kommen Sie günstiger in den Urlaub
6. Alle unsere Reste verkaufen wir so preiswert

a) als Sie es sich träumen lassen
b) als ob Ihre Großmutter sie mit der Hand gerieben hätte
c) wie Sie sie in deutschen Boutiquen selten finden
d) wie es sich selbst eine sparsame Hausfrau nicht vorstellt
e) als Sie es bei anderen Zeitungen erleben werden
f) desto eher können Sie eine Überraschung erleben

1. – ◯ 2. – ◯ 3. – ◯ 4. – ◯ 5. – ◯ 6. – ◯

57

Vielleicht ist dir auch schon einmal ein Fahrrad gestohlen worden. Im Folgenden erfährst du, wie du dich vor Fahrraddieben schützen kannst. Wandle die Infinitiv-Ausdrücke in Instrumentalsätze um und schreibe sie in dein Trainingsheft.

Der Allgemeine Deutsche Fahrradclub empfiehlt:

1. ein solides Schloss verwenden
2. den Rahmen des Fahrrads an einem festen Gegenstand anketten
3. das Fahrrad an einem gut sichtbaren Platz abstellen
4. kein Werkzeug am Rad zurücklassen
5. einen Fahrradpass ausfüllen oder ein Foto anfertigen
6. eine Nummer ins Tretlagergehäuse einschlagen lassen

Ich schütze mich vor Fahrraddieben, indem ...

58

Wandle die folgenden Vorschriften in Modalsätze um. Achte darauf, ob die Begleitumstände verneint sind oder nicht. Schreibe sie in dein Heft.

Tischsitten vor 400 Jahren

1. Fasse die Speisen mit drei Fingern!
2. Schiebe beim Essen das Messer nicht in den Mund!
3. Benütze dein eigenes Trinkgeschirr!
4. Wirf die Knochen nicht bis zur Stubentür!
5. Säubere dein Messer vor dem Essen!
6. Beschmier das Tischtuch nicht mit Soßen oder Fett!
7. Schmatz nicht wie ein Schwein!
8. Benage die Knochen nicht wie ein Hund!

Als vornehmer Mann isst man, indem / ohne dass man ...

59

Manieren können nicht schaden. Im zweiten Teil des Satzes steht jeweils, was man nicht tut. Formuliere daraus verneinte Modalsätze mit **ohne ... zu** in deinem Heft.

Das macht man aber auch nicht!

1. Ich habe die Dame des Hauses begrüßt und dabei nicht die Hand aus der Hosentasche genommen.
2. Dann habe ich die Blumen überreicht und das Papier nicht entfernt.
3. Ich habe mit dem Essen begonnen und nicht auf die anderen gewartet.
4. Ich habe aus einem Glas getrunken und mir vorher nicht den Mund abgewischt.
5. Ich habe mir den letzten Apfel genommen und die anderen nicht gefragt.
6. Schließlich bin ich nach Hause gegangen und habe mich nicht bei der Gastgeberin bedankt.

60

Heute kannst du mal wieder was Neues lernen: Bumerangwerfen und den Modalsatz.
Bestimme die Art der Modalsätze mit folgenden Abkürzungen: V(ergleich), B(egleitumstände), M(ittel).

Bumerang für zu Hause

Die Leisten aus Balsaholz werden gekreuzt, wobei (   ) diese nicht zu dick sein dürfen. Kennzeichne die Kreuzpunkte, indem (   ) du dir mit Bleistift dünne Striche machst. Die Einschnitte gehen jeweils halb so tief, wie (   ) die Leisten dick sind. Beim weichen Balsaholz lässt sich das leicht herausheben, wobei (   ) eine feine Säge sehr nützlich ist. Die beiden Teile werden dann zusammengeklebt, ohne dass (   ) du dabei Gewalt anwendest. Anschließend müssen die Flügel in Form geschliffen werden, indem (   ) du mit einem feinen Schleifpapier über die Flächen streichst. Schließlich wird alles geglättet, wie (   ) du es vom Flugmodellbau her gewohnt bist.

61

Entscheide, ob der blaue Satz ein Kausalsatz oder ein Adversativsatz werden kann. Wandle ihn dann entsprechend um, wenn du die Sätze in dein Heft überträgst.

Schöne Aussichten

1. Im Laufe der Woche nimmt die Bewölkung ab. Es wird wärmer.
2. Über West- und Mitteleuropa gibt es zwei große Wolkenbänder. In Osteuropa kann mit Aufheiterung gerechnet werden.
3. Ein Hoch dehnt sich von Westen nach Mitteleuropa aus. Morgen wird das gute Wetter auch auf Deutschland übergreifen.
4. In Alpennähe kommt es noch zu gelegentlichen Schauern oder Gewittern. Im Norden Deutschlands ist mit einer zunehmenden Aufheiterung zu rechnen.
5. Am Tage werden die Temperaturen bis auf 25 Grad ansteigen. In der Nacht sinken die Temperaturen in Bodennähe auf 10 Grad.

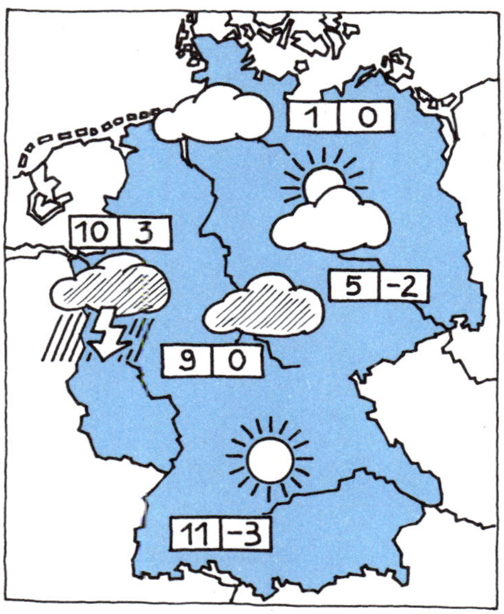

62

Wandle die Präpositionalausdrücke in Modalsätze um und schreibe sie in dein Heft.

So unterhalten sich Tiere miteinander

1. Elefanten durch ganz tiefes und anhaltendes Grollen
2. Kaninchen durch heftiges Trommeln mit den Hinterläufen
3. Spinnen durch das ständige Hin- und Herbewegen ihres Netzes
4. Frösche durch das bewusste Abspreizen der Hinterbeine

1. Elefanten unterhalten sich miteinander, indem sie ...

63

Wandle die Modalsätze in Präpositionalausdrücke um.

So erforschen Wissenschaftler die Sprache der Tiere

1. indem sie modernste Mikrofone verwenden
2. indem sie Tonbandaufnahmen abspielen
3. dadurch dass sie die Tiere über lange Zeit beobachten
4. indem sie Computer einsetzen

Wissenschaftler erforschen die Tiersprache durch

1. ______________________________

2. ______________________________

3. ______________________________

4. ______________________________

12.11 Attributsätze

Attributsätze sind Nebensätze, die ein **Attribut** (= Beifügung) **ersetzen**. Sie bestimmen oder erklären das Wort, zu dem sie gehören, genauer. Wie das Attribut hängt der Attributsatz von einem **Bezugswort** ab. Es darf nicht von ihm getrennt werden. Attributsätze können wie Attribute erfragt werden.

Die entsprechenden Fragen lauten:
Welcher, welche, welches? Welche Art von ...?

Attributsätze sind meistens **Relativsätze**.

Die enge Verbindung zwischen Bezugswort und Attributsatz kannst du leicht am Relativpronomen erkennen. Das Bezugswort bestimmt nämlich den **Numerus** und das **Genus** des Relativpronomens.

Beispiele: Das kleine Zeichen, **das** in den Stab eingeritzt ist, stellt einen Hirsch dar.

Die kleinen Zeichen, **die** in den Stab eingeritzt sind, stellen verschiedene Tiere des Waldes dar.

Manchmal fehlt bei einem Relativsatz das Bezugswort. Du kannst es ergänzen: Es hat denselben Numerus und dasselbe Genus wie das Relativpronomen.

Beispiel: Wer andern eine Grube gräbt, fällt selbst hinein.
→ **Jeder**, der andern eine Grube gräbt, fällt selbst hinein.

Neben den Relativsätzen kommen auch **Konjunktionalsätze** oder **indirekte Fragesätze** als Attributsätze vor.

Beispiel: Zu **welchem überraschenden** Ergebnis kamen die Wissenschaftler?
Die Wissenschaftler kamen zu dem überraschenden Ergebnis, **dass** Punkte und Linien in einer bestimmten Reihenfolge angeordnet waren.

In einem Satz können auch mehrere Attributsätze vorkommen.

Beispiel: So stellt eine **Schlange, die** sich um den ganzen Stab windet und aus verschieden großen Punkten besteht (Attributsatz 1), einen **Kalender** dar, **mit dessen Hilfe** sich die Jäger die Abläufe in der Natur merken konnten (Attributsatz 2).

64

Lies den Text aufmerksam durch und löse die Aufgaben.

Die Schrift vor der Schrift

Nicht nur unser Alltag hat Geheimnisse. Die Vergangenheit gibt uns noch viel mehr Rätsel auf. Lange Zeit wusste man z. B. nicht, wie sich die Menschen vor der Erfindung der Schrift verständigt haben.
25 000 Jahre vor den ersten Schriftzeichen gab es bereits kleine Zeichnungen, mit denen sich die Menschen damals verständigten. Die in Holz- oder Knochenstäbe eingeritzten Zeichen konnten erst unter dem Mikroskop entziffert werden. Die Wissenschaftler kamen zu dem Ergebnis, dass Punkte und Linien in einer bestimmten Reihenfolge angeordnet waren. So stellt eine Schlange, die sich um den ganzen Stab windet und aus verschieden großen Punkten besteht, einen Kalender dar, mit dessen Hilfe sich die Jäger die Vorgänge in der Natur merken konnten. Außerdem finden sich auf den Schriftstäben kunstvolle Schnitzereien, die für die jeweilige Jahreszeit wichtige Tiere bezeichneten. Ein Lachs mit einem Haken im Unterkiefer weist z. B. auf den Frühling hin. Die jahreszeitlich geordneten Zeichnungen waren für die Jäger von damals eine lebenswichtige Hilfe.

Schreibe die Beifügungen heraus, durch die die folgenden Begriffe im Text näher bestimmt werden.

1. Zeichnungen: ______________________________

   ____
2. Zeichen: ______________________________

   ____
3. Schnitzereien: ______________________________

   ____
4. Schlange: ______________________________

   ____
5. Ergebnis: ______________________________

   ____

65

Vermeide unnötige Wortwiederholungen, indem du den jeweils zweiten Satz in einen Relativsatz umwandelst.

Beispiel: Das Meer birgt viele Geheimnisse. Auf die Lösung dieser Geheimnisse müssen wir noch lange warten.
→ Das Meer birgt viele Geheimnisse, auf deren Lösung wir noch lange warten müssen.

In den unergründlichen Tiefen des Meeres

1. Die Reise in die Tiefen des Meeres ist genauso aufregend wie eine Landung auf dem Mond. Das Meer hat man heute kaum erforscht.
2. In großen Tauchkugeln wird man in die Finsternis hinabgelassen. In diesen Kugeln haben mehrere Leute Platz.
3. Durch Guckfenster kann das verborgene Leben beobachtet werden. Die Fenster sind durch armdickes Glas geschützt.
4. Der Tiefseefühlerfisch tastet vorsichtig den dunklen Meeresboden nach Nahrung ab. Dieser Fisch wird nie das Tageslicht sehen.
5. Manche Wassertiere stehen regungslos und senkrecht im Wasser. Bei diesen Tieren weiß man nicht genau, ob sie Fische sind.
6. Die Seefledermaus bewegt sich mit zwei Beinen und einer Schwanzflosse vorwärts. Diese Fledermaus lässt sich am besten mit einem gerupften Huhn vergleichen.

66

Stilblüten entstehen häufig dadurch, dass in einem Satz Relativsätze nicht richtig auf das Bezugswort bezogen sind. „Pflücke" die folgenden Stilblüten, indem du den zweiten Satz als Relativsatz zum passenden Bezugswort stellst.

Beispiel: Zwei Waldarbeiter wurden von Wildschweinen angegriffen. **Diese** waren mit Forstarbeiten beschäftigt.
→ Zwei Waldarbeiter, **die mit Forstarbeiten beschäftigt waren,** wurden von Wildschweinen angegriffen.

Stilblüten pflücken!

1 Liebe Sportsfreunde!

In neuer Spielbekleidung betrat die gegnerische Mannschaft die Arena. Diese war ganz blau und hatte vorne rosa Längsstreifen.

2 Liebe Versicherung!

Bei dem Unfall wurde mein Wagen von einem Radfahrer stark beschädigt. Der war kurz vorher am Hinterteil neu lackiert worden.

3 Liebe Zeitung!

In einem witzigen Artikel haben Sie den Bundeskanzler gut getroffen. Über den habe ich sehr gelacht.

4 Lieber Herr Lehrer!

Mein Sohn konnte Ihren Deutschunterricht nicht besuchen. Der bringt mich oft zur Weißglut.

5 Lieber Herr Bürgermeister!

In meiner Straße gibt es leider immer noch keine Verkehrsampel. Deren Länge beträgt ungefähr 2 Kilometer.

67

Setze in die Lücken die passenden Relativausdrücke ein. Bei einigen brauchst du auch Präpositionen.

Wandern im Kühlschrank

Als junge und einfallsreiche Reiseunternehmer machen wir Ihnen heute ein Angebot, ______________________ Sie in anderen Prospekten vergebens suchen. Wandern im Kühlschrank – ein Erlebnis, ______________________ andere Erlebnisse verblassen lässt. Unser erfahrener Wanderführer Emil Eisbein, ______________________ Sie sich blind verlassen können, steht Ihnen jederzeit zur Seite. Er wird Sie auf Dinge hinweisen, ______________________ Sie sonst vorbeigehen. Er zeigt Ihnen Tricks, ______________________ Sie fürs Überleben brauchen. Es sollen ja zwei aufregende Urlaubswochen werden, ______________________ Sie noch lange denken werden. Zunächst öffnen wir vorsichtig die Tür des Kühlschranks, ______________________ sich eine überraschende Welt auftut. Wir wenden uns gleich nach links und lassen den Blumenkohl, ______________________ sich uns drohend in den Weg stellt, rechts liegen.

68

Verwandle die eingeschobenen Hauptsätze in Relativsätze. Benutze dazu dein Trainingsheft.

Futhark – die rätselhafte Schrift der Germanen

Die Runen **– die Germanen nannten sie selbst Geheimnis –** bieten auch uns noch viele Rätsel. Sie wurden meist zufällig an Orten **– sie lagen in dunklen Wäldern verborgen –** gefunden. Diese alten Botschaften **– sie bestehen oft nur aus wenigen Wörtern und sind schwer zu erkennen –** stehen vor allem auf Gegenständen aus Metall oder Stein. Erstaunlich ist, dass die Inschriften **– von ihnen gibt es nur wenige –** fast nichts aussagen. Auf einem riesigen Granitblock **– die Forscher haben ihn in Schweden entdeckt –** stand lediglich der Name des Steinmetzen. Man hat auch Holzstäbchen oder Steinchen **– auf ihnen war je eine Rune eingeritzt –** gefunden. Sie dienten wahrscheinlich den Runenmeistern **– diese muss man sich als Zauberer oder Medizinmänner vorstellen –** dazu, die Zukunft zu deuten.

69

Manchmal sind Attribute unübersichtlich und umständlich. Es ist dann besser, sie durch Attributsätze zu ersetzen. Verbessere auf diese Weise die blau geschriebenen Ausdrücke und übertrage die Sätze in dein Heft.

Das erste Flugzeug

Das **aus einem leichten Holzrahmen gebaute** Gerüst ist etwa 30 Fuß breit. In der Mitte des **mit festem Leinen bespannten** Gerüstes hat man einen **die Flügelräder antreibenden** Benzinmotor angebracht. Weitere Teile sind die **aus zwei Propellerschrauben mit sechs Flügeln bestehenden** Räder. Die **unmittelbar unter dem Schwerpunkt angebrachte** Schraube erzeugt mit der zweiten **am hinteren Teil befestigten** Schraube die nötige Schubkraft. Von der Mitte des Flugzeugs ragt ein hölzerner, **als Steuerruder wirkender** Rahmen nach vorne. Dieses **nach beiden Seiten bewegliche** Steuerruder wird vom Flugzeuglenker bedient. Er muss auch die **den Flugapparat festhaltende** Sperre lösen. Dann erhebt sich der **einem Riesenvogel gleichende** Apparat in die Lüfte.

70

Trage in die Lücken **das** oder **dass** ein. Überprüfe, ob vor dem Nebensatz ein passendes Bezugswort steht.

Die älteste menschliche Siedlung

Das älteste Dorf, ____________ man gefunden hat, liegt im Jordantal. Die Entdeckung, ____________ es sich bereits um eine richtige Ansiedlung mit Häusern aus Stein handelte, überraschte die Wissenschaftler. Das älteste Haus, ____________ halb in den Boden eingegraben war, war bereits mit Mörtel verputzt. Außerdem hat man Pfeiler aus Holz gefunden, ____________ diese lange Zeit überdauert hat. Die Pfeiler ragten etwas über die Mauer hinaus; der Zweck, ____________ dadurch Licht einfallen konnte, war klar erkennbar. So hatten sich die Menschen vor langer Zeit ein Heim geschaffen, ____________ sie vor Regen und Sonne schützte. Der zweite Nutzen, ____________ sie ihre Kinder in Sicherheit aufziehen konnten, war gewiss genauso wichtig. Früh hatten sie auch die Entdeckung gemacht, ____________ man auf diese Weise außerdem die wilden Tiere abhalten konnte. So entstand wohl das erste Dorf, ____________ in erster Linie zum Schutz vor der Natur errichtet wurde.

1

Bestimme die Form der Nebensätze. Abkürzungen: KS = Konjunktionalsatz, RS = Relativsatz.

Schülerlaufbahn

1. Plusquamperfekt: Ich hatte das gelernt, was ich unbedingt musste. (   )
2. Perfekt: Ich habe gelernt, dass dies nicht genügt. (   )
3. Präteritum: Ich lernte das, was von mir erwartet wurde. (   )
4. Präsens: Ich lerne nun, dass nicht alles wichtig ist. (   )
5. Futur I: Ich werde lernen, was ich brauche. (   )
6. Futur II: Ich werde auch das gelernt haben, was ich nicht brauche. (   )

2

Finde in den folgenden Sätzen die Attributsätze heraus. Unterstreiche sie zusammen mit ihrem Bezugswort.

Gute Nacht!

Weil es an Schlafmöglichkeiten fehlte, kamen während des Festspiels von Edinburgh (Schottland) junge Schauspieler auf eine witzige Idee. Als ihnen das Schlafen auf der Bühne verboten wurde, erfanden sie ein neues Theaterstück, das sie „Sieben Stunden Schlaf" nannten. Es handelt davon, dass Personen sich auf der Bühne für die Nacht vorbereiten. Und wie es ganz natürlich ist, fallen sie kurz darauf in einen tiefen Schlaf, aus dem sie erst am Morgen erwachen. Zu der Welturaufführung kam ein einziger Zuschauer, den die Schauspieler am nächsten Morgen schlafend vorfanden. Die Überraschung der Schauspieler, dass ihr Stück so großen Erfolg hatte, war groß. Der Zuschauer, der „Sieben Stunden Schlaf" so einschläfernd gefunden hatte, war der Theaterdirektor.

3

Unterscheide die Konjunktion dass vom Relativpronomen das. Trage das passende Wort in die Lücke ein. Schreibe dann hinter die Sätze, ob es sich um einen Gliedsatz (GS) oder einen Attributsatz (AS) handelt.

Wunder gibt es immer wieder

1. Es kommt recht häufig vor, ____________ sich jemand über unsere günstigen Preise wundert. (   )
2. Unsere Möbel sind deshalb sehr günstig, weil das Material, ____________ wir verwenden (   ), aus eigenen Wäldern stammt.
3. Wir garantieren außerdem, ____________ unsere Möbel aus lange gelagertem Holz hergestellt sind. (   )
4. Manche meinen auch, ____________ es bei uns keinen Service gibt. (   )
5. Das Versprechen, ____________ wir Ihnen geben (   ), halten wir auch.
6. Jedes Möbelstück, ____________ Sie kaufen (   ), bringen wir bis vor Ihre Haustür.
7. ____________ alles bei Ihnen zu Hause von Fachleuten aufgebaut wird (   ), ist dabei selbstverständlich.

4

Allmählich darfst du dich schon aufs Wochenende freuen. Bestimme aber vorher noch, welche Rolle die Nebensätze in den Hauptsätzen spielen. Trage die entsprechende Nummer beim passenden Begriff ein.

Wochenendumfrage: Worauf freuen Sie sich heute?

Jenny

Mein Wunsch, dass ich am Wochenende Ski fahren kann (1), wird sich wohl nicht erfüllen. Obwohl es im Augenblick recht warm ist (2), hoffe ich, dass die Temperaturen etwas fallen (3).

Kai

Am Wochenende sehe ich meine Freundin, die ich sehr vermisse (4). Was wir bis Sonntagabend miteinander tun (5), ist noch unklar. Aber ich bin mir sicher, dass es schön wird (6).

Roman

Das Wetter ist wärmer geworden, sodass mir das Spazierengehen wieder Spaß macht (7). Wenn ich mit meinem Stadtbummel fertig bin (8), besuche ich ein paar Freunde.

Sarah

Meine Mittagspause, in der ich einen leckeren Salat gegessen habe (9), war sehr schön. Wer weiß, was der Abend noch bringt (10) ?!

Subjekt- oder Objektsätze: ______________________

Adverbialsätze: ______________________

Attributsätze: ______________________

5

Tierschützer kümmern sich in der letzten Zeit viel um den Wal.
Bestimme die Bedeutung der Konjunktionalsätze: temp(oral), konz(essiv), kaus(al) oder mod(al).

Der Wal

Bevor wir Menschen die besonderen Fähigkeiten des Wals erkannten ( ), haben wir ihn gründlich „verarbeitet". Erst als er fast ausgerottet war ( ), entdeckten die Forscher seine „menschlichen" Eigenschaften. Obwohl Wale intelligenter sind als Menschenaffen ( ), hat man sie lange Zeit nur als Lieferanten von Fett und Fleisch betrachtet. Weil die Meeressäugetiere ihre geistigen Kräfte ganz anders einsetzen als wir Menschen ( ), sind sie nun interessant geworden. Das witzigste Beispiel: Wale treffen sich jährlich zu einem Sängerwettstreit, wobei sie einen „Lieblingshit" wählen ( ). Nachdem sie sich auf eine Melodie geeinigt haben ( ), geht sie rund um die ganze Welt.

6

Der folgende Text über das Geheimnis der Zugvögel ist noch nicht ganz gelungen. Die Hauptsätze stehen unverbunden nebeneinander. Wandle die jeweils zweiten Sätze in die entsprechenden Konjunktionalsätze um.

Das Geheimnis der Zugvögel

1. Die Zugvögel warten viele Tage auf günstige Wetterbedingungen.
   Sie benötigen Winde in südlicher Richtung. (Grund)

2. Ihr Wettersinn spürt Veränderungen im Luftdruck.
   Sie können ihre Flughöhe ständig korrigieren. (Folge)

3. Auf ihrem Flug machen sie häufig Zwischenstopps.
   Sie kommen ohne großen Kräfteaufwand ans Ziel. (Absicht)

4. Kleine Haarfedern an der Brust geben ihnen Informationen.
   So können sie mit dem günstigsten Wind fliegen. (Folge)

7

Ein Ritter hatte es nicht leicht, in seine Rüstung zu kommen. Alles musste in der richtigen Reihenfolge getan werden. Bestimme das Zeitverhältnis zwischen beiden Sätzen. Liegt Gleichzeitigkeit, Vorzeitigkeit oder Nachzeitigkeit vor? Schreibe jeweils hinter den ersten Satz die Abkürzungen GZ, VZ oder NZ und verwandle ihn dann in den entsprechenden Temporalsatz. Noch ein Tipp: Achte auf die verwendeten Zeiten!

Alles schön der Reihe nach!

1. **Eisenstiefel und Blechschienen sind angelegt worden. ( )**
   Zwei Helfer befestigen Brust- und Rückenpanzer.

   ____

   ____

2. **Der Vorsteckbart, ein Schutz für Kinn und Zähne, wird angebracht. ( )**
   Das Armzeug klinkt man mit Zapfen am Brustpanzer ein.

   ____

   ____

3. **Sorgfältig werden die Helfer die Stahlhandschuhe befestigen. ( )**
   Eine Scheibe wird vor der Achselhöhle festgemacht.

   ____

   ____

4. **Man wird dem Ritter das große Schwert reichen. ( )**
   Ihm wird am Ende der Helm aufgesetzt.

   ____

   ____

5. **Die Knappen haben den Ritter fertig eingekleidet. ( )**
   Er schwingt sich aufs Pferd und klappert davon.

   ____

   ____

8

Manche Ausdrücke mit Präpositionen lassen sich in Nebensätze umwandeln. Wenn diese Präpositionalausdrücke unübersichtlich oder umständlich sind, solltest du das tun.

Beispiel: Der kleine rote Punkt fällt erst **bei wirklich genauem Hinsehen** auf.
→ Der kleine rote Punkt fällt erst auf, **wenn man wirklich genau hinsieht.**

Aus einem Schwimmlehrbuch von 1925

1. Wir stehen mit leicht angezogenem linken Bein fest auf dem rechten Bein und führen das linke Bein dann nach unten.
2. Sofort nach dem Eintauchen des Fußes drücken wir das linke Bein schnell gegen das rechte Bein.
3. Die Bewegung soll bis zum Schließen der Beine durchgezogen werden.
4. Sie soll nur vom linken Spielbein ohne Beteiligung des rechten Standbeines durchgeführt werden.
5. Nach dem weichen Herausheben des linken Beines aus dem Wasser muss alle Kraft zum Wegdrücken des Wassers aufgewendet werden.
6. Diese Übung wird 10-mal ohne dazwischen geschobene Pausen wiederholt.

9

Wandle die Nebensätze in kurze Präpositionalausdrücke um. Dabei lässt du jeweils das Prädikat weg.

Beispiel: **weil** er Angst vor dem Wasser hat
→ aus Angst vor dem Wasser

So lernte man früher den Kopfsprung

1. Der Anfänger wird, nachdem er erste Erfolge im hüfttiefen Wasser errungen hat, stolz auf seine Tapferkeit sein.
2. Bevor man ins Wasser springt, sollte jeder tief einatmen.
3. Nachdem man bis zum Grund hinabgetaucht ist, stößt man sich kräftig nach oben.
4. Wenn das Wasser mehr als 2 Meter tief ist, kann man dem Körper nachhelfen, indem man kräftige Armbewegungen durchführt.

10

Verbessere den folgenden Text! Überlege dir, welcher inhaltliche Zusammenhang jeweils zwischen den Sätzen besteht. (In der Klammer stehen jeweils zwei Möglichkeiten.)
Bilde aus den blauen Sätzen passende Konjunktionalsätze und schreibe sie in dein Trainingsheft.

Hochzeit bei den Vögeln

1. Der Buntspecht trommelt am liebsten auf morsche Äste. Sie klingen am besten. (Grund / Folge?)
2. Er hämmert mit seinem Schnabel ungefähr 40-mal in der Sekunde auf das Holz ein. Alle Spechtweibchen im Umkreis von zwei Kilometern hören ihn. (Einschränkung / Absicht?)
3. Er feiert Hochzeit. Das erste Weibchen ist angekommen. (Zeit / Absicht?)
4. Er streckt seinen Schnabel nach oben und begrüßt sie lautstark. Der Grauganter umkreist seine erwählte Graugans auf dem Wasser. (Grund / Zeit?)
5. Sie sind beide „verlobt" und bleiben sich das ganze Leben treu. Sie erwidert seinen Ruf. (Bedingung / Einschränkung?)
6. Der Kleiber ist besonders raffiniert. Er klebt die Löcher der Nistkästen oder Baumhöhlen zu. (Absicht / Grund?)
7. Er lässt dabei nur ein kleines Einschlupfloch frei. Größere Vögel müssen sich woanders einen Platz suchen. (Folge / Zeit?)
8. Er macht sich auf die Suche nach ihr. Er hat so für seine „Braut" eine Wohnung besorgt. (Einschränkung / Zeit?)
9. Das Blaumeisenmännchen fliegt besonders tief. Es will durch seinen Mut das Weibchen beeindrucken. (Grund / Folge?)
10. Sie folgt ihm zum gemeinsamen Nest. Das Männchen bringt seiner Angebetenen auch noch eine Raupe als Geschenk. (Bedingung / Folge?)

11

Wähle aus den vorgeschlagenen Konjunktionen die passende aus.

Ratschläge für den angehenden Hausmann

1. Soße: Damit/Sodass/Obwohl die Soße keine Klumpen bekommt, solltest du sie mit dem Schneebesen kräftig durchschlagen. Gute Ergebnisse erhältst du, wenn/obwohl/bevor die zugegebene Flüssigkeit kalt ist.
2. Mehlschwitze: Butter wird mit Mehl so lange erhitzt, bis/nachdem/weil sich keine Blasen mehr bilden. Für eine braune Mehlschwitze wird das Mehl geröstet, sodass/weil/ohne dass es eine braune Farbe annimmt.
3. Steak: Hohe Anfangstemperaturen schließen die Poren, während/sodass/weil der Saft nicht austreten kann. Obwohl/Wenn/Damit man daraufdrückt, soll es sich wie ein Gummiball anfühlen.

12

Was ist denn hier passiert? Schaffe Ordnung, indem du die Nebensätze a) – f) den passenden Hauptsätzen 1. – 6. zuordnest. Trage die passenden Buchstaben in die Kreise ein.

1. Weil meine Goldfische im Aquarium immer frieren
2. Nachdem mein Goldhamster ein Fernsehgerät gewonnen hat
3. Obwohl mein Kanarienvogel nicht singen kann
4. Seitdem meine Perserkatze einen Pelzmantel hat
5. Wenn mein Bernhardiner Sehnsucht nach den Bergen bekommt
6. Damit meine Meerschweinchen das Radfahren lernen

a) habe ich ihnen zwei Klingeln gekauft
b) jodle ich dreimal am Tag
c) gibt es noch mehr Haare in der Wohnung
d) gehe ich mit ihm oft in die Oper
e) habe ich ihnen Schwimmflossen aus Baumwolle gestrickt
f) sitzt er den ganzen Tag vor der Glotze

1. – ◯ 2. – ◯ 3. – ◯ 4. – ◯ 5. – ◯ 6. – ◯

13

Bestimme, ob es sich um temp(orale), kaus(ale) oder mod(ale) Nebensätze handelt.

Der treue Sugar

Sugar, ein cremefarbener Kater, gehörte einer Familie Woods in Kalifornien. Weil es aber weiter im Norden bessere Verdienstmöglichkeiten gab (   ), beschloss die Familie umzuziehen. Als die Familie gerade losfuhr (   ), sprang Sugar, weil er schreckliche Angst vor dem Auto hatte (   ), aus dem Wagenfenster. Die Woods mussten abreisen, ohne dass es Hoffnung auf ein Wiedersehen gab (   ). 14 Monate später, als Frau Woods gerade die Kühe molk (   ), sprang ihr eine Katze durchs offene Stallfenster auf die Schulter. Es war Sugar! Da er eine besondere Färbung hatte (   ), konnte er eindeutig erkannt werden.

14

Unterscheide die einzelnen Bedeutungen der Nebensätze. Folgende Abkürzungen kannst du verwenden: kon(ditional), fin(al), konz(essiv), kaus(al).

Die Sprache der Katzen

Betrachtet man Katzen näher (   ), kann man viele Ausdrucksmöglichkeiten feststellen. Katzen sind einfühlsame Wesen, können aber, wenn's sein muss (   ), eine ganze Familie beherrschen. Bei der Begrüßung streicht die Katze um deine Beine, um Gerüche mit dir auszutauschen (   ). Sie reibt ihre Duftdrüsen an dir, weil sie dich als ihren Besitz kennzeichnen will ( ). Wenn ein besonderes Vertrauen zwischen deiner Katze und dir besteht ( ), rollt sie sich auf den Rücken. In dieser Lage will sie nicht gekrault werden, obwohl es so aussieht ( ). Beobachtet man den Schwanz der Katze ( ), kann man ihren Gemütszustand gut beurteilen. Bei größeren Katzen zittert der Schwanz, wenn sie aufgeregt sind ( ). Einen Buckel machen sie, damit sie in den Augen ihres Feindes größer erscheinen ( ).

15

Wenn adverbiale Angaben umständlich oder ungenau sind, solltest du sie durch Adverbialsätze ersetzen. Ersetze die blauen Angaben durch Adverbialsätze.

Tiergeheimnisse vor 2000 Jahren

1. Der Adler fliegt vor seinem herannahenden Tod so hoch, dass er sich seine Federn verbrennt.

___

___

2. Das Chamäleon wird oft wegen seiner grünen Körperfarbe von Elefanten zusammen mit den Zweigen gefressen.

___

___

3. Der Storch bekämpft seine Übelkeit durch das Trinken von Salzwasser.

___

___

4. Das Krokodil beweint seine Opfer nach dem „Verzehr“ mit vielen Tränen.

____

____

5. Bei länger andauernden Schmerzen heilt sich das Wildschwein durch das Fressen von frischem Efeu.

____

____

6. Die Smaragdeidechse bewacht den Schlaf des Menschen und weckt ihn bei drohender Gefahr auf, damit ihm nichts passiert.

____

____

Schlusstest

1

Schreibe die Begriffe: Aussage, Aufforderung und Frage in der Reihenfolge auf, wie sie im Text vorkommen.

1. **Charly kommt braun gebrannt aus dem Urlaub in der Südsee. Gleich am Flughafen sagt er zu seinem Freund: „Schau mal! Bin ich nicht wundervoll braun?" Sein Freund antwortet gelassen: „Der Hellste warst du noch nie."**

   ____

   ____

2. **Charly kommt etwas blass aus dem Urlaub in der Südsee. Bei seinem Freund beklagt er sich: „Das war ein glatter Reinfall." „Was ist passiert? Hat dir das Wellenreiten keinen Spaß gemacht?" „Hör nur auf damit! Der blöde Gaul ging einfach nicht ins Wasser."**

   ____

   ____

2

Vereinfache den folgenden Brief. Lass alle Nebensätze entfallen.

Beispiel: Ich befehle dir, das Radio auszumachen.
→ Mach das Radio aus!

1. April

Sehr geehrte Herren Gummibärchen!

Hiermit stellen wir fest, dass die am 1. April bestellte Ware noch nicht bei uns eingetroffen ist. Wir fordern Sie deshalb zum letzten Mal auf, dass Sie die Ware bis spätestens 1. August liefern.

Und wir fragen Sie ernsthaft, ob Sie die Gummibärchen mit dem Mund zurechtlutschen oder von Künstlerhand schnitzen lassen. Zu unserem Bedauern müssen wir Ihnen mitteilen, dass bei den beiden gelieferten Probe-Gummibärchen die Geschmacksrichtung Zitrone wie Spülmittel mit Zitronensaft schmeckt. Da fragt man sich wirklich, was Sie sich dabei eigentlich denken. In diesem Zusammenhang äußern wir auch den Wunsch, dass Sie Gummibärchen nicht wieder mit Himbeerchen verwechseln.

Unterzeichnet: *Brummbär*

3

Stelle Haupt- und Nebensätze fest. Verwende die Abkürzungen:
HS (= Hauptsatz) und NS (= Nebensatz). Unterstreiche alle Prädikate.

Dumme Sprüche

1. **Wir wissen zwar nicht, wo wir hin sollen, wir werden aber als Erste da sein.**
2. **Wo wir sind, da ist vorn, und wenn wir hinten sind, dann ist hinten vorn.**
3. **Wie kann ich wissen, was ich denke, bevor ich höre, was ich sage?**
4. **Wer kriecht, kann nicht stolpern.**
5. **Im letzten Monat stand ich einen Schritt vor dem Abgrund, heute bin ich schon einen großen Schritt weiter.**
6. **Wo war ich eigentlich, als ich mich gebraucht habe?**

4

Erweitere den Text unten durch die passenden Adverbial- und Attributsätze. Schreibe die Attributsätze zu den entsprechenden Substantiven. Folgende „kitschige" Erweiterungen solltest du unterbringen:

Wenn die Sonne blutrot hinter den Bergen versinkt,

deren Herz über so viel Glück jubiliert,

die mit ihrem hellen Glockenklang das ganze Tal erfüllen,

Wo alles Getier friedlich zusammenkommt,

den ein fesches Hütchen ziert,

als müsste sein Herz zerspringen,

Ehe sich die Dunkelheit übers Land senkt,

Und so wird's schön kitschig!

(Am Abend) treibt die **Sennerin** die **Kühe** in den Stall. **(Dort)** wartet der junge **Knecht (ungeduldig). (Vor Anbruch der Nacht)** müssen nämlich alle Kühe gemolken sein.

5

Entscheide, ob der Nebensatz durch eine unterordnende Konjunktion oder durch ein Relativpronomen eingeleitet wird.

In der südbrasilianischen Stadt Porto Alegre ist, während der Hausmeister ruhig schlief, ein Schulhaus gestohlen worden. Wie die brasilianische Presse berichtete, waren die Diebe mit Lastwagen vorgefahren. Sie hatten das Schulgebäude, das ganz aus Holz errichtet war, einfach abgebaut. Sie nahmen alle Einrichtung mit, wobei sie auch Lampen und Vorhänge nicht vergaßen. Das Einzige, was sie zurückließen, war die Bodenplatte aus Beton.

Thomas Flynn, 37-jähriger Vater aus Florida, hat für seinen Sohn Sean eine Strafe abgesessen, die dieser vom Rektor der Volksschule bekommen hatte. Weil Sean eine halbe Stunde zu spät in der Schule erschienen war, sollte er dieselbe Zeit nachsitzen. Sein Vater, der offensichtlich viel Sinn für Gerechtigkeit hat, saß diese Strafe für seinen Sohn ab. Er begründete es damit, dass sie als Eltern an der Unpünktlichkeit ihres Sohnes schuld waren.

6

Wandle den Hauptsatz 2 zum Nebensatz um, indem du die fett gedruckten Wörter zu unterordnenden Konjunktionen machst.

Was ein Computer morgens in einem Bürohochhaus tut

2 Uhr 30:
Der Computer arbeitet bereits. **Zu dieser Zeit** liegen die Angestellten noch in den Federn.
Er passt genau auf und hat dreimal das Licht ausgeschaltet. **Denn** der etwas verschlafene Nachtwächter hat es brennen lassen.

6 Uhr:
Die Putzfrauen rücken an. **Vorher** hat der Computer ihnen das Licht in der Eingangshalle eingeschaltet.

6 Uhr 30:
Er schaltet die Garagenbeleuchtung und -belüftung ein. Die ersten Angestellten sind **nämlich** bereits im Anmarsch.
Dann stellt er die Heizung etwas höher. **Folglich** wird das Betriebsklima besser.

Notizen

Indirekte Rede

13 Indirekte Rede

13.1 Definition

Die nichtwörtliche Wiedergabe von Äußerungen nennt man **indirekte Rede**. Man nennt sie auch „berichtete Rede", weil berichtet wird, was jemand gesagt hat. Man braucht sie vor allem in Nachrichten, Protokollen oder Inhaltsangaben.

Die indirekte Rede ist meistens abhängig von Verben wie **sagen, behaupten, fragen, auffordern.** Die Redeeinleitung **„Er sagte/fragte"** o. Ä. steht meistens unmittelbar vor der indirekten Rede und wird durch ein Komma von ihr getrennt. Doppelpunkt und Anführungszeichen gibt es im Unterschied zur direkten Rede nicht.

In den folgenden Beispielen erscheint Familie Tunichtgut, die nach dem Verschwinden von Gummibärchen von der Polizei verhört wird.

Direkt	Indirekt
Ernst Tunichtgut sagte aus: „Wir haben mit den verschwundenen Gummibärchen nichts zu tun. Wir sind anständige Leute und lügen nicht."	Herr Tunichtgut sagte aus, er und seine Familie hätten mit den verschwundenen Gummibärchen nichts zu tun. Sie seien anständige Leute und würden nicht lügen.

Die indirekte Rede unterscheidet sich sprachlich ganz deutlich von der direkten Rede. **Drei Merkmale** kennzeichnen die indirekte Rede:

1. Modus

Die indirekte Rede steht im **Konjunktiv**. Beispiel:

Direkt	Indirekt
Susi sagte: „Ich **bin** unschuldig."	Susi sagte, sie **sei** unschuldig.

2. Pronomen

In der indirekten Rede ändern sich meist die Pronomen. Sie hängen davon ab, wer die Äußerungen wiedergibt. Beispiel:

Direkt	Indirekt
Susi sagte: „**Ich** bin unschuldig."	Susi sagte, **sie** sei unschuldig.

3. Satzart

In der indirekten Rede gibt es nur den **Aussagesatz**. Frage- und Befehlssätze werden entsprechend umgewandelt. Deshalb gibt es weder Fragezeichen noch Ausrufezeichen. Beispiel:

Direkt	Indirekt
Frieda Tunichtgut fragte: „Weshalb wird mein Sohn verdächtigt? Haben Sie Beweise?"	Frau Tunichtgut fragte, weshalb ihr Sohn verdächtigt werde und **ob** die Polizei Beweise habe.

Beachte:
In der indirekten Rede kannst du die ursprünglichen Äußerungen kürzen und Unwichtiges weglassen. Dabei muss aber der Sinn erhalten bleiben. Beispiel:

Direkt	Indirekt
Kalle Tunichtgut forderte: „Fragen Sie doch einmal meine kleine Schwester! Und lassen Sie mich bitteschön endlich in Ruhe!"	Der Sohn Kalle forderte die Polizisten auf, sie sollten seine kleine Schwester fragen und ihn in Ruhe lassen.

Neben der indirekten Rede gibt es noch die Möglichkeit, direkte Äußerungen in einen **dass-Satz** umzuwandeln. Dies ist aber nur sinnvoll, wenn es sich um einen einzelnen Satz handelt; sonst würde sich die Konjunktion **dass** zu oft wiederholen. Beispiel:

Direkt	Indirekt
Susi sagte aus: „Ich bin unschuldig."	Susi behauptete, **dass** sie unschuldig ist.

1

Lies den Text aufmerksam durch und löse die Aufgaben.

Die verschwundenen Gummibärchen

13 junge Gummibärchen sind spurlos verschwunden. Der Tat dringend verdächtig ist Kalle Tunichtgut, 13 Jahre.
Beim polizeilichen Verhör wurden folgende Aussagen gemacht.

Ernst Tunichtgut sagte aus: „Wir haben mit den verschwundenen Gummibärchen nichts zu tun. Wir sind anständige Leute und lügen nicht."
Frieda Tunichtgut fragte: „Weshalb wird mein Sohn verdächtigt? Und haben Sie Beweise?"
Susi Tunichtgut beteuerte: „Ich bin unschuldig, ich war nämlich um 13 Uhr bei meiner Freundin. Gummibärchen habe ich hier noch nie gesehen."
Kalle Tunichtgut forderte: „Fragen Sie doch einmal meine kleine Schwester! Und lassen Sie mich bitteschön endlich in Ruhe!"

Polizist Holzauge erstattet nun seinem Vorgesetzten schriftlich Bericht:

Herr Tunichtgut sagte aus, er und seine Familie hätten mit den Gummibärchen nichts zu tun. Sie seien anständige Leute und würden nicht lügen.
Frau Tunichtgut fragte, weshalb ihr Sohn verdächtigt werde und ob die Polizei Beweise habe.
Ihre Tochter Susi beteuerte, sie sei unschuldig. Sie sei nämlich um 13 Uhr bei ihrer Freundin gewesen. Gummibärchen habe sie in der Wohnung angeblich noch nie gesehen.
Deren Bruder Kalle forderte, die Polizei solle seine Schwester fragen und ihn in Ruhe lassen.

Vergleiche die direkten Äußerungen der vernommenen Personen mit ihren Äußerungen im Bericht des Polizisten und unterstreiche die Veränderungen.

Fülle im folgenden Text die Lücken in der indirekten Rede aus.

Herr Tunichtgut sagte aus, er und ______________ Familie ______________ mit den verschwundenen Gummibärchen nichts zu tun. Sie ______________ anständige Leute und ______________ nicht ______________.

Frau Tunichtgut fragte, weshalb ______________ Sohn verdächtigt ______________ und ob die Polizei Beweise ______________.

Tochter Susi beteuerte, sie ______________ unschuldig, ______________ ______________ nämlich um 13 Uhr bei ______________ Freundin ________________. Gummibärchen ______________ sie ________________ ____ noch nie gesehen.

Sohn Kalle verlangte lautstark, die Polizei ______________ seine Schwester fragen und ______________ in Ruhe ______________.

13.2 Modus

Die **indirekte Rede** steht in der Regel im **Konjunktiv I**. Die Formen des Konjunktivs I unterscheiden sich jedoch oft nicht von den Formen des Indikativs. Deshalb gibt es (leider) zwei Zusatzregeln.

1. Zusatzregel:

Wenn sich der Konjunktiv I vom Indikativ nicht unterscheidet, ersetzt man ihn durch den **Konjunktiv II**.

Beispiel:

Direkt	Indirekt
Ernst Tunichtgut sagte aus: „Wir haben mit den verschwundenen Gummibärchen nichts zu tun."	Herr Tunichtgut sagte aus, sie **hätten** mit den verschwundenen Gummibärchen nichts zu tun.

2. Zusatzregel:

Wenn sich der Konjunktiv II nicht vom Indikativ Präteritum unterscheidet, wird die Umschreibung mit **würde** verwendet.

Beispiel:

Direkt	Indirekt
Ernst Tunichtgut sagte aus: „Wir lieben Gummibärchen nicht."	Herr Tunichtgut sagte aus, sie **liebten** Gummibärchen nicht. – Besser und deutlicher: sie **würden** Gummibärchen nicht **lieben**.

Die Umschreibung mit **würden** ist auch bei Verben erlaubt, deren Konjunktiv II ungebräuchlich ist oder unschön klingt.

Beispiel:

Direkt	Indirekt
Ernst Tunichtgut sagte aus: „Wir lügen nicht."	Herr Tunichtgut sagte aus, sie **lögen** nicht. – Besser und üblicher: sie **würden** nicht lügen.

2

Vervollständige die Sätze in der indirekten Rede durch passende Sätze.

sie kennt den Film schon

sie ist noch nicht müde

sie hat ihre Badekappe vergessen

sie kann den neumodischen Tanz nicht

sie macht gerade eine Diät

ihre Zahnspange stört sie

Alles nur Ausreden!

Sie behauptet,

es sei zu hell zum Küssen und außerdem ______________________

____

es sei zu spät fürs Kino und außerdem ______________________

____

es sei zu heiß zum Tanzen und außerdem ______________________

____

es sei zu früh fürs Heimgehen und außerdem ______________________

____

es sei zu kalt zum Schwimmen und außerdem ______________________

____

es sei zu dunkel zum Essen und außerdem ______________________

____

3

Kennst du die Sage von der verschollenen Insel Atlantis? Wandle den Text in die indirekte Rede um. Benutze dabei das Präsens.

Die Insel Atlantis (Teil 1)

Auf dem höchsten Punkt der Insel liegt die Königsburg. In ihr befindet sich ein Heiligtum, das von einer Mauer umgeben ist. Dorthin bringen die Menschen jährlich die Früchte der Jahreszeit. Die Außenwände haben die Einwohner mit Silber überzogen, nur die Zinnen sind aus reinem Gold. Die Wände im Innern bestehen aus Bergerz. Das größte Götterstandbild erreicht mit seinem Haupt die Decke. Auch der Altar entspricht in seiner Pracht der Umgebung. An den Außenwänden umstehen goldene Säulen den Tempel.

Alte Sagen berichten, ______________________________

4

Wandle den Text in die direkte Rede um.

Die Insel Atlantis (Teil 2)

Überall auf der Insel würden die Bewohner von Atlantis den Göttern prächtige Tempel erbauen. Auf der größten Insel sei außerdem eine große Rennbahn errichtet worden. Die Plätze um den Königssitz herum nähmen zahlreiche Wohnhäuser ein, die ebenfalls kostbar ausgestattet seien. Geschäftiges Treiben herrsche im Hafen. Schon von Weitem könne man den Lärm und das Geschrei der Seeleute und Händler hören. Ständig kämen von auswärts Handelsschiffe, die kostbare Waren brächten.

Ein alter Mann hat mir im Traum Folgendes erzählt: ______________________

13.3 Modus

Für das **Tempus in der indirekten Rede** gibt es zwei einfache Regeln:

1. **Präsens** und **Futur bleiben unverändert**.

   Beispiel:

Direkt	Indirekt
Susi sagt/sagte/hat gesagt: „Ich **bin** unschuldig."	Die Tochter sagt/sagte/ hat gesagt, sie **sei** unschuldig.
Erich Tunichtgut sagt/sagte/ hat gesagt: „Ich **werde** mich beschweren."	Herr Tunichtgut sagt/sagte/ hat gesagt, er **werde** sich beschweren.

2. Die drei **Zeiten der Vergangenheit** (Präteritum, Perfekt, Plusquamperfekt) werden durch das **Perfekt zusammengefasst**.

   Beispiel:

Direkt	Indirekt
Susi sagt/sagte/hat gesagt: „Ich **war** bei meiner Freundin." „Ich **bin** bei meiner Freundin **gewesen**."	Die Tochter sagt/sagte/ hat gesagt, sie **sei** bei ihrer Freundin **gewesen**.

Beachte:
Konjunktivformen der direkten Rede werden **unverändert** übernommen.

Beispiel:

Direkt	Indirekt
Frieda Tunichtgut sagte: „Ich **würde** einem Gummibärchen nie etwas antun."	Frau Tunichtgut sagte, sie **würde** einem Gummibärchen nie etwas antun.

5

Ein Kriminalanwärter hat den Verdächtigen verhört und ein Protokoll verfasst. Dabei hat er aber die Aussagen in dass-Sätzen wiedergegeben. Verwandle alle dass-Sätze in eine richtige indirekte Rede, die du von dem Satz abhängig machst „Der Verdächtige sagte aus, …".

1. Der Verdächtige sagte aus, dass er als Täter nicht infrage kommt, weil er als Linkshänder die Waffe gar nicht richtig in die Hand nehmen kann.
2. Er sagte weiterhin aus, dass er unschuldig ist und dass er das Opfer vorher nie gesehen hat.
3. Außerdem sagte er aus, dass er am Montag ganz bestimmt nicht am Tatort war, weil er zur gleichen Zeit seine Tante im 100 km entfernten Köln besuchte.
4. Dann sagte er, dass man ihn mit Gewalt auf die Wache geschleppt hat.
5. Schließlich sagte er, dass er sich beim Polizeipräsidenten beschweren wird.

6

Ein Reporter einer Schülerzeitung hat sich folgende Aussagen zum Thema Noten notiert. Kürze sie, indem du die blauen Ausdrücke weglässt. Gib sie dann in der indirekten Rede wieder.

Umfrage: Auf welche Note sind Leute stolz?

1. Philipp (20): Er war sehr stolz auf die Eins in Biologie. Dafür musste er sich wahnsinnig anstrengen und jeden Tag büffeln.

   ____

   ____

   ____

2. Marie (19), Schülerin: Sie hat sich über die Eins in Sport gefreut. Dafür hat sie überhaupt gar nichts tun müssen. Deshalb wird sie Sport studieren.

   ____

   ____

   ____

3. Markus (39), Museumsdirektor: Auf eine Note war er nie stolz. Nur in Mathematik freute er sich, wenn er eine Eins bekam. Bei seinem Sohn wird er sehr nachsichtig sein.

   ____

   ____

   ____

4. Lisa (37), Sachbearbeiterin: Für gute Noten im Zeichnen musste sie fast nichts tun. Sie wird bei ihren Kindern nicht viel Wert auf gute Noten legen.

   ____

   ____

   ____

7

Achte bei der Umwandlung der indirekten Rede in die direkte vor allem darauf, welche Konjunktivformen auch in der direkten Rede erhalten bleiben.

Aus derselben Umfrage

1. Bernd sagte, die Noten seien nie sehr wichtig gewesen. Am besten wäre es, die Kinder erst ab zehn Jahren in die Schule zu schicken.

____

____

____

2. Lena sagte, in der Schule habe es immer viel Spaß gegeben.

____

____

3. Karl sagte, früher sei alles ganz anders gewesen. Heute wäre die Freude am Lernen sicher größer, wenn es weniger Ablenkung gäbe.

____

____

____

13.4 Pronomen

Die **Personalpronomen** (= persönliche Fürwörter), die in der indirekten Rede verwendet werden, richten sich nach dem, der die Äußerungen wiedergibt. Weil dies meistens nicht dieselbe Person ist, die ursprünglich gesprochen hat, ändern sich die Pronomen.

Bei der 3. Person musst du auf das richtige **Genus** (Geschlecht) achten.

Beispiel:

Direkt	Indirekt
Erich Tunichtgut sagte: „**Ich** lüge nicht."	Vater Tunichtgut sagte, **er** lüge nicht.
Susi Tunichtgut sagte: „**Ich** bin unschuldig."	Seine Tochter Susi sagte, **sie** sei unschuldig.

Manchmal kannst du ein Pronomen der direkten Rede auch durch ein geeignetes Substantiv ersetzen.

Beispiel:

Direkt	Indirekt
Vater Tunichtgut sagte: **„Wir sind anständige Leute."**	Herr Tunichtgut sagte, **er und seine Familie (sie)** seien anständige Leute.

Auch die **Possessivpronomen** (= besitzanzeigende Fürwörter) passen sich an den an, der die Äußerungen wiedergibt.

Beispiel:

Direkt	Indirekt
Erich Tunichtgut sagte: „**Meine** Kinder tun so etwas nicht."	Vater Tunichtgut sagte, **seine** Kinder täten so etwas nicht.

Beachte:
Auch **Raum- und Zeitangaben**, die sich auf die ursprüngliche Situation beziehen, müssen entsprechend geändert werden.

Beispiel:

Direkt	Indirekt
Susi sagte: „Gummibärchen habe ich **hier** noch nie gesehen."	Susi sagte, Gummibärchen habe sie **in ihrer Wohnung** noch nie gesehen.

8

Du bist Protokollführer(in) bei Gericht und notierst bei der Vernehmung folgende seltsame Ausreden.

Aus dem Bayerischen Amtsgericht

1. „Mein Nachbar ist in meine Faust hineingefallen."

2. „Mein Bierkrug hat sich selbstständig gemacht und das bedauernswerte Opfer ohne meine Schuld verletzt."

3. „Ich beantrage wegen meiner erwiesenen Unschuld Schadensersatz für das verschüttete Bier."

4. „Ich bitte um ein mildes Urteil. Meine Freunde vom Stammtisch sehnen sich nach mir."

Du notierst:

Der Angeklagte sagte aus, ____________________

____

____

____

____

____

____

____

____

____

9

Ändere die Pronomen der direkten Rede je nachdem, wer sie wiedergibt.

Rebekka sagte:
„Ich fahre gerne mit meiner Mutter nach München. Dort treffen wir unseren Freund. Mit dem werden wir dann vietnamesisch essen gehen."

Es berichtet von den Äußerungen Rebekkas:

- ein Bekannter: ______________________________

____

____

- Rebekkas Mutter: ______________________________

____

____

- der Freund: ______________________________

____

____

10

Verfasse einen Nachrichtentext, wobei du die direkte Rede in eine indirekte umwandelst.

Übung macht den Meister

Der Lehrer R. S. hat in Tokio den Wettbewerb der größten Schreihälse gewonnen. Er meinte: „Durch mein tägliches Training in der Schule ist es gar nicht schwer gewesen. Meine Schüler können nicht still sein, deshalb muss ich immer sehr laut reden." Im Wettbewerb brachte er es auf satte 116,7 Dezibel (sehr starker Verkehrslärm: 100 Dezibel). „Das Preisgeld von 700 € wird an meine Schüler verteilt. Die können nämlich noch lauter sein als ich!", behauptete der lautstarke Lehrer. Er versprach: „Nächstes Jahr werde ich wieder am Wettbewerb teilnehmen."

11

Schreibe den Zeitungsbericht zu einem lebendigen Text um, indem du die indirekte Rede in die direkte umwandelst.

11-Jähriger fängt Dieb

Vor einer Woche ist durch die Geistesgegenwärtigkeit des 11-jährigen P.R. ein gemeiner Diebstahl verhindert worden. Am helllichten Tag entriss ein Mann einer alten Frau die Handtasche. Ihm sei der Mann schon vorher aufgefallen, weil der seine Zeitung verkehrt herum gehalten habe, meinte der junge Detektiv. Er habe sich ihm in den Weg gestellt und die gestohlene Handtasche zurückverlangt. Der Mann war wohl davon so überrascht, dass er die Tasche auf den Boden warf und flüchtete. Durch die genaue Täterbeschreibung konnte dieser kurz darauf festgenommen werden. Erst hinterher sei er sich der Gefahr bewusst geworden, gestand der junge Held. Vom Oberbürgermeister bekam er gestern als Anerkennung eine Urkunde und ein Geschenk. Die Feier im Rathaus rege ihn mehr auf als der Diebstahl, gab er zu.

Der junge Held sagte unserem Reporter:

13.5 Satzarten

Die indirekte Rede ist kein selbstständiger Satz, sondern abhängig von der Redeeinleitung (Sie sagte / stellte fest etc.). Die drei Hauptsatzarten Aussagesatz, Fragesatz und Befehlssatz müssen deshalb in der indirekten Rede umgewandelt werden.

1. Beim Aussagesatz ändert sich die Reihenfolge der Wörter nicht. Das hast du bei allen bisherigen Beispielsätzen automatisch richtig gemacht.

2. Beim Fragesatz musst du zwischen der **Ergänzungsfrage** und der **Entscheidungsfrage** unterscheiden.

a) Die Ergänzungsfrage (W-Frage) beginnt mit dem Fragewort. Das Prädikat steht – wie in einem Nebensatz – am Ende.

Beispiel:

Direkt	Indirekt
Frieda Tunichtgut fragte: „Weshalb wird mein Sohn verdächtigt?“	Frau Tunichtgut fragte, **weshalb** ihr Sohn verdächtigt werde.

b) Die Entscheidungsfrage (Ja/Nein-Frage) wird mit dem Wörtchen **ob** eingeleitet.

Beispiel:

Direkt	Indirekt
Frieda Tunichtgut fragte: „Haben Sie Beweise?“	Frau Tunichtgut fragte, **ob** die Polizei Beweise habe.

3. Der Befehlssatz wird durch das Modalverb **sollen** ausgedrückt.

Beispiel:

Direkt	Indirekt
Kalle Tunichtgut sagte: „Lassen Sie mich in Ruhe!“	Der Sohn Kalle sagte zu den Polizisten, sie **sollten ihn in Ruhe lassen**.

12

Wandle die direkten Befehlssätze in indirekte um.

Gute Tischsitten vor 350 Jahren

1. Stützt den Ellbogen nicht auf den Tisch!
2. Sitzt aufrecht!
3. Lehnt euch nicht mit der Schulter an den Stuhl!
4. Kratzt euch nicht am Kopf!
5. Lasst das Nasenbohren sein!
6. Wendet euch auf die Seite, wenn ihr hustet!
7. Riecht nicht an den Speisen!
8. Legt nichts vom Mund auf den Teller!

In einem alten Benimmbuch stand, die Menschen sollten

1. ______________________________
2. ______________________________
3. ______________________________
____
4. ______________________________
5. ______________________________
____
6. ______________________________
____
7. ______________________________
8. ______________________________

13

Wandle die direkten Fragesätze in indirekte um.

Fragen kostet nichts

Kleine Kinder sind neugierig und stellen viele Fragen:

1. Wie dick ist das Eis am Südpol?
2. Schläft das Murmeltier im Winter länger als der Igel?
3. Gibt es in Deutschland mehr Katzen als Hunde?
4. Warum haben Fallschirme in der Mitte ein Loch?
5. Kann man einen Lügner an seinem Lächeln erkennen?
6. Wie wird ein Tischtennisball hergestellt?

Da gab es einmal einen Jungen, der wollte immer alles wissen.
Und so hat er seinen Vater gefragt,

1. wie ______________________________

____

2. ______________________________

____

3. ______________________________

____

4. ______________________________

____

5. ______________________________

____

6. ______________________________

____

14

Berichte vom Inhalt der Fabel und wandle dabei die direkte Rede in die indirekte um. Verwende passende Redeeinleitungen und übertrage die Fabel in dein Heft.

Der Frosch und die Maus

Eine Maus lud einen Frosch zu sich in die Vorratskammer eines reichen Mannes ein und forderte ihn auf: „Iss nach Herzenslust und nimm dir die besten Speisen!" Nach der Mahlzeit lud der Frosch die Maus zu sich ein: „Komm mit mir! Mäste dich an meinen Schätzen!" Als sie an einen Fluss kamen, fragte die Maus: „Wie komme ich ans andere Ufer? Bringst du mich hinüber?" Der Frosch sagte: „Ich binde deinen Fuß an meinen, damit du nicht ertrinkst." Als die Maus merkte, dass der undankbare Frosch sie ertränkte, sagte sie: „Ich werde von dir getötet werden. Aber gib Acht! Ein Stärkerer wird mich rächen." Kurz darauf schoss ein Habicht vom Himmel herab und verschlang Maus und Frosch.

1

Wandle die Äußerungen des berühmten Naturwissenschaftlers Plinius (geb. 23 n. Chr.) in indirekte Aussagesätze um.

Was die Menschen vor fast 2000 Jahren von den Bienen wussten

1. Die Bienen sind nur zum Nutzen für die Menschen geschaffen.
2. Sie verkriechen sich beim Untergang des Siebengestirns und ruhen bis zur Blütezeit der Bohnen.
3. Sie tragen das Bienenbrot zusammen; es schmeckt recht bitter und dient ihnen als Nahrung.
4. In der Nacht schlafen sie auf dem Rücken. Mit ihren Flügeln schützen sie sich vor dem Tau.
5. Bei Sturm nehmen sie fürs Gleichgewicht ein Steinchen und fliegen nur in Bodennähe.
6. Faule Bienen werden von den anderen mit dem Tode bestraft.

Vor fast 2000 Jahren war man der Meinung, …

2

Gib Baron Münchhausens Aufschneidereien in der indirekten Rede wieder.

Münchhausens Übertreibungen

1. „Ich ritt auf einer Kanonenkugel ins Lager der Feinde."
2. „In Russland war es so kalt, dass die Töne in meinem Jagdhorn einfroren."
3. „Eines Morgens hing mein Pferd an einer Kirchturmspitze."
4. „Ich schoss einen Hirsch mit Kirschkernen. Aus denen wuchs dann ein Baum."
5. „Mein treuer Jagdhund lief sich die Beine ab, so schnell war er."

Ich habe selbst von Baron Münchhausen gehört, …

3

Wandle die Satzarten richtig in die indirekte Rede um.

Der Fuchs und der Esel (1)

Ein Fuchs kommt zu einem Esel und sagt: „Du bist ein hochansehnliches Tier, und man nennt dich den Freund der Freude. Willst du mit mir im Wald spazieren gehen?" Der Esel fragt: „Was gibt es dort zu sehen?" Da schwärmt der Fuchs: „Es wartet eine wunderschöne Eselin auf dich. Sie wird dir nicht widerstehen können. Glaube mir!" Und so gehen der Fuchs und der Esel zusammen in den Wald.

4

Wandle die indirekte Rede in die direkte um.

Der Fuchs und der Esel (2)

Im Wald wartet der Löwe. Der Esel verstummt vor Schreck. Der Fuchs aber sagt zum König der Tiere, er freue sich, ihn zu sehen. Zum Frühstück bringe er ihm diesen fetten Esel mit. Er solle es sich gut munden lassen.

Und womit könne er ihm noch dienen. Der ernste Löwe spricht, der Esel werde ihm zur Mahlzeit dienen. Ihn selbst wolle er zum Frühstück wählen. Und zu den Menschen gewandt, rät der Löwe, sie sollten den Verräter hassen und den Verrat nützen.

5

Wandle die direkte Rede in die indirekte Rede um und umgekehrt.

Goldene Fußballspieler-Worte

1. J. H. (Trainer eines Bayernligavereins) gab zu: „Von der Bayernliga habe ich keine Ahnung."
2. S. S. (Fußballtrainer) betonte: „Von einem Mannschaftskapitän erwarte ich mehr als den Gewinn der Seitenwahl."
3. B. B. (ehemaliger Fußballspieler) sagte mit entwaffnender Ehrlichkeit, der Beruf als Manager interessiere ihn nicht. Da müsse man 48 Stunden am Tag arbeiten.
4. P. L. (Fußballspieler) meinte vor dem Abflug: „Wir müssen zuerst in Moskau spielen. Da kann ich meiner Frau ein Döschen Kaviar mitbringen."
5. F. G. (Fußballtrainer) warf dem Fußballverband vor, er stelle immer nur Weichen für Züge, die längst abgefahren seien.

6

Was haben die Kinder bei der Umfrage wirklich gesagt? Verwandle die indirekten Äußerungen in die ursprünglichen zurück, die du in dein Trainingsheft einträgst. Achte auch auf die Pronomen!

Das blöde Fernsehen! Was 10-Jährige so meinen

1. Christian sagt, das Fernsehen sei ein Kasten, den sein Vater um 7 Uhr abends anstelle und um Mitternacht ausmache.
2. Anja bemängelt, die Leute sähen sich die Werbung über Diät an und würden dabei Unmengen von Pommes frites verschlingen.
3. Meike behauptet, sie kenne eine Familie. Dort gebe es sechs Fernseher, aber keine Bücher im Regal.
4. Viktor empfiehlt, Kinder sollten nie bei den Hausaufgaben vor dem Fernseher sitzen.
5. Ulrike bemerkt, die Moderatorinnen würden jeden Abend ein neues Kleid anziehen.
6. Tobias rät, man könne nach dem Fernsehen draußen in den Pfützen herumtoben.

1. Christian sagt: „…"

Lösungen

DIESES KAPITEL ENTHÄLT LÖSUNGEN?
GENAU.
VIELLEICHT ENTHÄLT ES JA LÖSUNGEN, WIE ICH MIT HILFE VON RIESENROBOTERN *DIE WELTHERRSCHAFT AN MICH REISSEN KANN! HAHAHAHAHA!!!*
BLÄTTER
NEIN, ABER ES ENTHÄLT DIE LÖSUNG ZUR AUFGABE AUF SEITE 20.
OH, GUT, DIE WUSSTE ICH NÄMLICH NICHT...

Wortarten

1 Artikel und Substantiv

1

1. Fehler: der Mangel — Bügelmaschine: die Mangel
2. junges Tier: das Junge — Knabe: der Junge
3. Meldung: die Kunde — Käufer: der Kunde
4. Schutzwaffe: der Schild — Erkennungszeichen: das Schild

2

1. Der Tau am Morgen erfrischt die müden Füße.
2. Eine Weihnachtskiefer wird das Schmuckstück Ihrer Wohnung.
3. Auf dem See tummeln sich niedliche Entchen.

3

Umlaut und Endung **-er**: Münder, Schulterblätter
Umlaut und Endung **-e**: Köpfe, Zähne, Hälse, Hände, Fäuste, Brüste, Bäuche, Füße
Umlaut und keine Endung: Fingernägel, Mägen
kein Umlaut und Endung **-e**: Haare, Arme, Beine
kein Umlaut und keine Endung: Schädel, Knöchel, Finger, Nabel, Schenkel, Knie

4

1. Verwandte: Mütter — Schraubenteil: Muttern
2. Vogel: Strauße — Blumengebinde: Sträuße
3. Geldinstitut: Banken — Möbel: Bänke
4. Ausspruch: Worte — Bestandteil der Sprache: Wörter
5. Fessel: Bande — Buch: Bände

5

Den Chinesen (D) dienten zu Beginn nur drei Schnüre als „Schreibmaterial". Sie verknüpften diese in vorgeschriebener Weise und bezeichneten z. B. mit einem Knoten **den Wind (A)** und mit zwei Knoten **den Donner (A)**. **Den Anfang (A)** der Schrift vermutet man ungefähr im Jahr 2600 v. Chr. Die chinesischen Kaiser haben durch Gesetze **den Schriftzeichen (D)** eine bestimmte Form vorgeschrieben. **Einem Schreiber (D)**, der die Schrift absichtlich verunstaltet hat, wurden strenge Strafen angedroht. **Den Entwicklungsstand (A)** der Schrift kann man gut am Schreibzeug erkennen: Nach den Schnüren benützte man als Schreibmaterial das Schilfrohr, dann **ein Bund (A)** aus Pflanzen und schließlich **den Pinsel (A)**, mit dem man heute noch **dem Papier (D)** die seltsamen Zeichen „aufmalt". Auch **die Tusche (N)** ist eine Erfindung **der Chinesen (G)**. Kaum **einem Volk (D)** ist die Schrift wichtiger gewesen als **den Chinesen (D)**.

6

In der Wüste Afrikas liegen noch **viele Geheimnisse (N, Pl)** verborgen. Sie zu erforschen, haben Archäologen **keine Mühen (A, Pl)** und **Anstrengungen (A, Pl)** gescheut. **Die ersten Erzählungen (A, Pl)** haben **die alten Griechen (N, Pl)** überliefert. Sie hatten bereits vor langer Zeit **ägyptische Städte (A, Pl)** besucht, die heute vom Erdboden verschwunden sind. **Mächtige Königreiche (N, Pl)** mit unvorstellbarem Reichtum wurden von fremden Völkern erobert. Und als **die Handelswege (N, Pl)** zerstört waren, blieb **der Bevölkerung (D, S)** nichts anderes übrig, als zu fliehen. Die Häuser **der Reichen (G, Pl)** zerfielen, **die Gebäude (N, Pl)** und **Tempel (N, Pl)** wurden ein Opfer **der Hitze (G, S)** und des Windes. Es mussten erst **Jahre (N, Pl)** vergehen, bis die Archäologen mit Schaufel und Spaten **Sand (A, S)** und **Geröll (A, S)** von den versunkenen Städten beseitigten und so **staunenden Menschen (D, Pl) die Pracht (A, S) vergangener Zeiten (G, Pl)** zeigen konnten.

7

Auch die „Sprache" der Bienen hat **ein Wissenschaftler** erforscht. Schließlich ist es **einem Wissenschaftler** aus Deutschland gelungen, sie zu entziffern. Er hat herausgefunden, dass **die Bienen** bestimmte Tanzbewegungen vollführen. Damit geben sie **den Bienen** daheim im Bienenstock wichtige Informationen. Die Bienen bezeichnen z. B. den Stand **der Sonne** durch die Richtung ihrer Bewegungen. So ist **die Sonne** für alle Bienen ein wichtiger Orientierungspunkt. Auch **die Geschwindigkeit** der Tänze ist wichtig. Denn **der Geschwindigkeit** entnehmen die anderen Bienen Informationen darüber, wie reich der Tisch auf der grünen Wiese für sie gedeckt ist. Die Wörter **der Bienensprache** sind lautlos und sehen wie lustige Tänze aus. Wenn du den Bienen genau zuschaust, kannst du vielleicht auch einmal **die Bienensprache** verstehen.

8

Die ältesten Schriftzeichen (Akkusativ Plural) Europas hat man in Frankreich gefunden. **Die ältesten Schriftzeichen (Nominativ Plural)** sind kleine Zeichnungen auf Holzstäben, mit denen sich die Menschen damals verständigten. Mit ihrer Hilfe haben sich die Menschen schon vor Jahrtausenden bestimmte Ereignisse **der Natur (Genitiv Singular)** gemerkt. Man zeichnete auf, was man **der Natur (Dativ Singular)** abgelauscht hatte. **Den Menschen (Dativ Plural)** damals bedeuteten diese kleinen

Bildzeichen alles, genauso wie den Menschen (Akkusativ Singular) von heute Kino und Fernsehen interessieren. Auf einem Stab findet man z. B. den Bullen und die Kuh (Akkusativ Singular) als Zeichen für den Frühjahrsbeginn eingeritzt. Den Bullen und den Kühen (Dativ Plural), die die ersten Haustiere waren, wurde zu dieser Zeit eine große Bedeutung beigemessen. Auf diese Weise zeigte man den Jungen (Dativ Plural) die Geheimnisse der Jagd. Und diese Bilder lehrten den Jungen (Akkusativ Singular), wenn er das erste Mal auf Jagd ging, das Lebensnotwendige.
Diese „Merkzettel" unterrichteten in der nächsten Generation dann wieder die Nachkommen (Akkusativ Plural). Und die Nachkommen (Nominativ Plural) gaben ihr Wissen dann mit den Bildstäben wieder ihren Söhnen weiter.

Test 1

Schliemann war einer der größten Entdecker versunkener Städte. Schon als Knaben begeisterten ihn die Erzählungen über die Götter und Helden Griechenlands. Er brachte sich selbst die griechische Sprache bei, und bald erfüllten sich die Träume des jungen Schliemann. Seine Sehnsucht galt Troja, das vor vielen Jahrhunderten in einem der längsten Kriege zerstört worden war. Unter einer Schicht, die mehrere Meter dick war, entdeckte er die versunkene Stadt. In unversehrten Kästen und Truhen fand er verborgene Schätze: goldene Armbänder, silberne Schüsseln, kostbare Schmuckstücke aus Elfenbein, kunstvolle Gefäße aus Ton. Aber Schliemann hatte noch größere Abenteuer vor.

Test 2

Schliemann hatte kaum die Ausgrabung (A S) der Stadt (G S) Troja beendet, als seine Begeisterung (N S) ihn weiter antrieb, versunkene Städte zu entdecken. Er nahm die Erzählungen (A Pl) der griechischen Dichter wie glaubwürdige Nachrichten (A Pl) der alten Zeiten (G Pl). So führte ihn die Sage (N S) vom sagenhaften König Agamemnon nach Mykene. Dort brachte er seltene Kostbarkeiten (A Pl) wieder ans Tageslicht, unter ihnen die goldene Maske (A S) eines Königs. Seine Entdeckungen (N Pl) bewegten damals die Welt (A S), und bis heute hat die Wirkung (N S) der wieder entdeckten Vergangenheit (G S) nicht nachgelassen.

Pronomen 2

1

Einst gründete der Löwe mit dem Kalb, der Ziege und dem Schaf einen Verein zur Nahrungsbeschaffung. „**Ich (Löwe)** werde“, sagte der Löwe, „mit **euch (Kalb, Ziege, Schaf)** Verlust und Gewinn redlich teilen.“ Eines Tages erblickt die Ziege einen Hirsch. Sie ruft ihren Vereinskameraden zu: „**Ich (Ziege)** bitt' euch: **Wir (Löwe, Ziege, Kalb, Schaf)** müssen nun zusammenhalten und den Hirsch fangen.“ Nachdem ihnen das gelungen, spricht der Löwe: „Wir sind vier, deshalb teile ich die Beute in vier Teile. Aber **ich (Löwe)** bin der König der Tiere und sorge für euch. Auch der zweite und der dritte Teil stehen mir zu, weil ich der Stärkste und Tapferste bin.“ Da meckert die Ziege: „**Du (Löwe)** betrügst **uns (Ziege, Kalb, Schaf)**!“ „**Wir (Löwe, Ziege)** beide sind doch Freunde!“, sagt der Löwe. „Sicher gibst **du (Ziege)** mir deinen Teil.“ Hebt die Pranke und verkündet: „Liebe Freunde! Denkt immer daran: Ich bin für **euch (Ziege, Kalb, Schaf)** immer ein guter Freund.“

2

Im brütenden Dschungel Kambodschas sammelte Henri Mouchot, ein französischer Naturforscher, seltene Blumen und Pflanzen. Eines Tages erzählte dem Naturforscher **(ihm)** sein eingeborener Führer von einer versunkenen Stadt im Urwald. Die versunkene Stadt **(Sie)** erweckte sein Interesse, und der Naturforscher **(er)** begann zu suchen.

Ohne Gewissheit, dass es die versunkene Stadt **(sie)** überhaupt gibt, kämpfte der Naturforscher **(er)** gegen alle Gefahren. Eines Tages aber fand der Naturforscher **(er)** die versunkene Stadt **(sie)**. Die versunkene Stadt Angkor Thom **(Sie)** hatte die Ausmaße einer Weltstadt. Die versunkene Stadt **(Sie)** bezaubert heute noch jeden Besucher, wenn jeder Besucher **(er)** die versunkene Stadt **(sie)** zuerst sieht.

3

1. dem kleinen Bruder die Ohren waschen
2. dem kleinen Bruder die Zähne putzen
3. den kleinen Bruder anziehen
4. –
5. –
6. –
7. –
8. den kleinen Bruder hinlegen
9. den kleinen Bruder in den Schlaf wiegen
10. –

4

1. Mein Mitschüler
2. Deine Besucher
3. Ihre Bewunderung
4. Mein Hunger
5. Deine Ansichten
6. Eure Vorschläge
7. Unsere Grüße
8. Mein Abschied

5

1. Der Spieler muss **sein** Gesicht dem Spielfeld zuwenden.
2. **Er** darf mit **seinen** Füßen entweder auf der Seitenlinie oder außerhalb von **ihr** stehen.
3. Beim Einwurf müssen sich **seine** beiden Hände über **seinem** Kopf befinden.
4. Dabei darf der Spieler den von **ihm** selbst eingeworfenen Ball nicht berühren.
5. Wenn der Spieler den Ball in das Tor **seiner** eigenen Mannschaft wirft, wird auf Eckstoß entschieden.
6. Der Spieler darf **seinen** Einwurf wiederholen, wenn es **ihm** nicht gelingt, durch **seinen** Einwurf den Ball ins Spielfeld zu befördern.

Frauenfußball:

1. **Die Spielerin** muss **ihr** Gesicht dem Spielfeld zuwenden.
2. **Sie** darf mit **ihren** Füßen entweder auf der Seitenlinie oder außerhalb von **ihr** stehen.
3. Beim Einwurf müssen sich **ihre** beiden Hände über **ihrem** Kopf befinden.
4. Dabei darf **die Spielerin** den von **ihr** selbst eingeworfenen Ball nicht berühren.
5. Wenn **die Spielerin** den Ball in das Tor **ihrer** eigenen Mannschaft wirft, wird auf Eckstoß entschieden.
6. **Die Spielerin** darf **ihren** Einwurf wiederholen, wenn es **ihr** nicht gelingt, durch **ihren** Einwurf den Ball ins Spielfeld zu befördern.

6

1. Müßiggang ist **mancher** Laster Anfang.
2. **Einigen** Deutschen schmeckt Sauerkraut.
3. **Kein** Held ist unsterblich.
4. **Irgendein** Schüler hat etwas Taschengeld.
5. Eine Schwalbe macht **manchen** Sommer.
6. **Jeder** ist seines Glückes Schmied.
7. **Manche** Morgenstund hat Gold im Mund.
8. Nach **jeder** Mahlzeit die Zähne putzen!

(Manche Aussagen müssen eingeschränkt werden, damit sie richtig werden.)

7

Die (A) ersten Eroberer der (A) Inka-Städte waren Spanier. Die (Pr) hatten von den (A) unermesslichen Goldschätzen der (A) Inkas gehört. Denen (Pr) aber war das (A) gelbe Metall nicht so wichtig wie den (A) Weißen. Deren (Pr) Gier nach Gold verschonte die (A) sanften Wilden nicht. Das (Pr) war das (A) blutige Ende des (A) großen Inka-Reiches.

8

1. Ein Giftzahnarzt ist ein Arzt, der einen Giftzahn hat.
2. Eine Löschblattlaus ist eine Blattlaus, der Löschblätter schmecken.
3. Eine Suppengrünanlage ist eine Grünanlage, auf der Suppengrün wächst.
4. Ein Fußballerstammtisch ist ein Tisch, an dem Fußballer sitzen.

9

Ich spreche von einem Dingsda,
das einen großen Mund und lange Zähne hat,
vor dem die Menschen Angst bekommen,
dessen Fußspuren so groß wie der Tisch sind,
das es gar nicht gibt,
dem es im Moor am besten gefällt.
(Gemeint war ein Monster.)

10

2. Frage: Wem hat mein Softeis geschmeckt?
3. Frage: Wessen Nase hat an meinem Pudding geschnuppert?
4. Frage: Welche beiden Zwerge haben meine Pommes frites verdrückt?
5. Frage: Mit wem ist mein Kartoffelsalat verschwunden?

Test 1

Gerade, als der Löwe seinen Freunden klar gemacht hatte, dass ihm (D, 3, S) allein der von ihnen (D, 3, P) erlegte Hirsch gehöre, da tauchten drei Füchse auf. Der erste Fuchs zum Löwen: „Ich nehme mir (D, 1, S) ein Drittel der Beute als Strafgebühr; du (N, 2, S) hast nämlich keinen Jagdschein." „Und an mich (A, 1, S) geht das zweite Drittel", sagte der zweite Fuchs, „als Versorgung für deine Witwe." Da knurrte der Löwe. „Wir (N, 1, P) wollen doch nicht streiten", sagte der dritte Fuchs und nahm sich seinen Anteil. „Als Einkommensteuer", meinte er. „Aber ich (N, 1, S) bin der König der Tiere", brüllte der Löwe auf. Da lachten die drei Füchse: „Dann bleibt dir (D, 2, S) doch die Krone." Und: „Ein Dankeschön an euch (A, 2, P) alle." Winkten und nahmen ihnen (D, 3, P) auch noch das Geweih weg.

Test 2

Als viele Tiere aus **Afrika** ihren letzten Weg in den Himmel angetreten hatten, wurden auch sie von Petrus befragt, was sie denn in ihrem Erdenleben getan hätten. Zuerst prahlte **die Hyäne**, wie **sie** auf **ihren** Streifzügen die Welt kennengelernt habe. **Ein behäbiges Nilpferd** berichtete von **seinen** Besuchen im Kaffeehaus. **Ein unauffälliger Wüstenwurm** klagte über **seine** schlimme Schulzeit. Da rühmte sich **der Berggorilla seiner** Jodelkünste und **das Krokodil seiner** beißfreudigen Zähne. Nur **der Flötenwürger** erzählte nichts aus **seinem** Leben, sondern erfreute „nur" alle durch **seinen** herrlichen Gesang.

Test 3

1. Wissen ist Macht, **nichts (Indef)** wissen macht auch nichts.
2. Wo **wir (Pers)** sind, klappt **nichts (Indef)**, doch **wir (Pers)** können nicht überall sein.
3. **Es (Pers)** gibt **nichts (Indef)** zu tun – fangt **ihr (Pers)** schon mal an.
4. Fahren **Sie (Pers) mich (Pers)** irgendwohin, **man (Indef)** braucht **mich (Pers)** überall.
5. **Keiner (Indef)** ist unnütz, **er (Pers)** kann immer noch ein schlechtes Beispiel geben.
6. **Wer (Rel) die (best Art)** Übersicht verloren hat, **der (Dem)** sollte **den (best Art)** Mut zur Entscheidung haben.
7. **Es (Pers)** genügt nicht, **keine (Indef)** Gedanken zu haben, **man (Indef)** muss auch **die (best Art)** Fähigkeit haben, **sie (Pers)** auszudrücken.
8. **Eine (unbest Art)** Lösung hatte **ich (Pers)**, aber **die (Dem)** passte nicht zu **meinem (Poss)** Problem.

Adjektiv

3

1

a) Vorzüge:
tiefe Ladekante
verstellbarer Gurt
geräumiger Kofferraum
bequemer Vordersitz

b) Nachteile:
lahmer und lauter Sechszylinder-Motor mit schwacher Leistung
geringe Reichweite durch kleinen Tank
unsicheres Fahrverhalten bei schnellen Geschwindigkeiten
mäßige Fahrsicherheit wegen schwammiger Lenkung

2

Manch erfahrener Mallorca-Kenner weiß es längst: Auf dieser schönen Insel haben wir für alle sonnenhungrigen Urlauber aus der sagenhaften Fülle die besten Angebote ausgewählt. Damit Ihre kostbaren Urlaubstage gelingen, bieten wir Ihnen die größte Auswahl: Sie reicht von der einfachen Pension bis zum gepflegten Hotel und stellt auch anspruchsvolle Gäste zufrieden.
Genießen Sie die inseltypische Kochkunst. Es lohnt sich, die herzhaften Leckerbissen und die fangfrischen Fische aus dem Meer zu versuchen. Für jene aktiven Urlauber, die nicht nur faulenzen wollen, gibt es bei uns ganz tolle Möglichkeiten, die Sie woanders kaum finden werden. (15)

3

1 a) Durch mildes Klima vielfältige Pflanzenpracht!
b) Durch das milde Klima die vielfältige Pflanzenpracht!
c) Durch ein mildes Klima eine vielfältige Pflanzenpracht!

2 a) Süßer Duft tropischer Früchte in unberührter Natur!
b) Der süße Duft der tropischen Früchte in der unberührten Natur!
c) Ein süßer Duft tropischer Früchte in einer unberührten Natur!

3 a) Kunstvolle Bauwerke aus ruhmreicher Vergangenheit!
b) Die kunstvollen Bauwerke aus der ruhmreichen Vergangenheit!
c) Kunstvolle Bauwerke aus einer ruhmreichen Vergangenheit!

4

1. Das Wetter blieb unverändert.

4. Der Kühlschrank stand offen.

2. Das Haus ist rosa.
3. Meine Freundin war krank.
5. Dein Bruder wurde ärgerlich.
6. Die Sonne schien hell.

Sätze 2, 4, 5 als Pluralsätze:
2. Die Häuser sind rosa.
4. Die Kühlschränke standen offen.
5. Die Brüder wurden ärgerlich.

5

Gescheiter Blödsinn

Dunkel war's, der Mond schien hell,
schneebedeckt die grüne Flur,
als ein Wagen blitzesschnell
langsam um die Ecke fuhr,
während ein erschoss'ner Hase
auf der Wiese Schlittschuh' lief.

Und auf einer roten Bank,
die blau angestrichen war,
saß ein blond gelockter Jüngling,
mit kohlrabenschwarzem Haar,
neben ihm 'ne alte Schachtel,
zählte kaum ein ganzes Jahr.

6

attributiv	prädikativ	adverbial
schwabbrig	lupfig	ölmisch
knostrig	zarblich	flitschig
dapprich		

7

1. –
2. **sorgfältiger** Vergleich der Einzelteile
3. **genaue** Angabe der Ersatzteilnummern
4. **umgehende** Hilfe
5. –
6. **herzlichen** Glückwunsch

8

Zweiteiliger Jogging-Anzug aus **hautsympathischer** Baumwolle für **sportlich interessierte** Mädchen. **Langärmeliges** Sweatshirt in **großzügiger** Verarbeitung und **lässigem** Schnitt, mit **weich gefütterten** Schultern. Dazu eine **aktuell gemusterte** Hose.

9

1. Der Kolibri baut ein gröberes Nest als die Spinne, aber ein feineres als der

Seeadler.
2. Das Murmeltier hat im Winter kälteres Blut als der Wolf, aber wärmeres als der Frosch.
3. Der Hund benimmt sich dümmer als der Papagei, aber klüger als das Huhn.
4. Der Pandabär ist stärker als der Koalabär, aber schwächer als der Eisbär.
5. Der Affe sieht in der Nähe besser als der Karpfen, aber schlechter als die Antilope.

10

1. ICE fahren ist eine schöne Art, bequem ans Ziel zu kommen!
2. Mit der Lernmaske XYZ lernen Sie so schnell wie bisher!
3. XYZ – Lautsprecherboxen! Musik – so begeisternd wie im Konzertsaal!
4. Der NS 850 Ski-Schuh zeichnet sich durch hohen Komfort und gute Passform aus!
5. 12 feine Gebäcksorten für den verwöhnten Gaumen!
6. Gönnen Sie sich weite Flüge zu billigen Preisen!
7. Unser Waschmittel bringt strahlendes Weiß!

11

Adjektive, die unveränderliche Eigenschaften bezeichnen:
schwedisch, international, einig, nass, nüchtern, fit
Adjektive, die bereits superlativische Bedeutung haben:
außergewöhnlich, besonders, letzt, absolut, total, optimal
Adjektive, deren Bedeutung verneint ist: hoffnungslos, ungünstig
Adjektive, die von der Form her Partizipien sind:
strahlend, aufgeweicht, vergangen

Test 1

1. **Besser (K)** ein **lebender (P)** Hund als ein **toter (P)** Löwe.
2. Ein **kluger (P)** Mann sagt: Wer **tiefer (K)** irrt, der wird auch **schneller (K)** weise.
3. **Lieber (K)** ein **schlechter (P)** Gewinner als ein **guter (P)** Verlierer.
4. Ein **voller (P)** Bauch studiert **seltener (K)** als ein **leerer (P)**.
5. Wussten Sie schon, dass **guter (P)** Rat **teurer (K)** geworden ist?
6. In **rauer (P)** Schale steckt oft ein **fauler (P)** Kerl.
7. **Guter (P)** Staat ist **teuer (P)**.

Test 2

XXX – Die schönste Art, braun zu werden
Der **neue** Bräunungsfaktor regt durch **natürliche** Wirkstoffe selbst **empfindlichere**

Haut **behutsam** zur Bräunung an. Je **höher** dabei der Schutzfaktor ist, desto **stärker** ist die Bräunung. So werden Sie **sicher braun**. Der XXX-Lichtschutzfaktor sorgt für ein **langes** Verweilen selbst in der **grellsten** Sonne. Je **überlegter** Sie diesen Faktor wählen, desto **besser** ist Ihre Haut geschützt. Machen Sie deshalb diese **außergewöhnliche** Sonnenkosmetik zu Ihrem **ständigen** Begleiter.

Test 3

Jüngst (S, adv) erfolgte (P, attr) Ausgrabungen im Zweistromland haben zu **wirklich (P, adv) überraschenden (P, attr)** Erkenntnissen über die Anfänge der Menschheit geführt. Um 8500 v. Chr. siedelten hier Menschen unter **härtesten (S, attr)** Lebensbedingungen in **niedrigen (P, attr)** Rundhütten. **Später (K, adv)** ließen sie sich an Flüssen nieder, wo durch das **wärmere (K, attr)** Klima die Nahrung **reich (P, präd)** vorhanden war. Die **neueren (K, attr)** Funde brachten **grobe (P, attr)** Feuersteine mit **scharfen (P, attr)** Klingen ans Licht, die **sorgfältigst (S, adv)** verarbeitet sind und **höchste (S, attr)** Handwerkskunst beweisen.

Schlusstest: Deklination

Schlusstest 1

Keine andere versunkene Stadt gibt den Besuchern heute noch ein so unverfälschtes Bild davon, wie längst vergangene Völker gelebt haben. Du kannst über gepflasterte Straßen gehen und den kostbaren Schmuck in den Tempeln bewundern. In farbenprächtigen Mosaiken preisen geschäftstüchtige Kaufleute ihre seltenen Waren an. Du trittst in die geräumigen, reich geschmückten Häuser und bewunderst dort die wertvollen Räume.

Schlusstest 2

Auch auf **dem amerikanischen Erdteil** haben die Menschen vor **vielen Jahrhunderten** für **ihre Götter riesige Häuser** gebaut. In Peru haben Wissenschaftler **das gewaltige Heiligtum** der Sonne ausgegraben. Am Ende **einer mächtigen Treppe** lockt uns **eine riesengroße Figur** ins **dunkle Innere**, die aus **einem einzigen Steinblock** gemeißelt ist. Sie ist **reich verziert**. Mit **solch wertvollem Körperschmuck** wollte **der frühe Künstler** offenbar **den besonderen Rang** der Person hervorheben. Hinter all **diesen rätselhaften Bildern** ist **eine uralte Botschaft** versteckt.

Schlusstest 3

Die zweite Stadt, die durch den Vulkanausbruch untergegangen ist, liegt in der Nähe von Pompeji. **Sie (= die zweite Stadt)** wurde wieder entdeckt, als Arbeiter zufällig einen Kanal bauten. **Sie (= Arbeiter)** stießen auf gepflasterte Straßen und Wege. Auf **ihnen (= Straßen und Wege)** lagen noch fast unversehrt Menschen und Tiere. **Diesen (= Menschen und Tiere)** war es nicht mehr gelungen, vor dem Aschenregen zu fliehen; so plötzlich war er über **sie (= Menschen und Tiere)** hereingebrochen. Bereits über 200 Jahre dauert die Ausgrabung der Ruinen. **Sie (= die Ausgrabung)** beschert uns täglich Fundstücke von seltener Schönheit. Im Hause eines Kaufmanns kann man z.B. wundervolle Gemälde finden. **Sie (= wundervolle Gemälde)**, aber auch Gegenstände aus dem Alltag, zeugen von einem reichen Leben.

4 Verb

1

Am vorletzten Tag der Traumreise **fliegst du** nach Katmandu, der Hauptstadt von Nepal. Dort **musst du** Patan, die uralte Königsstadt, besuchen. **Du siehst** herrliche Tempel mit prachtvollen Toreingängen. Und in Bodnath **darfst du** den berühmten Buddha bestaunen, der in alle Himmelsrichtungen blickt. Wenn **du magst**, **kannst du dir** in malerischen Cafés eine Ruhepause gönnen. **Du isst** zuckersüßes Gebäck und **nimmst** honigsüßen Tee zu **dir**. Und in unserem First-Class-Hotel **schläfst du** in orientalischem Luxus. Diesen Tag **vergisst du** ganz sicher nicht.

2

Infinitiv	Partizip I	Partizip II
sprechen	schreiend	ausgedehntest
gehen	Furcht einflößend	vorgefunden
beschenken	schwingend	gelaufen
verstehen	drohend	angeordnet
landen	davonlaufend	mitgeführten
lassen		gesonnen

3

1. Wer sich zu wild gebärdet,
2. muss büßen.
3. Das bekamen einige indische Elefanten zu spüren,
4. die in den letzten Wochen großen Schaden angerichtet hatten.
5. Nachdem man sie eingefangen hatte,
6. mussten sie drei Wochen lang eine „Elefanten-Schule" besuchen.
7. Wenn sie „anständiges Benehmen gegenüber den Menschen" gelernt haben,
8. dürfen sie später als Paradetiere bei religiösen Festen auftreten.

4

Zeitstufe	Satznummer
Vergangenheit:	2, 3
Gegenwart:	1, 4
Zukunft:	5

5

1. Ganz früh am Morgen **ritten** wir mit unseren Pferden aus.
2. Welch ein herrlicher **Ritt** über die grünen Wiesen!
3. Über einem Hindernis **riss** sich Brigitte die Hose auf.
4. Den **Riss** nähte danach ihre Mutter mit einem Flicken zu.
5. Auf dem Turnierplatz **strichen** Anna und Lena die Hindernisse an.
6. Der Trainer lobte sie: „Den **Anstrich** habt ihr gut hinbekommen."
7. Dabei **pfiff** er anerkennend durch die Zähne.
8. Aber es war nur ein leiser **Pfiff**, den die anderen leider nicht hörten.
9. Im Stall **griff** Martin dem Schimmel in die dicke Mähne.
10. Aber den **Griff** bemerkte der Schimmel gar nicht.
11. Nur ein kleines Tierchen **floh** springend davon.
12. Kaum zu glauben. Es war ein **Floh**!

6

1. Die Arbeiter **fällten** den Baum, und dann **fielst** du darüber.
2. Noch **schwammen** die Fische im Wasser. Aber wer **schwemmte** das Gift heraus?
3. Alle Wege **führten** nach Rom, deshalb **fuhren** wir auch nach Rom.
4. Du **beugtest** das Substantiv. Ich **bog** den Stahl.
5. Das Kind **setzte** sich auf den Stuhl. Dann **saß** es da und **guckte**.

7

Meistertitel **haben** die Münchner Bayern am Fließband **gesammelt**. Der Lorbeer der Konkurrenz **ist verwelkt**. Titel in Serie: Keinem **ist** das bisher **gelungen**. Und keiner **hat** mehr Zuschauer **begrüßt**, keiner **hat** mehr **verdient**, keiner **hat** häufiger **gewonnen** und **ist** länger ungeschlagen **geblieben**. Der FC Bayern hat der Bundesliga Glanz **verliehen**. Was **hat** die Mannschaft dafür **gekonnt**, dass die Gegner so schwach auf der Brust **gewesen** sind?
Gleich zu Beginn **haben** sich die Münchner an die Spitze **gesetzt**, zu früh, wie der Trainer **gefunden hat**.

8

1. liegt:	Präsens Aktiv
2. befand:	Präteritum Aktiv
3. wurde:	Präteritum Aktiv
4. war zerstört worden:	Plusquamperfekt Passiv (Vorgangspassiv)
5. werden gemacht:	Präsens Passiv (Vorgangspassiv)
6. fand:	Präteritum Aktiv
7. hat entdeckt:	Perfekt Aktiv
eingemeißelt sind:	Perfekt Passiv (Zustandspassiv)

9

1. Nur durch einen Zufall wird die Höhle von Lascaux 1940 entdeckt. **(VP)**
2. In ihr gibt es Malereien, die vor 17 000 Jahren entstanden sind. **(A)**
3. Die schönsten Bilder wurden in einem engen Gang gefunden. **(VP)**
4. Besonders rätselhaft ist der Mann mit dem Vogelkopf. **(A)**
5. Dieses urzeitliche Heiligtum war von Menschen nie bewohnt. **(ZP)**
6. Noch heute ist der Ort von einem geheimen Zauber erfüllt. **(ZP)**

10

1. Immer mehr **wird** das Flugzeug das ideale Verkehrsmittel **(PrA)**, um von Europa in ferne Länder zu kommen.
2. **Es wird empfohlen (PrP)**, auf langen Reisen eine Übernachtung einzuplanen.
3. Nach Indien **werden** auch zahlreiche Charterflüge **angeboten (PrP)**.
4. Dadurch **wird** der Urlaub billiger **(PrA)**; da **wird** man gerne auf einigen Komfort **verzichten (FA)**.
5. Damit Ihr Urlaub ein Genuss **wird (PrA)**, wenden Sie sich an Ihr Reisebüro.
6. Dort **wird** man Sie freundlich **beraten (FA)**; außerdem **werden** alle Formalitäten zuverlässig **erledigt (PrP)**.

11

1. Man **reibe** die Schüssel mit einer Knoblauchzehe aus.
2. Man **zerkleinere** die Zutaten für die Soße, **verrühre** diese und **lasse** alles etwas ziehen.
3. Man **gieße** die Soße über den Salat und **mische** rasch durch.
4. Man **richte** den Salat erst kurz vor dem Verzehr an.
5. Tipp: Man **schüttle** die Soße in einem Schraubglas kräftig durch.

12

Man sagt,

1. das Taj Mahal **sei** das schönste Grabmal der Erde.
2. es **werde** von keinem anderen Bauwerk an Glanz und Pracht übertroffen.
3. ein indischer Kaiser **habe** es für seine verstorbene Frau erbaut.

Man vermutet,

4. dieses Grabmal **solle** den Menschen als ein Mahnmal für die Macht der Liebe dienen.
5. der Kaiser **habe** 20 000 Arbeiter beschäftigt und zwei Jahre benötigt, um das Bauwerk fertig zu stellen.
6. er **habe** auch vorgehabt, für sich selbst ein pechschwarzes Grabmal errichten zu lassen.

Man erzählt sich,
7. sein Wunsch **sei** es gewesen, die beiden Grabstätten durch eine silberne Brücke zu verbinden.
8. sein Sohn aber **habe** ihn in einer nahe gelegenen Festung einsperren lassen.

13

Es wäre schön, wenn
1. der Nürnberger Trichter **funktionierte** (*oder:* **funktionieren würde**).
2. die Stühle in der Schule gepolstert **wären**.
3. am Wandertag die Schüler nach Indien **führen**.
4. man die Regeln der Grammatik im Schlaf **lernte** (*oder:* **lernen würde**).
5. jeder für die Teilnahme am Unterricht 50 € **bekäme**.
6. die deutschen Schüler in Europa die längsten Ferien **hätten**.

14

Zwilling:	Du **wirst** eine wichtige Persönlichkeit **kennenlernen**. **Schlage** eine Bitte um Hilfe nicht ab. **Gib** dem Gefühl nach und **hilf** ohne Bedenken.
Löwe:	**Vergiss** deine Freunde nicht und **zeige** ihnen, wie wichtig sie dir sind. Morgen **wirst** du dich so wohl wie schon lange nicht mehr **fühlen**.
Waage:	Ein großer Wunsch **wird** in Erfüllung **gehen**. **Wirf** deine Hemmungen ab. **Lade** Freunde ein und **feiere**.
Skorpion:	Du **wirst** leise Wehmut **spüren**, wenn du an einen bestimmten Menschen **denken wirst**. **Melde** dich doch einfach bei ihm.
Schütze:	**Lass** dich zu nichts Anstrengendem überreden. **Nimm** dir nichts vor, was deine Kräfte **übersteigen wird**. **Wirf** nicht deine guten Vorsätze über Bord.
Wassermann:	**Schreibe** dir mal deine Pläne auf. **Sieh** den Schwierigkeiten ins Auge.

15

1. Dem Paket **muss** eine Paketkarte beigelegt werden.
2. Bis zu 10 Pakete an denselben Empfänger **dürfen** auf einer Paketkarte zusammengefasst werden.
3. Für die Aufschrift des Pakets **soll** der amtliche Klebezettel verwendet werden.
4. Paketkarten **dürfen nicht** für Paketaufschriften verwendet werden.
5. Die Aufschrift des Pakets **muss** in allen Angaben mit der Paketkarte übereinstimmen.

16

erlaubt: –	nicht erlaubt: 3
notwendig: 1, 2, 4, 7, 8, 11	nicht notwendig: –
beabsichtigt: 12	nicht beabsichtigt: 5
erwartet: 6, 10, 13	nicht erwartet: –
möglich: 9	nicht möglich:
erwünscht: –	nicht erwünscht: 14

Test 1

	finit	infinit
1. **Suche** Reitstiefel und Reitkappe und altes Schaukelpferd.	☒	☐
2. 1a Dauerwurst – von unseren eigenen Schweinen **hergestellt**	☐	☒
3. Klassenlehrer günstig **abzugeben**. Kl. 11 b	☐	☒
4. Notausgang. Benutzung strengstens **untersagt**!	☐	☒
5. Achtung! **Bin** aus dem Urlaub zurück. Euer Polizist Bruno	☒	☐
6. Hier ist das Fischen nur den Vögeln **gestattet**.	☐	☒
7. Lehrstelle als Millionär **gesucht**. Sofort oder später	☐	☒
8. Mehrere Einwohner **haben** am Himmel ungewöhnliche Objekte	☐	☒
gesichtet, …	☒	☐

Test 2

Zeitpunkt: 11.00 Uhr

vergangen: 1, 2 gegenwärtig: 3, 4 zukünftig: 5 –14

1. Die deutsche Mannschaft stand auf und frühstückte.
2. Sie wärmte sich durch Gymnastik auf und bereitete sich auf den Wettkampf vor.

Zeitpunkt: 12.24 Uhr

vergangen: 1–12 gegenwärtig: 13 zukünftig: 14

12. Der dritte Läufer legte einen fantastischen Endspurt hin.
14. Dann wird in Oberstdorf die längste Nacht des Jahres beginnen.

Test 3

Verbform	Person	Numerus	Modus	Tempus	Genus
hat gemacht	3	Singular	Indikativ	Perfekt	Aktiv
aufmerksam wurde	3	Singular	Indikativ	Präteritum	Aktiv
erkannte	3	Singular	Indikativ	Präteritum	Aktiv
verbergen könnte	3	Singular	Konjunktiv	Präteritum	Aktiv
waren	3	Plural	Indikativ	Präteritum	Aktiv
hätten borgen müssen	3	Plural	Konjunktiv	Plusquamp.	Aktiv
gab bekannt	3	Singular	Indikativ	Präteritum	Aktiv
wurde	3	Singular	Indikativ	Präteritum	Aktiv
wird geschätzt	3	Singular	Indikativ	Präsens	Passiv
hätte geträumt	3	Singular	Konjunktiv	Plusquamp.	Aktiv

Test 4

eine Veränderung:	zwei Veränderungen:	drei Veränderungen:
1. Genus	1. Modus und Tempus	1. Numerus, Modus und Tempus
2. Modus	2. Numerus und Modus	2. Person, Tempus und Genus
3. Modalverb	3. Person und Modalverb	3. Person, Modus und Tempus
4. Tempus	4. Tempus und Genus	4. Modus, Tempus und Genus
5. Numerus	5. Person und Modus	5. Person, Modus und Tempus
6. Person	6. Modus und Tempus	6. Person, Numerus und Modus

Test 5

1. ihr werdet gelobt	Singular	du wirst gelobt
2. du wirst gelobt	Aktiv	du lobst
3. du lobst	Konjunktiv I	du lobest
4. du lobest	3. Person	er lobe
5. er lobe	Perfekt	er habe gelobt

1. wir flogen	Konjunktiv II	wir flögen
2. wir flögen	Plusquamperfekt	wir wären geflogen
3. wir wären geflogen	Singular	ich wäre geflogen
4. ich wäre geflogen	Passiv	ich wäre geflogen worden
5. ich wäre geflogen worden	3. Person	er wäre geflogen worden

5 Adverb

1

1. Zunächst wird der junge Hengst in die Mitte der Reithalle geführt.
3. Jetzt wird der Reiter dicht neben dem Pferd mehrmals hochgehoben.
6. Hierauf lässt der Reiter ganz langsam sein Gewicht auf den Sattel nieder.
2. Unterdessen ist der Reiter unauffällig neben das Pferd getreten.
7. Zugleich muss das Pferd ein paar Schritte nach vorwärts tun und das ganze Gewicht des Reiters tragen.
4. Dann hebt der Reiter vorsichtig erst das eine Bein über den Sattel.
5. Einstweilen stützt er sich lediglich auf den Sattel, ohne sich hinzusetzen.
8. Zuletzt zieht der Reiter das zweite Bein nach und sitzt auf dem jungen Pferd, ohne es erschreckt zu haben.

2

1. Was ein Häkchen werden will, krümmt sich beizeiten.
2. Jedes Mal, wenn die Schule beginnt, packt mich sofort die Schlafkrankheit.
3. Wer mit dem Leben spielt, kommt nie zurecht, wer sich nicht selbst befiehlt, bleibt immer ein Knecht.
4. Wenn einst in fernen Tagen mein Name wird genannt, dann kannst du sehr wohl sagen: die hab ich auch gekannt.
5. Manchmal ereignet sich im Augenblick, was man bislang erhofft hat.

3

1. Beim Tennisspielen fliegt der Ball immer **hin und her**.
2. Beim Schwimmen geht es im Wasser **drunter und drüber**.
3. Beim Klettern muss der Bergsteiger **hinauf und hinunter**.
4. Beim Fechten springt man **vor und zurück**.
5. Beim Drachenfliegen ist man bald **hier und** bald **dort**.
6. Beim Ringen liegt der eine **oben und** der andere **unten**.

4

temporale Adverbien: anfangs, dann, nun, sogleich, bereits, mehrmals, zuerst
lokale Adverbien: nebeneinander, oben, links

5

Dein Aufsatz ist **besonders (+)** im ersten Teil gelungen. **Teilweise (–)** macht das Lesen deiner Erlebniserzählung richtig Spaß. **Dagegen (x)** hast du im zweiten Teil dir **weder (–)** große Mühe gegeben **noch (–)** das Thema genau beachtet. Der Höhepunkt ist **kaum (–)** erkennbar. **Außerdem (+)** hast du **ziemlich (–)** wenig anschauliche Adjektive verwendet. **Jedoch (x)** ist der Schluss recht originell. Deine Arbeit wird den Anforderungen **einigermaßen (–)** gerecht.

6

1. **Zweifellos** war Kolumbus einer der größten Entdecker.
2. **Sicherlich** (bestimmt) ist er einem großen Irrtum erlegen.
3. **Irrtümlicherweise** hat er den Seeweg falsch berechnet.
4. **Möglicherweise** hat er sein Unternehmen nicht sorgfältig vorbereitet.
5. **Glücklicherweise** entdeckte er dabei Amerika.
6. **Bedauerlicherweise** (leider) ist Kolumbus arm und einsam gestorben.

7

Jeder Hund ist ein Rudeltier. **Deshalb (Grund)** ist es wichtig, dass immer Menschen um ihn herum sind. Es ist **dazu (Folge)** notwendig, ihn nie längere Zeit alleine zu lassen. **Sonst (Bedingung)** verkümmert seine Seele, und er wird **folglich (Folge)** eher krank als ein glücklicher Hund. **Wozu (Zweck)** braucht der Hund den Menschen noch? Genau genommen zum Gehorchen. Der Hund braucht **nämlich (Grund)** ein Leittier, das ihm überlegen ist. **Notfalls (Bedingung)** muss man ihm das mit Strenge klarmachen. **Sonst (Bedingung)** wird er machen, was er will. **Deshalb (Grund)** muss der Mensch auch dafür sorgen, dass der Hund sein Futter bekommt. **Dadurch (Grund)** gewöhnt er sich noch mehr an sein „Herrchen".

8

1. **Wie** wird ein Hund richtig erzogen?
2. **Wofür/Wozu** musst du dir viel Zeit nehmen?
3. **Womit** kannst du ihm am besten etwas angewöhnen?
4. **Wodurch** lernst du auch sein Verhalten schnell verstehen?
5. **Wann/Wie** oft braucht dein Hund Lob und Ermunterung?
6. **Wovor** hat ein Hund am meisten Angst?

Test 1

temporale Sinnrichtung: heute, bald, nun, endlich, zunächst, vorher, dann, schon
lokale Sinnrichtung: vorne, unten, dort, wo, herum, rein
kausale Sinnrichtung: deswegen, deshalb
modale Sinnrichtung: zutiefst, mehr, sicherlich, wie, eigentlich, besonders, vorsichtshalber, flugs, mindestens

Test 2

Adverbien: heute, als, ebenfalls, daher, niemals, folglich, nie, hier, da, fern, nah, gern, dran, niemals, meistens, oft, wie, auch, nur, aus
Adjektive: gut, alt, schwer, fein, gesittet, weiblich, spät, wunderschön

Präposition 6

1

Standort, Lage	Richtung, Ziel
unter den dunklen Palmen	an den Strand
an dem dunklen Himmel	auf das tiefblaue Meer
über Ihnen	hinter den Horizont
hinter sich	zwischen Ihre Träume

2

Lieber Kunde. Sie reisen **in einem unserer Großraumwagen**.
Ihrer Bequemlichkeit dienen:
- Sitze mit verstellbarer Armlehne
- Hochklappbare Armlehne **zwischen den Sitzen**
- Leseleuchten **über jedem Platz**
- Klapptisch **vor jedem Sitzplatz in der Rückenlehne** des Vordersitzes
- Regale für Gepäckstücke **neben den Eingängen**
- große Abfallbehälter **an den Türen**
- **in den Einstiegsräumen** ein Hinweisschild **zum Zugrestaurant**

3

temporale Präpositionen
mit Genitiv: während der sechs kühlen Monate, in kurzer Zeit
mit Dativ: von Oktober bis März, am darauf folgenden Mittwoch, bei Tagesanbruch, in aller Eile, in früheren Jahren, seit dieser Zeit, in unseren Tagen, bei dieser Reise, aus vergangenen Tagen
mit Akkusativ: auf den heutigen Tag

4

1. Gehen Sie **mit** festen Schuhen und mit dem Kletterseil ins Gebirge.
2. Verzehren Sie Ihr Essen **ohne** Hast und **ohne** Eile.
3. Steigen Sie nur **mit** der Erlaubnis des Hüttenwirts auf.
4. Nehmen Sie alles Nötige mit, **einschließlich** eines Notsignals.
5. Seien Sie **bis zum** gesunden Maß ehrgeizig.
6. Befolgen Sie diese Hinweise **mit/nach** aller Vernunft.

5

1. Anlässlich des Geburtstages von Kaiser Franz
2. Aufgrund kräftigen Knoblauchgenusses
3. Wegen angeborener Antriebsschwäche
4. Gemäß einstimmigen Familienbeschlusses
5. Aus unerfindlichen Gründen
6. Auf ausdrücklichen Wunsch meines Katers
7. Nach uralter Indianerweisheit
8. Infolge plötzlichen Wintereinbruchs

6

kausale Präpositionen mit Genitiv: laut einer Umfrage, infolge schlechter Erfahrungen, wegen der vielen Freunde, trotz mancher Regenfälle, dank der Bundesbahn
kausale Präpositionen mit Dativ: aus finanziellen Gründen, zur Erholung, ihren Kindern zuliebe, nach Lust und Laune

Test 1

lokale Präpositionen mit Akkusativ:
durch die Backstube, in einige Krapfen, in den weichen Teig
temporale Präpositionen mit Dativ:
vor etwa 350 Jahren, im Jahr 1635, seit diesen Tagen, bei allen Hofbällen
kausale Präpositionen mit Dativ:
aus lauter Wut, vom Ergebnis, einer Wiener Chronik zufolge
modale Präpositionen mit Akkusativ:
gegen alle Erwartung, für die Menschheit, ohne den Krapfen

Test 2

Substantivgruppe: auf Seite 24, auf einem eigenen Blatt, auf die Schrift, auf jeden Fall, auf den Tischen, auf derselben Seite
Pronomen: auf alles
Adjektiv: auf Englisch
Adverb: auf morgen

Test 3

Substantivgruppe: an die Tafel, bis in jede Einzelheit, vom Blatt
Pronomen: an und für sich, von mir, mit dem
Adjektiv: von weitem, für die anderen
Adverb: nach vorne, bis jetzt

Konjunktion 7

1

Hiermit erkläre und bekenne ich, dass ich zwei Hamburger umgebracht habe. Aber ich bitte um Milde und um Gnade. Denn ich wurde durch einen Wiener oder Frankfurter dazu gezwungen. Das rote Blut auf meinen Lippen und in meinen Haaren stammt aus einer Ketchupflasche oder etwas Ähnlichem. Ich versichere und beschwöre, dass die Hamburger weder Schmerzen noch Qualen erdulden mussten. Ich bin mit einer harten, aber gerechten Strafe einverstanden. In Zukunft werde ich nicht nur den Hamburgern, sondern auch den Wienern und Frankfurtern aus dem Weg gehen.

2

Der Körper des Menschen ist nicht überall gleich warm: **Am kältesten** ist es an den Zehenspitzen, während sich die Haut an der Schulter ungefähr so **warm wie** unter der Achsel anfühlt. Die Körpertemperatur misst man **am besten** im Mund, weil die Schleimhaut **genauere** Werte gibt **als** andere Körperteile. Wenn du aufwachst, fühlst du dich meist **frischer als** am Abend. Kein Wunder: Dein Körper ist um 6 Uhr **kühler als** 12 Stunden **später**.

3

1. **Ehe** der Wecker klingelt, hat die Mutter bereits das Frühstück gemacht.
2. **Nachdem** der Wecker geklingelt hat, wacht Klausi auf und dreht sich nochmals auf die Seite.
3. **Während** Klausi genüsslich seine Haferflocken mit Schoko verzehrt, hört er den neuesten Schlagern aus dem Radio zu.
4. **Während** die erste Stunde begonnen hat, liest Klausi die Sportnachrichten.
5. **Nachdem** der Rundfunksprecher wie jeden Tag sein Programm unterbrochen hat, ruft er: „Jetzt aber los, Klausi!"

4

gleichzeitig:

Während/Als Fernando Cortez für Spanien das Reich der Azteken eroberte, entdeckte er auch das Getränk Xocoatl.

vorzeitig:

Nachdem Fernando Cortez für Spanien das Reich der Azteken erobert hatte, brachte um 1530 das erste spanische Schiff Kakaokerne nach Europa. Seitdem es schnell die Herzen und die Gaumen der Genießer erobert hatte, musste man in Preußen eine Extra-Steuer dafür bezahlen.

nachzeitig:
Bis sich heute jeder mit wenig Geld Xocoatl kaufen kann, musste man in Preußen eine Extra-Steuer dafür bezahlen.
Heutzutage nennt man bei uns die Xocoatl Schokolade.

5
Die Seife ist ganz mild, **so dass (Folge)** ihr Schaum auch nicht einmal in Kinderaugen brennt. **Falls (Bedingung)** Sie eine sehr empfindliche Haut haben, können Sie die Seifencreme auch noch mehr verdünnen. Geben Sie zusätzlich ein paar Tropfen Kräuteröl hinzu, **wenn (Bedingung)** Sie eine strapazierte Haut haben, **weil (Grund)** sie z. B. zu viel Sonne abbekommen hat. Benützen Sie ein Rührgerät, **damit (Zweck)** die Zutaten sehr gut vermischt werden. **Wenn (Bedingung)** die Mischung zu flüssig geworden ist, fügen Sie einige Gramm Verdicker hinzu.
Noch ein Hinweis: Experimentieren Sie mit den Mengen, **obwohl (Einräumung)** die Zutaten nicht gerade billig sind.

Test 1
Als (temporal) die ersten Europäer auf die Osterinsel kamen, schien es ihnen so, **als (modal)** wären sie auf einem anderen Stern im Paradies gelandet. Da gab es riesige Gestalten aus Stein, größer als ein Haus. Sie waren überall verstreut, **als ob (modal)** Götter sie vom Himmel geworfen hätten. Auch 200 Jahre später, **als (temporal)** Touristen die Osterinsel besuchten, haben diese Steinfiguren ihren Zauber noch nicht verloren.
Während (modal) die meisten dieser tonnenschweren Denkmäler, die Moais genannt werden, von brutalen Eroberern umgestürzt wurden, ragen einige noch wie ehemals in den Himmel. **Während (temporal)** man zwischen den hohen Gestalten hindurchgeht, weht einen der Hauch der Vorzeit an.
Wenn (temporal) man entlang der Küste zum heiligen Berg Orongo fährt, stößt man auf alte Felsenwohnungen. Auch **wenn (modal)** sie heute nicht mehr bewohnt sind, so weiß man doch von Felsenzeichnungen, dass früher Menschen dort gewohnt hatten. Und immer **wenn (temporal)** Eroberer die Insel überfielen, zogen sich die Einwohner hierher zurück.

Test 2

1. (kausal) Komme, obwohl ich erkältet bin. Onkel Fred
2. (temporal) Nachdem die Arbeiten beendet sind, bitte Fenster schließen!
3. (modal) Rufen Sie, wenn es nach Gas riecht, sofort die Gaswache an!
4. (temporal) Bevor Sie das Gerät in Betrieb nehmen, Benutzerhinweise durchlesen!
5. (modal) Verständigen Sie, falls ein Unglück passiert ist, meine Eltern!
6. (kausal) Weil an den Gleisen gearbeitet wird, sind Zugverspätungen möglich.

Schlusstest: nichtflektierbare Wortarten

Schlusstest 1

Eigenschaft	Adverb	Präposition	Konjunktion neben-ordnend	Konjunktion unter-ordnend
1. ist mit einem Wort verbunden		x		
2. verbindet Sätze			x	x
3. bestimmt den Kasus		x		
4. kann im Satz mehrmals vorkommen	x	x	x	

Schlusstest 2

adverbiale/prädikative Adjektive: verwendbar, fertig, stichfest
Adverbien: sofort, so, daraufhin, dann, jeweils, mindestens
Präpositionalausdrücke: aus dem Handel, ohne Erhitzung, an den Siedepunkt, auf 45°C, in 1 Liter, in den Joghurtbereiter, bis 5 Stunden, während der Reifung, nach der Reifung, im Kühlschrank, für weitere Zubereitungen, auf 1 Liter

Schlusstest 3

Es macht einen Riesenspaß, mit dem Pferdewagen kreuz und quer durch das Wattenmeer **hindurch** zu fahren, von Cuxhaven **aus** zu herrlichen Badeinseln **hinüber**. Vielleicht darfst du sogar auf dem Kutscherbock **vorne** sitzen und von dort **oben** die Pferde lenken. Allerdings muss man nach einiger Zeit wieder zum Land **zurück**, weil einen sonst die Flut von hinten **her** einholt. An Land **draußen** warten bereits die Krabbenfischer mit ihrem Fang. Die Krabben schmecken in diesem Augenblick **jetzt** besonders köstlich. Versuche sie mit etwas Zitrone **darauf**, und du bist für alle Ferientage **danach** stark wie ein alter Seebär.

Schlusstest 4

An der Nordsee gibt es viele lohnenswerte Ausflugsziele. **Dazu** gehört auch die Insel Helgoland, zu der stündlich Schiffe fahren. **Danach** empfiehlt sich die Helgoländer Düne zum Baden. Da kannst du dann sogar **dabei** Robben auf Sandbänken sehen. **Dahinter** fährt auch manchmal ein großer Ozeanriese vorbei. Wenn du **danach** das große Aquarium besuchst, dann sieh dir auf jeden Fall das große Bassin mit den Haien an. **Darin** segeln auch riesige Rochen durch das Wasser.

Schlusstest 5

Adverbien: warum, wo, doch, so, gerade, wo sonst, wann, jemals, zuvor, dann, genauso, wie, immer, dabei

Präpositionalausdrücke: auf dem Bauernhof, in die Ferne, mit diesem altbekannten Spruch, ins eigene Land, aus der Großstadt, zwischen Feld und Flur, übers borstige Fell, mit Gefühl, in der Nacht, auf Tahiti, im Ernst, auf einem Bauernhof

Konjunktionen – beiordnend (mit den verbundenen Wörtern oder Sätzen):
und (Satz 2 und 3), Feld und Flur, mit Gefühl oder mit Gewalt, aber (Satz 7 und 8),

Konjunktionen – unterordnend: wenn, weil

Schlusstest 6

Adverbien: frühmorgens, mittags, abends, tagsüber, samstags, nachts, anfangs, sonntags

umgewandelte Adverbien: am frühen Morgen, am Mittag, am Abend, während des Tages, am Samstag, während der Nacht, am Anfang, am Sonntag

weitere Präpositionalausdrücke: zu starker Bewölkung, mit zeitweiligen Regenfällen, bis mäßiger Wind, um West, um 18 Grad, am Wochenende, in Wolken, in 2000 m, bis 5 Grad, in der Höhe, für Samstag und Sonntag

Satzteile

8 Prädikat und Subjekt

1

1. Ein kleiner Hund bellt.
2. Eine Nachtigall ruft.
3. Ein Vogel schreit.
4. Ein Kirschbaum blüht.

2

1. Die Magd frühstückt.
2. Die Bäuerin buttert.
3. Der Bauer zürnt.
4. Die Kuh kalbt.
5. Das Eisen rostet.
6. Das Korn schimmelt.

3

1. Ich hamstere alles Essbare.
2. Ich robbe durchs Feld.
3. Ich mause Nüsse.
4. Ich büffle für die Prüfung.
5. Ich lahme.
6. Ich berlinere.
7. Ich schriftstellere in meiner Freizeit.
8. Ich vagabundiere durch die Gegend.

4

1. Wir fertigen Lampenschirme nach Ihren Entwürfen. Standardschirme vorrätig.
2. Früh-Rentner, absolut zuverlässig, übernimmt Kurierdienste/Flüge In- und Ausland/Eilaufträge.
3. Im „Schlaf" Geld verdienen! Gerne vermitteln wir kostenl. Ihre Whg. etc.
4. Monty – außergewöhnliches Showtalent mit Köpfchen sucht seriösen Produzenten. Ich komme so weit wie Madonna! Wetten, dass?

5

1. Das Wundersofa macht endlich Schluss mit den schweißtreibenden Übungen.
2. Sechs verschiedene Geräte machen Sie auf angenehme Weise fit.
3. Auf der Trainingsliege wird mit einer sanften Wellenbewegung der Kreislauf angeregt.
4. Durch die vierte Übung werden Pfunde an Bauch und Hüften weggeschmolzen.
5. Der Po-Trainer kann Orangenhaut an den Oberschenkeln abbauen.
6. Durch die Klappmesser-Übung werden Sie bis zu 20 Pfund abnehmen.
7. Nach dem Training dürfen Sie sich noch unter dem Solarium die richtige Urlaubsbräune holen.

6

Die Waikiki-Bucht ist weltberühmt. – Dieser Urlaub ist wunderschön. – Die Sandstrände sind glitzernd-schwarz. – Die Palmen sind riesig. – Die Straßen von Honolulu sind verwinkelt. – Die Spezialitäten der Köche aus China sind köstlich. – Der Naturpark Sea Life ist herrlich. – Die Delphine sind gezähmt. – Die Fische sind farbenprächtig. – Der Himmel ist tropisch-blau. – Die Tanzdarbietungen der Einheimischen sind fröhlich.

7

Eine Katze miaut. Eine Taube gurrt. Ein Frosch quakt. Ein Hahn kräht. Ein Hund kläfft. Eine Biene summt. Ein Schwein grunzt. Ein Stier brüllt. Eine Lerche tiriliert.

8

1. Die **Tür** springt auf.	Die **Mutter** springt auf.
2. Das **Streichholz** brennt.	Der **Schnaps** brennt.
3. Der **Hund** leckt.	Der **Eimer** leckt.

9

Bereits 1980 wurde in Kalifornien **ein Kaugummi** zu einer riesigen Blase aufgepustet. **Er** erreichte den sagenhaften Durchmesser von 48,9 cm! Bis heute hat **niemand** diese Superleistung übertreffen können. Aber **dein Lehrer** darf dich beim Training in der Schule nicht erwischen.

An der Haltestelle wartet **der große Fußballstar Pele Knallschuh** auf seinen Bus. Wie im Training übt **er** das schnelle Dribbeln. Das sieht **eine alte Dame**. Da geht sie auf ihn zu und sagt: „Junger Mann! Dort drüben ist **eine Toilette**."

10

So bastle **ich** ein Kaleidoskop

Am besten **du** besorgst dir drei kleine Spiegel (20 cm lang, 4 cm breit). Billiger ist allerdings **Spiegelfolie**. Außerdem werden **Pappe, Buntpapier oder bunte Glasscherben und Haushaltsfolie** benötigt.

Zunächst werden **die Spiegelteile** zu einem Dreieck zusammengestellt und mit Klebebändern festgemacht. **Ein Ende** wird dann mit der durchsichtigen Haushaltsfolie verschlossen. Nun füllst **du** die dreieckige Röhre mit den bunten Glasscherben oder Papierschnipseln. Zum Schluss wird **die Folie** auch über dem anderen Ende befestigt.

11

Substantiv: Dreieck, Kanten, Halme, Folie, Luft, Flugbahn
Pronomen: du, man, ich

12

Verb: still sitzen, fliegen, zwitschern, überleben wollen
Adverb: auf und nieder, heute
Adjektiv: jung, stark

Test 1

1. Der Neuntöter spießt seine Beute auf Dornen auf.
2. Das Wintergoldhähnchen zieht im Winter nicht nach Süden.
3. Die Bartmeise trägt einen „Backenbart".
4. Der Seggenrohrsänger braucht Sümpfe mit Schilfrohr und Riedgräsern.
5. Der Distelfink frisst gerne Samen von Disteln.
6. Die Klappergrasmücke hängt an ihren Gesang ein klapperndes Trillern an.

Test 2

1. Der Hafer/das Messer sticht.
2. Der Blindenhund/die gegnerische Mannschaft führt.
3. Der Vogel/der Schüler fliegt.
4. Der Hase/die Nase läuft.

Test 3

1. Im ersten Spiel kam Alemannia Aachen zu einem 0 : 0 beim Aufstiegskandidaten Darmstadt 98.
2. Noch einige tausend Sitzplatzkarten sind für das Europapokal-Spiel FC Bayern gegen Real Madrid in der Geschäftsstelle erhältlich.
3. Die DFB-Meisterschale wird Werder Bremen bereits nach dem letzten Heimspiel gegen den Hamburger SV verliehen.

Test 4

Ein Esel **begegnete** auf der Straße einem weinenden Schwein. „Du **weinst**. Warum?", **fragte** mit Anteilnahme der Esel. „Alle Menschen **beschimpfen** die anderen mit meinem Namen. Jeder Betrüger **wird** ein Schwein **genannt**. Allen Verbrechern **gibt** man den Namen Schwein." Der Esel **überlegte** lange und **bemerkte** dann: „Das **ist** wirklich eine riesige Schweinerei!"

Test 5

Maggie Aston, eine ältere englische Dame, **hat** kürzlich an ihrem 100. Geburtstag eine freudige Überraschung **erlebt**. Die ganze Familie und das ganze Dorf **wollten** der alten Dame **gratulieren**. Doch in ihrer Geburtsurkunde **konnte** sie etwas Angenehmes **entdecken**. Sie **wird** erst im nächsten Jahr hundert Jahre **alt sein**. „Ich **bin** entzückt. Da **sieht** man immer so alt **aus**."

9 Objekte

1

Der Hase jagt die Maus.
Der Hund jagt den Hasen, die Katze, die Maus.
Die Katze jagt den Hasen, den Hund, die Maus.
Der Hund verbellt den Hasen, die Katze, die Maus.
Der Elefant zertritt die Fliege.
Die Fliege sticht den Elefanten, den Löwen.
Der Löwe zertritt die Fliege.

2

1. Ich sehe dich/Sätze/den Honig/~~nicht~~/~~fern~~/das Radio/~~zwei Engel~~
2. Ich höre das Plätschern des Baches/meinen Vater/~~die Rose~~
3. Ich rieche ~~das Knistern des Feuers~~/frisches Heu/~~Sterne~~/~~gut~~
4. Ich ertaste dich/den Regenwurm/~~die gute Luft~~/den Spinat/~~oben~~
5. Ich schmecke die Schweinshaxe/~~alles Viereckige~~/~~das Rascheln~~

3

1. Auch ein altes Huhn gibt eine gute Brühe.
2. Man soll bei Regenwetter nicht Bohnen säen.
3. Gutes Land braucht halben Samen.
4. Nicht jedes Froschgeschrei zieht Regen herbei.

4

Erwachsene Elefanten (S) bringen **ein Gewicht von sechs Tonnen (A)** auf die Waage. Pro Tag werden **200 kg Grünfutter (S)** verspeist. Die Speisekarte bietet **100 verschiedene Pflanzen (A)** an. Nach der Mittagsruhe drängt es **die Jumbos (A)** zu den Wasserstellen. **Dickhäuter (S)** müssen alle 24 Stunden einmal trinken. **Sie (S)** brauchen **eine Wassermenge von 150 Litern (A)**. **Die hitzeempfindlichen Dickhäuter (S)** benützen **das Wasser (A)** auch zur Abkühlung ihrer sehr dünnen Haut. Erst nach einem Jahr trinken übrigens **die kleinen Elefanten (S) das Wasser (A)** wie die großen mit der Nase.

5

Substantiv: eine Zwiebel, eine Zitrone, einen Pinsel, die Geheimbotschaft, die Schrift
Pronomen: sie, sie, es

6

Die Marionettenkleidernäherin berichtet von ihrer Arbeit: „Ich mache die Kostüme in der Schneiderwerkstatt. Hier ziehe ich die nackten Holzmarionetten an. Zuerst nehme ich genau Maß. Dann übertrage ich die Maße auf den Stoff. Erst nach mehreren Stunden habe ich die Marionetten märchengerecht angezogen. Ich schneide die Form aus, und dann lege ich das Kleid um die Marionetten. Schließlich erledige ich die letzten Feinarbeiten und nähe die Stoffteile fest. So habe ich aus eine m einfachen Stoff das Gewand einer Prinzessin hergestellt."

7

Kranke lässt der Kapitän im Hafen zurück. Seeräuber kennen die **Fahrwege** von reichen Händlern und Kaufleuten sehr genau. Schon von weitem hören sie das **Knattern** der Segel und riechen das **Gold**. Dann entern sie das **reich beladene Schiff**. Sie töten **jeden**, schleppen alles **Wertvolle** von Bord und setzen **es** in Brand. Keiner wird sich wohl das **Gestern** herbeiwünschen.

8

Du drohst mir/dem Meerschweinchen/der Erbtante.
Du glaubst mir/der Erbtante.
Du winkst mir/dem Luftballon/dem Meerschweinchen/der Erbtante.
Du ähnelst mir/dem Meerschweinchen/der Erbtante.
Du begegnest mir/dem Meerschweinchen/der Erbtante.

9

1. **transitive Verben:** spielen, haben, besorgen, bringen
   intransitive Verben: schlecht gehen, helfen
2. **transitive Verben:** veranstalten, bereichern, darstellen, vertreiben
   intransitive Verben: gefallen, einfallen, entkommen

10

Gold (N) ist ein wichtiges Heilmittel. Man hängt **Gold (A)** Kindern um den Hals, so macht es Gift unwirksam. **Gold (D)** wohnt allerdings auch eine schädliche Kraft inne: **Gold (N)** schadet dem Eierlegen der Hühner. Du wendest die Gefahr auf diese Weise ab: **Gold (A)** abwaschen und die Tiere mit dem Wasser besprengen. **Gold (A)** mit Honig gekocht, brauchen auch Leute mit Verdauungsschwierigkeiten. Manche schreiben **Gold (D)** noch eine andere Wirkung zu: Es bringt Warzen zum Verschwinden. **Gold (A)** kannst du auch reinigen: Du röstest das **Gold (A)** mit zwei Teilen Salz und einem Teil Schiefer.

11

1. Lichtmess (2. Februar) trüb ist **dem Bauern (Dativ)** lieb.
2. Märzen trocken bringt **den Bauern (Akkusativ)** auf die Socken.
3. Mairegen auf die jungen Saaten klingt **den Bauern (Dativ)** wie Dukaten.
4. Gewitter im Mai, da singen **die Bauern (Nominativ)** juchhei!
5. Der Augusti (August) macht **die Bauern (Akkusativ)** lusti (lustig).

12

1. Ich **ziehe** unter großer Anstrengung meinen Mantel **aus**.
2. Ich **gewöhne** mir gezwungenermaßen den Kopfhörer **ab**.
3. Ich **erwarte** geduldig die göttliche Eingebung.
4. Ich **ergreife** wieder meinen Kopfhörer.
5. Ich **brauche** dringend die innere Ruhe.
6. Ich **weise** deshalb die Frage des Lehrers **zurück**.
7. Ich **gebrauche** dazu eine gepflegte Ausdrucksweise:
8. „Ich **habe** – was das kleine Einmaleins betrifft – eine andere Meinung als Sie, mein verehrter Meister der Mengenlehre."

13

a) vertrauen auf
b) anfangen mit
c) bestehen aus
d) gehören zu
e) sorgen für
f) achten auf

14

Ärgern Sie sich nicht über **Fischgeruch (A)**! Spülen Sie das Geschirr kalt ab und vertrauen Sie auf den frischen **Zitronenduft (A)**.
Gehen Sie mit **Kräutern (D)** sorgsam um!
Freuen Sie sich auf leckeren **Pudding (A)**! Greifen Sie ruhig nach der **Zuckerdose (D)**.
Plagen Sie sich nicht mit zähem **Knabbergebäck (D)** ab!
Erfahrene Hausfrauen schwören auf einen einfachen **Trick (A)**: …

15

1. Ich höre das Zwitschern der Vögel. – Ich höre mit der Arbeit auf.
2. Ich breche den Stab. – Ich breche aus dem Gefängnis aus.
3. Ich halte den Dieb. – Ich halte mich an deinen Ratschlag.
4. Ich nehme beim Frühstück viel Zucker. – Ich nehme an Gewicht zu.
5. Ich stelle die Uhr ein. – Ich stelle mich auf die Arbeit ein.
6. Ich hüte die Schafe. – Ich hüte mich vor den wilden Tieren.
7. Ich drücke die Daumen. – Ich drücke mich vor der Arbeit.

16

Auf der ganzen Welt **strebt** man **nach** Gold. Schon vor Jahrhunderten **forschten** viele Abenteurer in den Bergen **nach** dem wertvollen Metall. Sie **erkundigten sich bei** allen Leuten und **achteten auf** jeden Stein. Denn schon in der obersten Erdschicht **stießen** manche häufig **auf** kleine Goldkörner. Selbst in der Nacht **hörten** sie nicht **mit** ihren mühevollen Arbeiten **auf**. Leider **dachten** sie nicht **an** die Folgen. Oft stürzten die unterhöhlten Berge ein und man musste **um** viele Opfer **trauern**.

Test 1

transitive Verben: bevölkern, haben
intransitive Verben: ähneln, sein, gleichen, schmecken

Test 2

Für die Geheimschrift brauchst du nur **den Saft einer Zitrone**.
Deshalb zerdrückst du **eine Zitrone**.
Mit dem Saft schreibst du **die geheime Botschaft**.
Mit einem Bügeleisen erwärmt dein Freund dann **das Papier**.
Die Buchstaben werden braun.
So erfährt er **dein Geheimnis**.

Test 3

entfernt Zahnbeläge	Akkusativ
verhindert Zahnsteinbildung	Akkusativ
kräftigt das Zahnfleisch	Akkusativ
gehört **zur** täglichen Zahnpflege	Dativ
schützt **vor** Karies	Dativ
sorgt **für** glatte Zähne	Akkusativ
riecht **nach** Pfefferminz	Dativ
eignet sich auch **zur** Vorsorge	Dativ

Test 4

Du **weist** das Publikum auf deine leeren Hände **hin** und **entfernst** dann langsam das Tuch. Alle **beobachten** dich aufmerksam: Du hast die Münze tatsächlich in Luft **zergehen lassen**. Das Publikum **bestaunt** deine Zauberkräfte.

Test 5

Zu diesem Trick **wird** ein Helfer **benötigt**. Ihm muss blind **vertraut werden können**. Du **wirst** (von ihm) bei deinem Kunststück **unterstützt**. Ganz am Ende **wird** er (von dir) **aufgerufen**. Dabei **wird** (von ihm) heimlich die Münze **weggenommen**. Aber es **wird** dir, dem großen Meister, **applaudiert**.

Test 6

Im Nordwesten Indiens werden die größten und dicksten Turbane getragen. Ein Turban ist einfach ein meterlanger Schal aus dünner Baumwolle. Es wird dem Sohn vom Vater beigebracht. In einem Turban kann alles Mögliche untergebracht werden. Von einigen ist er auch als Seil bei der Flucht vor bösen Feinden verwendet worden. Von einem echten Inder wird sein Turban nicht einmal zum Schlafen abgelegt.

Test 7

Urmenschen (N) haben schon vor 400 000 Jahren eine sehr wichtige **Erfindung (A)** gemacht. Die **Erfindung (N)** bestand darin, einen **Stein (A)** zu einem scharfen **Messer (D)** zu machen. Einem begabten **Urmenschen (D)** war Folgendes eingefallen: Man bearbeitet einen **Stein (A)** auf beiden Seiten mit einem andern; dadurch splittern kleine Teile ab. Schließlich entsteht ein **Stein (N)** mit einem stumpfen Ende und scharfen Kanten. Ein solches steinernes **Messer (A)** nennt man Faustkeil. Diese **Erfindung (A)** machte man zuerst in Afrika. Erst nach Tausenden von Jahren wurde der Faustkeil von den **Urmenschen (D)** auch nach Europa gebracht. Das steinerne **Messer (N)** wurde immer größer und schärfer. In Höhlen wurden **Messer (N)** mit einer Länge von 60 cm gefunden.

Adverbial und Attribut 10

1

Im Jahre 1492 wurde Amerika von Christoph Kolumbus entdeckt. **Unter Lebensgefahr** landete er **auf der Insel San Salvador**. Heute kannst du **in seinem Bordtagebuch** die spannenden Abenteuer dieses berühmten Seefahrers **ganz gefahrlos** miterleben.

2

lokal: über die Alpen, in Richtung Italien
temporal: mal, wieder, vier Wochen, rechtzeitig
modal: ungern, vielleicht, zu Fuß, auf eigene Faust, mit dem Rucksack
kausal: mit dem Auto, deshalb

3

durch die deutlich gesenkten Preise/wegen des unnachahmlich frischen Geschmacks/zu Ihrer Bequemlichkeit/dank eines alten Geheimrezepts/ für Ihr Wohlbefinden/gegen frühe Altersbeschwerden

4

lokale Sinnrichtung: weithin, in Afrika, bis zu 40 Kilometer, von der Mitte eines Flusses aus, von dort, vom Land aus
temporale Sinnrichtung: bis auf den heutigen Tag, noch, oft

5

Früher besiedelte die Kiefer die Kältesteppen. **Später** breitete sie sich schnell **überall** aus. **Danach** wurde sie **leider** durch die Laubbäume aus dem Wald verdrängt. Aber die Kiefer kann auch **woanders** überleben. Sie hat sehr tiefe Wurzeln. **Dadurch** gibt es die Kiefer auch **heute** noch.

6

Mit angenehmer Dudelmusik aus dem Radio beginnt der Tag. **Ganz langsam** stehe ich auf. **Ausgeruht** gehe ich ins Bad und dusche mich **mit einem Lied auf den Lippen**. **Ohne alle Eile** ziehe ich mich an. Mein Frühstück nehme ich **im Liegen** ein. **Gut gelaunt** trete ich auf die Straße. Alle Menschen blicken mich **freundlich** an.

7

Adverbial: in meinem Schrank – nach Arbeit, Stress und Studium – auf den Zähnen – von der Wand

Präpositionalobjekt: brech' ich **in Entzücken aus** – **seh'** ich **mich nach 'nem Ketchup um** – **verzichte auf Ruhm und Geld** – **red'** ich **vom Geldgewinn**

8

unter allen den Menschen bekannten **Dingen** – den höchsten **Wert** – in tiefen **Bergwerken** – ein **Begleiter** des Goldes oder des Kristalls – die **Macht** des Feuers – die unzerstörbare **Härte** – durch das **Blut** eines Bockes – die unüberwindliche **Kraft** des Steines

9

Der **heutige** Feinschmecker will mit einem **fantasievollen** Essen verwöhnt werden. Machen Sie deshalb Ihre **abendliche** Einladung zu einem Ereignis. Beginnen Sie mit einer scharfen **indischen** Suppe. Überraschen Sie Ihre Gäste dann mit deftigen **deutschen** Spezialitäten: mit leckerem **westfälischen** Schinken oder **gefüllten** schwäbischen Maultaschen. Zum Abschluss empfehlen wir Ihnen eine besondere Eisbombe: Auf dem Boden einer **porzellanenen** Schale liegt ein Gutschein für ein **erstklassiges** Essen an einer **gemütlichen** Würstchenbude! Diesen Gag werden Ihre **einfallslosen** Gäste sicher nicht vergessen.

10

Im Pflanzendickicht ist die Gestalt **des Tigers** mit ihren **dunklen** Streifen auf dem gelben Grund kaum zu erkennen. Das **gestreifte** Zebra ist in den **afrikanischen** Steppen schwerer zu erkennen als das ungestreifte Gnu. In einer Landschaft **ohne deutliches Muster**, z. B. in einer Schneelandschaft, findet man häufig Tiere **ohne Fellzeichnung**. Mit **schwarzen** Flecken oder auffälligen Streifen **auf ihrem Pelz** würden sie von ihren **hungrigen** Feinden schnell entdeckt werden.

11

Adjektivattribut: frische, nährstoffreiche Böden/kleine Wurzeln/zunehmendes Alter/die alten Griechen/eine immergrüne Pflanze/die frühen Christen/abgeschnittene Efeuzweige

Genitivattribut: an den Stämmen der Bäume/an den Rinden der Bäume/ die Form seiner Blätter/dem Gott des Weines/Sinnbild der Unsterblichkeit der Seele

12

in den vergangenen Tagen, von meiner Rückkehr, aus den neuen Ländern, unter dem Befehl des allerdurchlauchtigsten Königs von Portugal, mit gutem Grund, die Neue Welt, keines dieser Länder, unseren Vorfahren

13

Subjekt: Die Stufen aus Korallen in diesem Palast, prächtige Teppiche, das seidene, perlenverzierte Bettzeug, die Damen des Palastes
Objekt: einen goldglänzenden Körper, alle erdenklichen Reichtümer, den mit Smaragden verzierten Fußboden, ihr eigenes Spiegelbild
Adverbial: im prachtvollen Palast des Himmelskönigs Indra, über alle Maßen, unter dem melodischen Klang der Fußglöckchen, im weiträumigen Palast, in glitzernden Edelsteinen

14

Adverbial: ohne Kraftaufwand, für später, vielleicht, mit 40 €, bereits, gesetzlich
Attribut: in Nürnberg, merkwürdige, individueller, für den Finger, ersten, in Weichplastik, des Fingers, sicheren

15

Wir alle kennen ihn, **den ostfriesischen Zappelphilipp**, aus Film und Fernsehen. Mit seiner Stimme, **einer Mischung aus Jodlern und Jux**, reißt er sein Publikum immer wieder zu Beifallsstürmen hin. Seinen spindeldürren Körper, **ein Durcheinander von Armen und Beinen**, benützt er wie eine Marionette. Mit seinen Witzen, **seinem trockenen Humor von der Waterkant**, macht er sich über sich selbst und andere lustig. Ihn, **Deutschlands größten Witzbold**, kennst du sicher auch.

Schlusstest: Satzteile

Schlusstest 1

1. Das **Pferd (Subjekt)** hat einen Schweif.
2. Den Schwanz des **Pferdes (Attribut)** nennt man Schweif.
3. Dem **Pferd (Objekt)** nähert man sich am besten vom Schweif her.
4. **Pferde (Subjekt)** sind Flüchter.
5. Den **Pferden (Objekt)** schmeckt Hafer am besten.
6. Die Hufe der **Pferde (Attribut)** müssen nach dem Ritt gereinigt werden.

Schlusstest 2

1. Den Pferden schmeckt Hafer am besten.
   Hafer schmeckt den Pferden am besten.
   Am besten schmeckt den Pferden Hafer.
2. Dem Pferd nähert man sich am besten vom Schweif her.
   Am besten nähert man sich dem Pferd vom Schweif her.
   Vom Schweif her nähert man sich dem Pferd am besten.
   Man nähert sich dem Pferd am besten vom Schweif her.

Schlusstest 3

1. die Hufe der Pferde, nach dem Ritt, man.
2. den Schwanz des Pferdes, Schweif, man.

Schlusstest 4

1. Kleines grünes Tier **(Subjekt)** wird geküsst **(Prädikat)**.
2. Armes graues Mädchen **(Subjekt)** tanzt **(Prädikat)** mit einem goldenen Schuh **(Objekt)**.
3. Zwei Geschwister **(Subjekt)** finden **(Prädikat)** in einem finsteren Wald **(Adverbial)** ein Haus **(Objekt)** aus einem merkwürdigen Material **(Attribut)**.
4. Eine sehr müde Königstochter **(Subjekt)** schläft **(Prädikat)** hinter einer Dornenhecke **(Adverbial)**.
5. Ein Haustier **(Subjekt)** stiefelt **(Prädikat)** durch die Landschaft **(Präpositionalobjekt)**.

Schlusstest 5

Der wohlschmeckende Hustensirup Keuch schützt vor Husten und Heiserkeit.
Die Pflegecreme für die moderne Frau strafft das Gesicht.
Unsere in Kliniken erprobte Zahnpasta verhindert Zahnfleischbluten.
Die natürliche Knoblauchbutter macht aus jedem Steak ein Festgericht.
Unser Abführtee Rapido bringt den Darm in Schwung.

Schlusstest 6

1. Ich lege Taschengeld **(A)** an.
2. Ich benötige Taschengeld **(A)**.
3. Ich brauche Taschengeld **(A)**.
4. Mir fehlt Taschengeld **(N)**.
5. Ich gebe Taschengeld **(A)** aus.
6. Ich vermisse Taschengeld **(A)**.

Schlusstest 7

Kräuter (Subjekt) sind zum Baden da. Ihre Kräfte (Subjekt) entspannen oder regen an. Beim Baden (Adverbial) dringen wertvolle Öle in die Haut ein. Sanft (Adverbial) wird Ihre Haut gepflegt. Die belebende Wirkung (Objekt) spüren Sie am ganzen Körper. Ihre Lebensgeister (Subjekt) werden durch das Bad aus den Schätzen der Natur geweckt. Acht verschiedene Naturkräuterbäder (Objekt) bieten wir Ihnen an.

Schlusstest 8

Schon die Ägypter kannten Glas (Objekt), und die Römer schätzten Glas (Objekt) nicht nur als Fensterscheibe. Heute ist Glas (Subjekt) ein wichtiger Bestandteil des Bauens und Wohnens. Dem Glas (Objekt) verdanken Sie Wohnlichkeit und ungestörte Ruhe. Denn durch Glas (Adverbial) werden Verkehrslärm und Zugluft abgehalten.
Und am Abend verzaubert die Schönheit eines geschliffenen Glases (Attribut) Ihre festliche Tafel.
Ohne Glas (Adverbial) würde unser aller Leben ohne Glanz sein.

Schlusstest 9

30 000 Arbeiter (Objekt) setzte der chinesische Kaiser (Subjekt) beim Bau der Großen Mauer ein. Doch ein kurzer Streckenabschnitt (Subjekt) trotzte allen Bemühungen (Objekt). Immer wieder stürzte die Mauer ohne ersichtlichen Grund (Adverbial) ein.
Der ratlose Kaiser (Subjekt) befragte die Götter und erhielt die überraschende Antwort (Objekt): „Lass Zehntausend (Wan) im Boden der Mauer begraben." Nach kurzer Überlegung (Adverbial) befahl er, einen Arbeiter mit dem Namen Wan (Zehntausend) zu begraben.
So rettete er durch den Tod (Adverbial) dieses Unglücklichen das Leben vieler und konnte den Bau der Großen Mauer vollenden.

Schlusstest 10

Es begann im Reich der Mitte (Adv). Im Jahre 1150 (Adv) vor Christi Geburt (Attr) gründete der Fürst Wenwang den ersten Zoo. Beim Anblick seiner Tiere (Adv) erholte er sich von den Regierungsgeschäften (Attr). Den ältesten Zoo in Europa (Attr) findet man in Wien. Franz I. von Österreich (Attr) eröffnete ihn bereits im Jahre 1752 (Adv). In Deutschland (Adv) hat Berlin den ältesten Zoo. Die ersten Freianlagen entstanden in Hamburg (Adv).

Schlusstest 11

Objekt: zu einem Erlebnis, auf Sie, über den größten Fährschiffhafen Europas

Adverbialien: durch das Herzogtum Lauenburg, in diesem Land, auf einer Insel inmitten der Seenplatte

Attribute: aus Wäldern und Seen, von Mölln, Ratzeburg, Lübeck und Lauenburg, zum europäischen Norden

Satzarten

Hauptsätze

11

1

Ein Brötchen kostet 30 Cent.
Ich komme aus Berlin.
Am Montag ist das Museum geschlossen.
Du kommst zu Fuß zum Bahnhof.
Der Fahrschein gilt zwei Stunden lang.
Der Bus fährt zum Marktplatz.
Du musst in Verona umsteigen.

2

1. Achtung! Steht still!
2. Augen rechts! Hände auf den Tisch!
3. Rührt den Vanillepudding! Esst langsam!
4. Abtreten zum Spülen! Spült das Geschirr!

3

Fahrt!	Falle!	Fische!	Fracht
Kerne	Klage!	Kreise!	Küsse!
Sätze	Schätze!	Schneide!	Sprache

4

1. Geh vom Mittelpunkt hundert Schritte nach unten!
2. Mach eine Vierteldrehung nach links und geh in dieser Richtung ebenfalls 100 Schritte weit!
3. Wiederhole dies zweimal!
4. Mach drei Vierteldrehungen nach rechts!
5. Bewege dich 70 Schritte nach vorne!
6. Vollführe eine Vierteldrehung nach rechts und marschiere nochmals 70 Schritte nach vorne!
7. Bleib stehen und betrachte dein Kunstwerk!

(Es wurde ein Haus gezeichnet.)

5

An Klausi, deinen Bruder: Hol einen Topf! Fülle ihn halb voll mit Wasser! Bring das Wasser zum Kochen!
An Patricia, deine Freundin: Gieß das kochende Wasser über den Reis! Lass ihn in 1 Liter guter Milch mit etwas Salz leise kochen! Rühre dabei häufiger um!
An Klausi und Patricia: Fügt in der letzten Viertelstunde 50 g Butter und zwei Esslöffel Zucker hinzu! Bestreut den Reis beim Anrichten dick mit Zucker und Zimt!
An Klausi, Patricia und mich selbst: Setzen wir uns an den Tisch! Genießen wir die Köstlichkeit ganz langsam!

6

1. Ich will keine gut aussehende, athletische V-Form entwickeln.
2. Ich will keine schmale Taille formen.
3. Ich will keine neue Kraft in Schultern und Rücken packen.
4. Ich will nicht mein persönliches Fitness-Programm wählen.
5. Ich will die Kraftmaschine Superman nicht 14 Tage lang testen.

7

1. Sag zu einem Bären auf einer Brücke „Onkel", bis du das andere Ufer erreicht hast!
2. Blas auf die Suppe, bevor du sie isst!
3. Gib Acht, wenn du den Kopf neigst!
4. Roll die Zunge siebenmal, bevor du sprichst!
5. Hol dir einen Schirm, bevor du nass wirst!
6. Überquer den Strom nicht, wenn du den Übergang nicht kennst!
7. Schau, bevor du springst!

8

Parken Sie nicht auf unbefestigten Plätzen wie Feldwegen oder Wiesen!
Stellen Sie keine Anhänger an Uferabschnitten ab!
Befahren Sie keine Vogelschutzgebiete!
Ankern Sie nicht in der Nähe von Laichplätzen!
Betreten Sie keine Kies- und Schlammbänke!
Beachten Sie die Verbots- und Gebotsschilder!

9

Man nehme ein Fass Wasser und bringe es zum Kochen!
Darauf reibe man eine Zichorienbeere an einer Kaffeebohne und gebe Erstere in das Wasser!
Man lasse den Sud abkühlen!
Dann schirre man die Überreste einer ehemaligen Kuh vom Pflug los, gebe sie in eine Presse und füge einen Löffel von diesem blassblauen Saft, den die Deutschen Milch nennen, dem kalten Kaffee bei!
Man mildere aber dessen schädliche Kraft mit einem Eimer lauwarmen Wassers und läute zum Frühstück!
Schließlich genieße man maßvoll und binde sich zum Schutz gegen zu starke Erregung ein nasses Tuch um den Kopf!

10

1. Wie viel Uhr ist es? 10 vor 12.
2. Können Sie mir ein Eurostück wechseln? Leider nein.
3. Hast du Lust auf ein Eis? Ja immer.
4. Wo finde ich das Deutsche Museum? Auf einer Insel.
5. Fahren wir mit der U-Bahn oder gehen wir zu Fuß? Zu Fuß.
6. Wann haben die Museen geschlossen? Am Montag.
7. Möchtest du in München oder in Hintertupfing leben? In München.

11

1. Ergänzungsfrage
2. Entscheidungsfrage
3. Ergänzungsfrage
4. Ergänzungsfrage
5. Ergänzungsfrage
6. Entscheidungsfrage
7. Ergänzungsfrage

12

Wo waren Sie gestern Abend? Nicht zu Hause.
Was haben Sie getan? Ich habe mir einen Film angesehen.
Welchen Film haben Sie sich angeschaut? Einen Tierfilm.
Hat Sie jemand dabei gesehen? Das weiß ich nicht genau.
Wann war die Vorstellung zu Ende? Um 22 Uhr.
Haben Sie ein Taxi oder die Straßenbahn benützt? Ein Taxi.
Haben Sie die Gummibärchen gestohlen? Bei meinem Ehrenwort: Nein!

13

1. Welches **E** findest du bei einem Grautier und in deinen Büchern? **Eselsohr**
2. Welches **T** tragen Damen und suchen Menschen manchmal auf? **Toilette**
3. Welches **B** haben manche Männer, aber alle Schlüssel? **Bart**
4. Über welches **N** freut sich der Musiker, aber der Schüler nicht immer? **Note**
5. Welches **K** haben Hühner am Kopf und Menschen in der Tasche? **Kamm**

14

1. „Hattest du in England Schwierigkeiten mit deinem Englisch?"
   „Ich nicht, aber die Engländer."
2. „Weißt du, warum die Amerikaner eine andere Uhrzeit haben?"
„Natürlich, Amerika wurde doch viel später entdeckt!"
3. „Warum hast du einen Verband um den Kopf?"
   „Ich habe mir meine Amerikareise aus dem Kopf geschlagen."
4. „Scheint in Florida wirklich an 365 Tagen die Sonne?"
   „Ja. Und in manchen Jahren scheint sie noch häufiger."

15

1. Wann hat Kolumbus einen neuen Erdteil entdeckt? 1492
2. Wo ist er mit vier Schiffen am 10. Oktober gelandet? Auf der Insel San Salvador
3. Wie oft unternahm er in den darauf folgenden Jahren noch die abenteuerliche Reise übers Meer? Dreimal
4. Wie starb Kolumbus im Jahre 1506? Verarmt und von allen vergessen
5. Wer hat dem neuen Erdteil seinen Namen gegeben? Amerigo Vespucci

Test 1

a) **feststellen:** Ich gehe nicht mehr in die Schule. Die Lehrerin ist ein bisschen blöde. Dauernd fragt sie uns. Ich werde auswandern.
b) **fragen:** Weshalb willst du denn nicht mehr dahin? Wer versucht dich daran zu hindern?
c) **auffordern:** Versuch nicht mich daran zu hindern! Nimm mich bitte mit!

Test 2

1. Vergiss nicht, Leonie anzurufen! **(Aufforderung)**
2. Leonie hat angerufen. **(Aussage)**
3. Wann soll ich Leonie anrufen? **(Frage)**
4. Ich muss Leonie anrufen. **(Aussage)**
5. Hast du schon Leonie angerufen? **(Frage)**

6. Ich will noch Leonie anrufen. (Aussage)
7. Ruf endlich Leonie an! (Aufforderung)
8. Hat Leonie schon angerufen? (Frage)

Test 3

1. Es gibt Halbpension.
2. Man kann die Küche mitbenützen.
3. Die Zimmer liegen im Hauptgebäude.
4. Die Kinder dürfen bei der Feldarbeit zusehen.
5. Ein Schwimmbad befindet sich in der Nähe.
6. Die Zimmer haben Zentralheizung.
7. Es besteht eine Busverbindung zum nächsten Ort.

Test 4

1. Ich habe mich nicht auf falsche Freunde verlassen!
2. Ich bin gelassen geblieben!
3. Ich bin bei einem neuen Vorhaben vorsichtig zu Werk gegangen!
4. Ich habe mich nicht mit Kleinigkeiten aufgehalten!
5. Ich habe meine Vorbehalte gegen einen bestimmten Menschen überwunden!
6. Ich habe es in der Liebe auf einen Versuch ankommen lassen!
7. Ich habe mir fürs Wochenende nicht zu viel vorgenommen!
8. Ich bin Problemen im privaten Bereich nicht ausgewichen!
9. … und es hat alles nichts genützt.

Test 5

1. Sei ganz Ohr!
2. Sperr die Ohren auf!
3. Schreib dir das hinter die Ohren!
4. Leg die Ohren an!
5. Leg dich aufs Ohr!
6. Schalte die Ohren auf Empfang!
7. Halte die Ohren steif!

12 Nebensätze

1

Milch, Lab und Milchsäure werden zusammengemischt. Die Folge ist, dass diese Mischung langsam dick wird. Die feste Masse, die ein einzelner Mann gar nicht heben kann, wird mit einem Netz herausgeholt. Sie kommt dann in einen Kasten mit einem Deckel, der langsam nach unten gedrückt wird. Die runden Laibe werden in ein Salzbad gelegt, damit sie nicht verderben. Dort bleiben sie, bis sie fest sind. Nach einiger Zeit prüft der Käsemeister den Reifegrad. Nachdem der Käse zwei bis drei Monate gelagert hat, kann er verkauft werden.
Übrigens: Der Emmentaler hat unterschiedlich große Löcher, weil auch die Milchsorten verschieden sind.

2

Zalagh: Diese Frucht, die (–) eine Schlangenlederhaut hat, besitzt ein trockenes, helles Fruchtfleisch. Wenn (K) man sie geschält hat, kann man sie sofort essen. Weil (K) ihr birnenartiger Geschmack gut zu Eis passt, wird sie gerne gegessen.

Nespoli: Diese kleine Frucht wird manchmal mit einer Pflaume verwechselt, weil (K) ihre Form ihr sehr ähnlich ist. Das Fruchtfleisch, das (–) aprikosenfarben ist, enthält viel Saft. Obwohl (K) es leicht säuerlich schmeckt, passt es ganz gut zu vielen Speisen.

Carambola: Diese Frucht, die (–) die Form eines Sternes hat, wirkt auf dem Tisch sehr schön. Man schneidet sie in Scheiben, damit (K) sich der Rosenduft gut entfaltet. Seltsamerweise stört es die Leute nicht, dass (K) das Fruchtfleisch etwas modrig schmeckt.

3

Die Banane wächst rund um den Äquator, der (R) die Erde wie eine Bauchbinde umgibt. Ursprünglich stammt die Banane aus dem Fernen Osten. Auf den Gewürzstraßen, die (R) man nach der wichtigsten Ware benannte, kam sie nach Europa. Ungefähr 20 Jahre, nachdem (–) Amerika entdeckt worden war, brachte ein Missionar die ersten Wurzelstöcke, die (R) sehr kostbar waren, ins Land. Heute wachsen die Bananen meist in riesigen Plantagen, die (R) von Wassergräben durchzogen sind. Die Bananen werden grün geerntet, damit (–) sie nicht schon vor dem Transport reif sind. In Kühlschiffen, die (R) eigens dafür gebaut sind, werden sie zu uns gebracht. Erst dann reifen sie aus und warten darauf, dass (–) du sie isst.

4

Kaum jemand weiß die Antwort auf die Frage, wer salzig schmeckt und in diesem Jahr siebzig Jahre alt geworden ist (IF). Ja, er ist es: der Kartoffelchip. Viele wissen auch nicht, wie Kartoffelchips entstehen (IF). Nachdem die Kartoffeln mit der Hand sortiert worden sind (K), heißt es erst einmal warten. Ein raffiniertes Lüftungssystem sorgt dafür, dass die Kartoffeln nicht vorzeitig keimen (K). In einer riesigen Trommel werden dann die Kartoffeln geschält und zerkleinert, damit sie leichter verarbeitet werden können (K). Eine Walze, die auf ein Zehntelmillimeter genau arbeitet (R), schneidet sie dann in Scheibchen. In einem Frittierbad, das aus ungefähr 5 000 Litern Öl besteht (R), werden sie bei genau 170 Grad erhitzt. Wenn sie gesalzen sind (K), werden sie noch mit verschiedenen Geschmacksstoffen gewürzt. Eine elektronische Waage sorgt schließlich dafür, dass jeder Verbraucher genau die gleiche Menge bekommt (K). Am Ende sind aus einem Kilo Kartoffeln genau 250 g Chips entstanden, die uns aus durchsichtigen Tüten entgegenlächeln (R).

5

Wie bringen die indischen Zauberer ihre Schlangen zum Tanzen? Weshalb bewegen sich die Schlangen so gut nach der Musik? Wie machen die Zauberer das?

6

Jeden Sonntag sitzt du vor deinem Käse und fragst dich, wer die vielen Löcher in den Käse gebohrt hat. Ich sage dir, wer das macht.
Der Milch, die langsam auf 30 Grad erwärmt wird, fügt man Bakterien hinzu. Löcher sind noch keine da, weil ja auch noch kein Käse da ist. Nun verwandeln die Bakterien den Milchzucker, der in jeder Milch vorhanden ist, in Milchsäure. Die Milchsäure bringt die Milch zum Gerinnen, sodass ein Teil der Milch fest wird. Nachdem man die wässrige Molke abgelassen hat, bleibt die halbfeste Käsemasse zurück. Wenn man eine Weile wartet, dann reift der Käse und wird immer fester. Die Bakterien aber leben immer noch und atmen Gas aus, wie wir Menschen es ja auch tun. An verschiedenen Stellen sammelt sich das Gas, das natürlich dort die Käsemasse verdrängt. Endlich sind die berühmten Löcher da, die das Beste am Käse sind.

7

Relativsätze: die langsam auf 30 Grad erwärmt wird (Bezugswort: Milch); der in jeder Milch vorhanden ist (Bezugswort: Milchzucker); das natürlich dort die Käsemasse verdrängt (Bezugswort: Gas); die das Beste am Käse sind (Bezugswort: Löcher)
Indirekte Fragesätze: wer die vielen Löcher in den Käse gebohrt hat (Umwandlung: Wer hat die vielen Löcher in den Käse gebohrt?); wer das macht (Umwandlung: Wer macht das?)

8

1. Jungen sind später froh **über die Existenz der Mädchen**. **(O)**
2. Bei den Noten spielt **das Geschlecht** keine Rolle. **(S)**
3. Mädchen finden **das Verhalten von Jungen** manchmal scheußlich. **(O)**
4. Es kommt **auf die Hilfsbereitschaft der Jungen** an. **(O)**
5. Ein Mädchen glaubt **an das nette Wesen von Jungen**. **(O)**
6. Jungen sind später froh, **dass es Mädchen gibt.**
7. Bei den Noten spielt es keine Rolle, **ob jemand ein Mädchen oder ein Junge ist.**
8. Mädchen finden es scheußlich, **wie sich Jungen manchmal verhalten.**
9. Es kommt darauf an, **dass Jungen hilfsbereit sind.**
10. Ein Mädchen glaubt daran, **dass Jungen nett sind.**

9

Weißt du eigentlich,

1. welches die älteste Stadt der Welt ist?
2. dass wir Menschen seit Beginn der Welt erst 30 Sekunden leben?
3. wie viele Nervenzellen das menschliche Gehirn hat?
4. ob es in Deutschland einmal Menschenfresser gab?
5. dass ein leichtes Tuch auf der Stirn das Einschlafen erleichtert?
6. dass wir das Lied „Stille Nacht" nicht richtig singen?
7. ob Goldfische älter als Menschen werden?
8. dass die australischen Koalabären kein Wasser trinken?

10

Es kommt schon mal vor, dass uns jemand wegen unserer günstigen Preise für ein bisschen verrückt hält **(S)**. Dass dies nicht so ist **(O)**, beweisen unsere zufriedenen Kunden. Die Wahrheit ist vielmehr, dass wir einen umfassenden Kundendienst anbieten **(S)**. Wir garantieren außerdem, dass die Möbel zu Ihnen nach Hause geliefert werden **(O)**. Wir versprechen auch, dass alles vor Ort fachgerecht aufgebaut wird **(O)**. Dass unsere Möbel trotzdem sehr günstig sind **(S)**, hat mit unserer Sparsamkeit zu tun. Dass Sie aber unsere Kataloge kostenlos bekommen **(O)**, betrachten wir als Selbstverständlichkeit.

11

„Ich war überrascht darüber, dass es ein so großes Tier in einem Binnenmeer gibt (P). Bald merkte ich, dass es kein Wal war (A). Ich sah nämlich, dass hinter dem ersten Buckel ein zweiter auftauchte (A). Dann tauchte das Tier unter. Ich wunderte mich darüber, dass es sich mit großer Geschwindigkeit fortbewegte (P). Dabei sahen wir, dass das Tier sieben Buckel hatte (A). Die Bugwelle war die eines schnell fahrenden Motorbootes. Dass dies der Wahrheit entspricht (A), kann die ganze Mannschaft mit Ausnahme des Heizers bestätigen."

12

Meike: Ich glaube, dass manche Jungen wirklich nett sind (A). Es kommt darauf an, dass sie hilfsbereit sind (P). Wie sich einige in der Pause gegenüber Kleineren verhalten (A), finde ich aber scheußlich.

Lena: Die meisten Jungen sind hilfsbereit. Es kommt manchmal sogar vor, dass Jungen ein Mädchen trösten (S).

Anna: Die Jungen wollen immer, dass die Mädchen ihnen gehorchen (A). Darum möchte ich einen hohen Posten im Staat. Die Männer sollen wissen, wo es langgeht (A).

Timo: Später sind wir froh darüber, dass es Mädchen gibt (P).

Marie: Bei den Noten spielt es keine Rolle, ob jemand ein Mädchen oder ein Junge ist (S).

13

1. Es ist polizeilich angeordnet, dass Autofahrer durch verkehrsberuhigte Straßen besonders rücksichtsvoll und vorsichtig fahren.
2. Es ist nämlich sehr sinnvoll, dass Kinder auch auf der Straße spielen.
3. Es ist wichtig für Kinder, dass sie Erfahrungen in der näheren Umgebung sammeln.
4. Es ist deshalb unbedingt nötig, dass die Autofahrer Schrittgeschwindigkeit einhalten.
5. Von der Polizei ist es ausdrücklich erlaubt, dass Kinder die Straße in ihrer ganzen Breite benützen.
6. Es muss unbedingt vermieden werden, dass sie durch Autos gefährdet oder behindert werden.

14

1. Bevor die Schokoküsse entstehen können, ...
2. ..., damit er sich mit der übrigen Masse leicht verbindet.
3. ..., weil sich so die Zutaten besser miteinander vermischen.
4. Nachdem sie abgekühlt sind, ...

15

1. **Nachdem** man aus ihr für jeweils einen Tischtennisball zwei runde Scheiben herausgestanzt hat
2. **Nachdem** man sie nochmals in Wasser eingeweicht hat
3. **Während** sie in einer großen Trommel poliert werden
4. **Ehe** die Tischtennisbälle die Fabrik verlassen

16

Einst lud der Fuchs den Kranich zum Mahl. **Nachdem** dieser sich zu Tisch gesetzt hatte, gab ihm der Fuchs eine flache Schüssel mit einem öligen Brei. Aber der Brei lief dem Kranich immer wieder aus dem spitzen Schnabel, **bevor** er ihn hinunterschlucken konnte. **Während** sich der Kranich vergebens abmühte, verlachte ihn der Fuchs. Aber der Kranich sann auf Rache. **Nachdem** er den bösen Schlaumeier zu sich eingeladen hatte, stellte er eine hohe Flasche mit einem engen Hals auf den Tisch. Noch **bevor** der Fuchs den Trick durchschaute, holte der Kranich sich mit seinem langen Schnabel die köstlichsten Speisen. Vergnügt ließ er es sich schmecken, **während** der Fuchs hungrig danebensaß.

17

1. **Bevor/ehe** im Zweiten Weltkrieg ein Luftangriff große Teile Berlins zerstörte, hatte eine Ente durch schrilles Geschnatter die Anwohner gewarnt. **Nachdem** der Vogel im Bombenhagel umgekommen war, setzten die Überlebenden dem Vogel ein Denkmal.
2. Seit Jahrzehnten nisteten Tauben auf dem Wiener Justizpalast. **Nachdem** sie eines Tages ihre gewohnte Behausung verlassen hatten/verließen, brannte dann das Justizgebäude ab.
3. **Ehe/bevor** in den Alpen im Februar 1939 eine riesige Lawine zu Tal ging, hatten sich die Bernhardinerhunde geweigert, den morgendlichen Rundgang anzutreten.

18

Ehe die Königin den Saal betritt, stelle ich mich gerade hin. **Wenn** sie dann hereingekommen ist, stelle ich mir die Bewegungen ganz genau vor. **Während** sie vor mir steht, beginne ich mit dem Hofknicks. **Während** ich mit dem rechten Fuß einen kleinen Halbkreis nach hinten ausführe, beuge ich das linke Bein und neige meinen Kopf. **Nachdem** mir dies ohne große Schwierigkeiten gelungen ist, verharre ich in dieser Stellung, **bis** die Königliche Hoheit ein Wort an mich richtet. Sie lächelt mir aber nur zu. **Während** sie zu meiner Nachbarin weitergeht, erhebe ich mich langsam. **Nachdem** alles vorbei ist, frage ich mich: War das alles? **Seitdem** ich dies weiß, mache ich nur noch vor meiner Katze einen Hofknicks.

19

1. **Bevor** das Fruchteis zubereitet wird, soll der Fruchtsaft mindestens 3 Stunden im Tiefkühlfach gefroren werden.
2. Das Eis aus Fruchtsaft muss, **während** es gefriert, öfters umgerührt werden.
3. **Nachdem** das Einfrieren beendet ist, wird das Eis mit einem Messer grob zerschlagen.
4. **Während** es zerkleinert wird, lässt man das Eis leicht antauen.
5. **Während** das Eis serviert wird, darf es nicht zerlaufen.

20

1. **Langeweile:**	**Weil** sich die Bachstelzenbabys langweilten,
2. **Kein Dreck:**	**da** die Bachstelze nicht will, dass die Schwanzfedern im Dreck schleifen.
3. **Moskitos:**	**weil** sie Moskitos vertreiben will.
4. **Schwimmen:**	**weil** das ihr Schwimmstil ist.

21

1. Herr Lehrer, ich bin leider spät gekommen, **weil** ich den Schulbus nicht mehr rechtzeitig erreicht habe.
2. Ich habe den Schulbus nicht mehr rechtzeitig erreicht, **weil** ich nur auf dem linken Bein hüpfen konnte.
3. Ich konnte nur auf dem linken Bein hüpfen, **weil** ich meinen rechten Schuh nicht gefunden habe.
4. Ich habe meinen rechten Schuh nicht gefunden, **weil** meine Katze ihn versteckt hat.
5. Meine Katze hat ihn versteckt, **weil** sie sich sehr geärgert hat.
6. Sie hat sich sehr geärgert, **weil** ich ihr ihre Lieblings-Gummiente weggenommen habe.

22

1. Meine Haare sind rot, **weil** mein kleiner Bruder das erste Mal Pommes mit Ketchup gegessen hat.
2. **Weil** mein Schulranzen gelb ist, werfen manche Leute Briefe hinein.
3. Meine Goldfische sind Blaufische, **weil** mein Füller ins Aquarium gefallen ist.
4. **Weil** meine Haare grün sind, habe ich den Spitznamen Waldmeister bekommen.
5. Mein Gesicht ist weiß, **weil** ich die Tüte mit Mehl an der falschen Seite aufgemacht habe.
6. Meine schönen braunen Schuhe sind seit dem 1. April schwarz, **weil** mein großer Bruder die Schuhcreme ausgetauscht hat.

23

P. B. erhält die Note 1, **weil** er auch in gefährlichen Situationen Übersicht und Führungsqualität bewies.
R. A. erhält die Note 2, **weil** er sich vor seinem Tor entschlossen ins Getümmel warf.
Der Mittelfeldspieler erhält die Note 3, **weil** er einer der lauffreudigsten Spieler war.
Bomber W. erhält die Note 4, **weil** er fast nichts zuwege brachte.
Der Ex-Nürnberger erhält die Note 5, **weil** er wie gewohnt rackerte, aber dem Spiel keine Wendung mehr geben konnte.
Der Vorstopper erhält die Note 6, **weil** er „hilfreiche" Vorarbeit für das spielentscheidende Gegentor leistete.

24

7. Ich habe meiner Katze ihre Lieblings-Gummiente weggenommen, **weil** ich sie selbst gebraucht habe.
8. Ich habe sie mit unter die Dusche genommen, **weil** ich mich allein gefürchtet habe.
9. Ich habe schreckliche Angst, **weil** seit gestern ein grasgrüner Frosch darin sitzt.
10. Aber ich bin ja selber schuld, **weil** ich das Märchen vom Froschkönig gelesen habe.

25

Ich bin der Richtige für Sie,
weil ich schon immer eine Leuchte war,
weil ich der Beste in meiner Nachbarschaft bin,
weil ich erfinderisch bin,
weil ich etwas mit Technik zu tun haben will,
weil ich auch nachts hellwach bin,
weil ich schnell gutes Geld verdienen will!

26

Im Allgäu ist es so schön,

1. **weil** die Blumen mit dem Regenbogen um die Wette blühen,
2. **weil** die Sonne Mensch und Tier wärmt,
3. **weil** die Natur auf stillen Wegen und Pfaden zu hören ist,
4. **weil** die Vögel aus voller Kehle zwitschern,
5. **weil** die Bienen von Blütenkelch zu Blütenkelch summen,
6. **weil** die Wanderschuhe warten.

27

1. Die Natur hat die Tiere mit besonderen Werkzeugen ausgestattet, **damit sie sich gut an ihre Umwelt anpassen und dadurch leichter überleben.**
2. Die Schlange spritzt Gift in das Opfer, **um es sofort zu lähmen.**
3. Das Gift dient auch dazu, **dass die Tiere keine unnötigen Schmerzen erleiden müssen.**
4. Der Rüssel ist gut dafür geeignet, **dass der süße Saft aus den Blüten herausgeschlürft werden kann.**

28

1. Ich fahre ans Meer, **damit** sich meine Badewanne auch erholt.
2. Du steigst auf hohe Berge, **damit** die Leute so klein wie Zwerge werden.
3. Wir fahren ins Riesengebirge, **damit** Rumpelstilzchen endlich wieder einmal Besuch bekommt.
4. Ihr fahrt nach Amerika, **damit** die Freiheitsstatue befreit wird.
5. Einige fahren gar nicht in den Urlaub, **damit** die Zöllner einmal Ferien machen können.

29

Der Specht braucht einen langen, spitzen Schnabel, **um** in den Ritzen der Bäume nach Nahrung zu suchen.
Die Schlange braucht Giftzähne, **um** die Beute schnell zu lähmen.
Der Spatz braucht einen kurzen, stumpfen Schnabel, **um** leicht Körner vom Boden aufzupicken.
Der Schmetterling braucht einen schlauchartigen Rüssel, **um** aus Blüten Saft herauszuschlürfen.
Die Schnecke braucht Reibezähnchen, **um** wie mit einer Feile kleine Teilchen von den Blättern zu schaben.
Der Löwe braucht ein Gebiss mit Fangzähnen, **um** die zappelnde Beute festzuhalten.

30

Die Wildpferde laufen in Herden von zwei- bis dreihundert Stück umher. Die Indianer fangen diese Tiere ein, **damit sie mit ihrer Hilfe Zelte und Hausrat transportieren.** Der tapferste Indianer wirft eine Seilschlinge um das stärkste Pferd, **damit er so die anderen Tiere gefügig macht.** Die eingefangenen Pferde werden dann angebunden, **damit sie nicht weglaufen können.** Nun legen die Indianer den Pferden mehrere Tage lang schwere Lasten auf, **damit sie diese endgültig zähmen.** Jedes einzelne Pferd wird so behandelt, **damit es später die schweren Lasten leichter erträgt.**

31

1. Die Fregattvögel fliegen sehr schnell, **um** nicht die Beute von Raubvögeln **zu** werden.
2. Sie wagen sich weit aufs Meer hinaus, **um** dort reiche Beute **zu** machen.
3. Damit ihre Kinder vor Feinden geschützt werden, bauen sie die Nester auf Bäumen im Wasser.
4. Manchmal wenden sie einen gemeinen Trick an, **um** doch noch ihre Jungen füttern **zu** können.
5. Sie fliegen zu den Nestern anderer Vögel und schlagen mit ihren Flügeln auf sie ein, damit diese aus Angst davonfliegen.
6. Die aufgeschreckten Vögel speien all ihre Nahrung aus, **um** schneller flüchten **zu** können.
7. Die schlauen Fregattvögel fliegen nun geschwind herbei, **um** das Ausgespiene **zu** erwischen.

32

1. Rufe nicht aus Jux um Hilfe, **damit** dir die anderen im Ernstfall sofort helfen!
2. Bade niemals mit vollem oder leerem Magen, **weil** du sonst möglicherweise die Besinnung verlierst!
3. Kühle dich vor dem Sprung ins Wasser ab, **damit** dein Kreislauf nicht in Unordnung gerät!
4. Verlasse beim ersten Frösteln das Wasser, **damit** du dich nicht erkältest!
5. Springe nicht in unbekanntes Gewässer, **weil** es oft unangenehme Überraschungen birgt!

33

1. Ich fahre nach Tirol,
   a) **damit** ich meine Jodelkünste verbessere.
   b) **weil** ich Speckknödel liebe.
2. Ich schwimme nach Grönland,
   a) **weil** meine Schwimmflossen von dort kommen.
   b) **damit** ich endlich meine Freunde, die Pinguine, wiedersehe.
3. Ich klettere mit einem Kühlschrank auf den Mount Everest,
   a) **damit** ich berühmt werde und ins Buch der Rekorde komme.
   b) **weil** das noch niemand gemacht hat.
4. Ich reite auf einem Seepferdchen,
   a) **weil** mir die Reitstunden an Land zu teuer geworden sind.
   b) **damit** ich auf diese Weise schwimmen lerne.

34

1. Die Larven fressen viel, **sodass sie schnell wachsen.**
2. Die Puppen haben genügend Nahrungsvorrat, **sodass sie leicht überwintern können.**
3. Der Schmetterling ist eines Tages **so** stark, **dass er ausschlüpfen kann und davonflattert.**
4. In den Tropen ist die Luft manchmal **so** „dick", **dass ein Schmetterling mit seinen dünnen Flügeln ein Gewitter auslöst.**

35

1. Herr Buntspecht trommelt 40-mal in der Sekunde auf einen Ast, **sodass** ihn alle Spechtfrauen im Umkreis von 2 km hören.
2. Die Röhrenspinne gräbt eine Röhre mit Deckel, **ohne dass** die Beute die gut getarnte Falle bemerkt.
3. Die Lassospinne hält ein Netz zwischen den Vorderbeinen, **sodass** sie ihr Opfer sofort fangen kann.
4. Die Amsel macht mit ihren Beinen das Geräusch von Regentropfen nach, **ohne dass** der Regenwurm den Trick durchschaut.
5. Der Lampionfisch hat einen Leuchtpunkt auf seinem Kopf, **sodass** die anderen Fische angelockt und dann gefressen werden.

36

Ich bin **so** schwach, **dass** ich ohne Pausenbrot nicht das Schulheft aufschlagen kann.
Du bist **so** stark, **dass** du ein Telefonbuch mit zwei Fingern zerreißen kannst.
Mancher ist **so** langsam, **dass** er von einer Schildkröte überholt wird.
Wir sind **so** schnell, **dass** wir beim Zuspätkommen vom Direktor nicht gesehen werden.
Ihr seid **so** schwer, **dass** ihr einen Ozeandampfer zum Sinken bringt.
Einige sind **so** leicht, **dass** sie von einem Lufthauch umgestoßen werden.

37

1. **Weil** selbst gemachte Nudeln die gekauften im Geschmack weit übertreffen, sollten Sie es einmal versuchen.
2. Die 4 Eier, das Salz und das Öl werden mit 5 EL Mehl verrührt, **sodass** ein dünner, etwas zäher Teig entsteht.
3. Diesen Teig zum restlichen Mehl geben und beides sehr gut vermengen, **damit** sich keine Klumpen bilden.
4. Den Teig so kräftig kneten, **dass** er glatt wird und glänzt.
5. Dann wickeln Sie den Teig für 30 Minuten in ein feuchtes Tuch, **damit** er nicht austrocknet.
6. **Wenn** der Teig zu trocken ist, können Sie ihm ein paar Tropfen Wasser oder Öl beigeben.

38

1. **Weil** die Pflanze an einem falschen Platz steht, fault der Stiel. **(Kausalsatz)**
2. Die Pflanze bekommt zu wenig Nahrung, **sodass** die Blätter sich gelb verfärben. **(Konsekutivsatz)**
3. Die Pflanze bekommt zu viel Nahrung, **sodass** sie anfällig für Läuse wird. **(Konsekutivsatz)**
4. **Weil** die Pflanze zu wenig Wasser erhält, fallen die Knospen und Blüten ab. **(Kausalsatz)**
5. Die Pflanze bekommt zu viel Wasser, **sodass** die Wurzeln zu verfaulen beginnen. **(Konsekutivsatz)**
6. **Weil** die Pflanze an einem zu kalten Platz steht, werden die Blätter braun und fallen schließlich ab. **(Kausalsatz)**

39

1. Wenn du mit deinen Freunden sprechen wolltest;
2. Wenn du ein Frosch wärst;
3. Falls du einmal Tierforscher wirst

40

1. **Wenn** du Pilot werden willst, musst du das Abitur haben.
2. **Wenn** du Fensterputzer werden willst, musst du schwindelfrei sein.
3. **Wenn** du Kaffeetester werden willst, musst du eine empfindsame Nase haben.
4. **Wenn** du Fernsehunterhalter werden willst, musst du kontaktfreudig sein.
5. **Wenn** du Popsänger werden willst, musst du musikalisch begabt sein.
6. **Wenn** du Modeschöpfer werden willst, musst du an Farben und Formen interessiert sein.

41

Seltsam ist es,
wenn der Pfifferling keinen Ton herausbringt,
wenn das Vergissmeinnicht seinen Namen nicht weiß,
wenn der Löwenzahn sich vor einer Maus fürchtet,
wenn die Taubnessel gerne Konzerte hört,
wenn die Totentrompete den Geburtstagsmarsch bläst,
wenn das Gänseblümchen von einer Ente gefressen wird.

42

1. Eine tolle Schokoladencreme gibt es, **wenn** man eine Tafel Schokolade mit Sahne schmilzt.
2. Frische Gewürze halten ihr Aroma länger, **wenn** man sie in Olivenöl einlegt.
3. Maulwürfe vertreibt man, **wenn** man Knoblauch in einen Gang legt.
4. Flüstern wirkt Wunder, **wenn** ein Kind zornig ist.
5. Weiche Fensterleder erhält man, **wenn** sie nach Gebrauch mit lauwarmem Salzwasser ausgespült werden.

43

1. **Wenn** ein Apfelkern im Herdfeuer mit einem lauten Knall verbrennt, erfüllt sich der geheimste Wunsch.
2. Das rechte Ohr juckt, **wenn** von einem gut gesprochen wird.
3. Man sieht alle Geheimnisse auf der Welt, **wenn** ein Spiegel acht Tage lang in ein Grab gelegt wird.
4. Man hat Glück, **wenn** man ein vierblättriges Kleeblatt findet.
5. Auf dem Hof passiert kein Unglück, **wenn** der Knecht einen getrockneten Maulwurffuß in der Tasche trägt.

44

1. **Wenn** du die Schwester meines Vaters bist, bin ich dein Neffe oder deine Nichte.
2. **Wenn** ich der Sohn deines Vaters bin, bist du mein Bruder oder meine Schwester.
3. **Wenn** du die Tochter des Bruders meines Vaters bist, bin ich deine Cousine oder dein Cousin.
4. **Wenn** ich die Mutter deines Vaters bin, bist du mein Enkel oder meine Enkelin.

45

Wenn ich längere Beine hätte, würde ich auf 100 Meter Weltrekord laufen.
Wenn ich einen großen Bruder hätte, wärst du viel freundlicher zu mir.
Wenn ich ein Jahr Ferien hätte, würde ich mit meinem Wellensittich um die Welt segeln.
Wenn ich älter wäre, dürfte ich bis Mitternacht aufbleiben.
Wenn ich mehr Taschengeld bekommen würde, könnte ich mir zwei Eisbomben auf einmal kaufen.

46

1. **Wenn** das Wasser den Berg hinauffließen würde, könnte ich mit dem Paddelboot auf die Zugspitze fahren.
2. **Wenn** es noch Dinosaurier gäbe, würden sie alle Aufzüge verstopfen.
3. **Wenn** ich im Schlaf lernen würde, würde ich in die Schule mein Bett mitbringen.
4. **Wenn** du eine Tarnkappe hättest, würdest du im Notenbuch deines Mathematiklehrers die schlechteste Note ausstreichen.

47

1. Wenn Pkw-Fahrer bis 30 km/h schneller als erlaubt fahren, müssen sie mit einer Geldbuße von 120 € rechnen.
2. Überschreiten sie die vorgeschriebene Geschwindigkeit um mehr als 30 km/h, müssen 450 € bezahlt werden.
3. Wenn Lastkraftwagen innerhalb geschlossener Ortschaften 20 Stundenkilometer zu schnell fahren, droht eine Geldstrafe von 100 €.
4. Wenn ein Autofahrer beim Abbiegen Fußgänger gefährdet, kostet es ab sofort ebenfalls Geld.
5. Ist die Parkzeit um eine Stunde überschritten, ist eine Geldbuße von 5 € fällig.

48

1. Der Goldregenpfeifer fliegt von Alaska nach Hawaii, **obwohl er nur vier Gramm wiegt.**
2. Gänse überfliegen gefahrlos den Himalaja, **obgleich Bergsteiger am Himalaja kaum ohne Sauerstoffgerät auskommen.**
3. Manche Vögel bleiben fast zwei Tage ununterbrochen in der Luft, **obwohl Vögel normalerweise ständig Nahrung brauchen.**

49

Er ist Gärtner, **obwohl** er das Gras nicht wachsen hört.
Er ist Dachdeckermeister, **obwohl** er einen kleinen Dachschaden hat.
Er ist Goldschmied, **obwohl** er seine Worte nicht auf die Goldwaage legt.
Er ist Bäcker, **obwohl** er sich oft die Butter vom Brot nehmen lässt.
Er ist Koch, **obwohl** er immer erst spät den Braten riecht.
Er ist Fotograf, **obwohl** er manchmal nicht im Bilde ist.
Er ist Optiker, **obwohl** er bei seinen Kindern oft ein Auge zudrückt.

50

1. **Obwohl** andere noch essen, stehe ich vom Tisch auf.
2. **Obwohl** ich gähne, halte ich mir nicht die Hand vor den Mund.
3. **Obwohl** ein älterer Mensch einen Sitzplatz braucht, biete ich ihm nicht meinen an.
4. **Obwohl** ein anderer spricht, rede ich ihm dazwischen.
5. **Obwohl** mir jemand hilft, bedanke ich mich nicht bei ihm.
6. **Obwohl** mich jemand freundlich grüßt, grüße ich nicht zurück.

51

1. **Obwohl** Morgenstund **kein Blei** im Mund hat, komme ich morgens nur mit Mühe aus dem Bett.
2. **Obwohl** aller Anfang **schwer** ist, fange ich beim Lesen mit der ersten Seite an.
3. **Obwohl** Arbeit das Leben **süß** macht, lutsche ich gerne saure Bonbons.
4. **Obwohl** man durch Schaden **klug** wird, passe ich ganz besonders auf mein neues Fahrrad auf.
5. **Obwohl** Scherben **Glück** bringen, werfe ich die Kristallvase nicht aus dem Fenster.
6. **Obwohl** in einer rauen Schale oft ein **weicher** Kern steckt, esse ich keine Nüsse.

52

Mister X ist unschuldig,

1. **obwohl** ihm die Tatwaffe gehört. **(Konzessivsatz)**
2. **obwohl** ihn zwei Zeugen genau beschrieben haben. **(Konzessivsatz)**
3. **obwohl** man seine rote Wollmütze am Tatort gefunden hat. **(Konzessivsatz)**
4. **obwohl** man an seinen Schuhen verdächtige Spuren fand. **(Konzessivsatz)**
5. **weil** er sich zur Tatzeit im Fernsehen einen Krimi angesehen hat. **(Kausalsatz)**
6. **obwohl** der Inspektor ihn nicht leiden konnte. **(Konzessivsatz)**

53

Ich kaufe mir ein Schloss in Oberbayern,

1. **weil** ich schon immer das Gefühl hatte, ein verwunschener Prinz zu sein. **(Grund)**
2. **damit** ich dann von meinen Freunden mit „Exzellenter Prinzengraf" angesprochen werde. **(Absicht)**
3. **obwohl** ich es mir von meinem Gehalt als Postbote eigentlich gar nicht leisten kann. **(Einschränkung)**
4. **sodass** ich bald unter meiner alten Adresse nicht mehr erreichbar bin. **(Folge)**
5. **falls** ich in der nächsten Woche im Lotto gewinne. **(Bedingung)**

54

1. **Obwohl** es mir im Sommer dort manchmal zu heiß ist, fahre ich nach Italien, **weil** das Meer immer warm ist.
2. **Obwohl** die Anfahrt recht weit ist, fahre ich nach England, **weil** ich dort meine Schwester besuchen kann.
3. **Obwohl** ich noch nicht gut Französisch sprechen kann, fahre ich nach Frankreich, **weil** ich meine Französischkenntnisse verbessern will.
4. **Obwohl** ich leicht friere, fahre ich in die Antarktis, **weil** ich letztes Jahr zwei Pinguine kennengelernt habe.
5. **Obwohl** meine Freunde in Australien mich eingeladen haben, bleibe ich zu Hause, **weil** ich so leicht Heimweh bekomme.

55

1. Die Lassospinne lauert auf ihre Beute, **indem** sie ein tragbares Netz zwischen ihren Beinen hält.
2. Die Lassospinne fängt ihre Beute, **indem** sie das Netz über ihr Opfer stülpt.
3. Die Röhrenspinne fängt ihre Beute **dadurch, dass** sie den Deckel der Falle öffnet.

56

1. – c) Bei uns finden Sie Mode aus Paris, wie Sie sie in deutschen Boutiquen selten finden.
2. – b) Unsere Reibekuchen schmecken, als ob Ihre Großmutter sie mit der Hand gerieben hätte.
3. – e) Mit einer Anzeige bei uns haben Sie schneller Erfolg, als Sie es bei anderen Zeitungen erleben werden.
4. – f) Je eher Sie das Wunschpaket bestellen, desto eher können Sie eine Überraschung erleben.
5. – a) Durch unsere Traumflüge kommen Sie günstiger in den Urlaub, als Sie es sich träumen lassen.
6. – d) Alle unsere Reste verkaufen wir so preiswert, wie es sich selbst eine sparsame Hausfrau nicht vorstellt.

57

Ich schütze mich vor Fahrraddieben,

1. **indem** ich ein solides Schloss verwende,
2. **indem** ich den Rahmen des Fahrrads an einem festen Gegenstand ankette,
3. **indem** ich das Fahrrad an einem gut sichtbaren Platz abstelle,
4. **indem** ich kein Werkzeug am Rad zurücklasse,
5. **indem** ich einen Fahrradpass ausfülle oder ein Foto anfertige,
6. **indem** ich eine Nummer ins Tretlagergehäuse einschlagen lasse.

58

Als vornehmer Mann isst man,

1. **indem** man die Speisen mit drei Fingern fasst,
2. **ohne dass** man beim Essen das Messer in den Mund schiebt,
3. **indem** man sein eigenes Trinkgeschirr benützt,
4. **ohne dass** man die Knochen bis zur Stubentür wirft,
5. **indem** man sein Messer vor dem Essen säubert,
6. **ohne dass** man das Tischtuch mit Soßen oder Fett beschmiert,
7. **ohne dass** man wie ein Schwein schmatzt,
8. **ohne dass** man die Knochen wie ein Hund benagt.

59

1. Ich habe die Dame des Hauses begrüßt, **ohne** die Hand aus der Hosentasche **zu** nehmen.
2. Dann habe ich die Blumen überreicht, **ohne** das Papier **zu** entfernen.
3. Ich habe mit dem Essen begonnen, **ohne** auf die anderen **zu** warten.
4. Ich habe aus einem Glas getrunken, **ohne** mir vorher den Mund ab**zu**wischen.
5. Ich habe mir den letzten Apfel genommen, **ohne** die anderen **zu** fragen.
6. Schließlich bin ich nach Hause gegangen, **ohne** mich bei der Gastgeberin **zu** bedanken.

60

Die Leisten aus Balsaholz werden gekreuzt, wobei **(B)** diese nicht zu dick sein dürfen. Kennzeichne die Kreuzpunkte, indem **(M)** du dir mit Bleistift dünne Striche machst. Die Einschnitte gehen jeweils halb so tief, wie **(V)** die Leisten dick sind. Beim weichen Balsaholz lässt sich das leicht herausheben, wobei **(B)** eine feine Säge sehr nützlich ist. Die beiden Teile werden dann zusammengeklebt, ohne dass **(B)** du dabei Gewalt anwendest. Anschließend müssen die Flügel in Form geschliffen werden, indem **(M)** du mit einem feinen Schleifpapier über die Flächen streichst. Schließlich wird alles geglättet, wie **(V)** du es vom Flugmodellbau her gewohnt bist.

61

1. **Weil** im Laufe der Woche die Bewölkung abnimmt, wird es wärmer.
2. Über West- und Mitteleuropa gibt es zwei große Wolkenbänder, **während** in Osteuropa mit Aufheiterung gerechnet werden kann.
3. **Weil** sich ein Hoch von Westen nach Mitteleuropa ausdehnt, wird morgen das gute Wetter auch auf Deutschland übergreifen.
4. In Alpennähe kommt es noch zu gelegentlichen Schauern oder Gewittern, **während** im Norden Deutschlands mit einer zunehmenden Aufheiterung zu rechnen ist.
5. **Während** am Tage die Temperaturen bis auf 25 Grad ansteigen werden, sinken in der Nacht die Temperaturen in Bodennähe auf 10 Grad.

62

1. Elefanten unterhalten sich miteinander, **indem** sie ganz tief und anhaltend grollen.
2. Kaninchen unterhalten sich miteinander, **indem** sie mit den Hinterläufen heftig trommeln.
3. Spinnen unterhalten sich miteinander, **indem** sie ständig ihr Netz hin und her bewegen.
4. Frösche unterhalten sich miteinander, **indem** sie bewusst die Hinterbeine abspreizen.

63

Wissenschaftler erforschen die Tiersprache

1. **durch** die Verwendung modernster Mikrofone,
2. **durch** das Abspielen von Tonbandaufnahmen,
3. **durch** das langzeitige Beobachten der Tiere,
4. **durch** den Einsatz von Computern.

64

1. Zeichnungen: klein; mit denen sich die Menschen damals verständigten; jahreszeitlich geordnet
2. Zeichen: in Holz- oder Knochenstäbe eingeritzt
3. Schnitzereien: die für die jeweilige Jahreszeit wichtige Tiere bezeichneten
4. Schlange: die sich um den ganzen Stab windet und aus verschieden großen Punkten besteht
5. Ergebnis: dass Punkte und Linien in einer bestimmten Reihenfolge angeordnet waren

65

1. Die Reise in die Tiefen des Meeres, **das man bis heute kaum erforscht hat,** ist genauso aufregend wie eine Landung auf dem Mond.
2. In großen Tauchkugeln, **in denen mehrere Leute Platz haben,** wird man in die Finsternis hinabgelassen.
3. Durch Guckfenster, **die durch armdickes Glas geschützt sind,** kann das verborgene Leben beobachtet werden.
4. Der Tiefseefühlerfisch, **der nie das Tageslicht sehen wird,** tastet vorsichtig den dunklen Meeresboden nach Nahrung ab.
5. Manche Wassertiere, **bei denen man nicht genau weiß,** ob sie Fische sind, stehen regungslos und senkrecht im Wasser.
6. Die Seefledermaus, **die sich am besten mit einem gerupften Huhn vergleichen lässt,** bewegt sich mit zwei Beinen und einer Schwanzflosse vorwärts.

66

1. Liebe Sportsfreunde! In neuer Spielbekleidung, **die ganz blau war und vorne rosa Längsstreifen hatte,** betrat die gegnerische Mannschaft die Arena.
2. Liebe Versicherung! Bei dem Unfall wurde mein Wagen, **der kurz vorher am Hinterteil neu lackiert worden war,** von einem Radfahrer stark beschädigt.
3. Liebe Zeitung! In einem witzigen Artikel, **über den ich sehr gelacht habe,** haben Sie den Bundeskanzler gut getroffen.
4. Lieber Herr Lehrer! Mein Sohn, **der mich oft zur Weißglut bringt,** konnte Ihren Deutschunterricht nicht besuchen.
5. Lieber Herr Bürgermeister! In meiner Straße, **deren Länge ungefähr 2 Kilometer beträgt,** gibt es leider immer noch keine Verkehrsampel.

67

Als junge und einfallsreiche Reiseunternehmer machen wir Ihnen heute ein Angebot, **das** Sie in anderen Prospekten vergebens suchen. Wandern im Kühlschrank – ein Erlebnis, **das** andere Erlebnisse verblassen lässt. Unser erfahrener Wanderführer Emil Eisbein, **auf den** Sie sich blind verlassen können, steht Ihnen jederzeit zur Seite. Er wird Sie auf Dinge hinweisen, **an denen** Sie sonst vorbeigehen. Er zeigt Ihnen Tricks, **die** Sie fürs Überleben brauchen. Es sollen ja zwei aufregende Urlaubswochen werden, **an die** Sie noch lange denken werden. Zunächst öffnen wir vorsichtig die Tür des Kühlschranks, **hinter der** sich eine überraschende Welt auftut. Wir wenden uns gleich nach links und lassen den Blumenkohl, **der** sich uns drohend in den Weg stellt, rechts liegen.

68

Die Runen, **die die Germanen selbst Geheimnis nannten,** bieten auch uns noch viele Rätsel. Sie wurden meist zufällig an Orten, **die in dunklen Wäldern verborgen lagen,** gefunden. Diese alten Botschaften, **die oft nur aus wenigen Wörtern bestehen und schwer zu erkennen sind,** stehen vor allem auf Gegenständen aus Metall oder Stein. Erstaunlich ist, dass die Inschriften, **von denen es nur wenige gibt,** fast nichts aussagen. Auf einem riesigen Granitblock, **den die Forscher in Schweden entdeckt haben,** stand lediglich der Name des Steinmetzen. Man hat auch Holzstäbchen oder Steinchen, **auf denen je eine Rune eingeritzt war,** gefunden. Sie dienten wahrscheinlich den Runenmeistern, **die man sich als Zauberer oder Medizinmänner vorstellen muss,** dazu, die Zukunft zu deuten.

69

Das Gerüst, **das aus einem leichten Holzrahmen gebaut ist,** ist etwa 30 Fuß breit. In der Mitte des Gerüstes, **das mit festem Leinen bespannt ist,** hat man einen Benzinmotor angebracht, **der die Flügelräder antreibt.** Weitere Teile sind die Räder, **die aus zwei Propellerschrauben mit sechs Flügeln bestehen.** Die Schraube, **die unmittelbar unter dem Schwerpunkt angebracht ist,** erzeugt mit der zweiten Schraube, **die am hinteren Teil befestigt ist,** die nötige Schubkraft. Von der Mitte des Flugzeugs ragt ein hölzerner Rahmen, **der als Steuerruder wirkt,** nach vorne. Dieses Steuerruder, **das nach beiden Seiten beweglich ist,** wird vom Flugzeuglenker bedient. Er muss auch die Sperre lösen, **die den Flugapparat festhält.** Dann erhebt sich der Apparat, **der einem Riesenvogel gleicht,** in die Lüfte.

70

Das älteste Dorf, **das** man gefunden hat, liegt im Jordantal. Die Entdeckung, **dass** es sich bereits um eine richtige Ansiedlung mit Häusern aus Stein handelte, überraschte die Wissenschaftler. Das älteste Haus, **das** halb in den Boden eingegraben war, war bereits mit Mörtel verputzt. Außerdem hat man Pfeiler aus Holz gefunden, **das** diese lange Zeit überdauert hat. Die Pfeiler ragten etwas über die Mauer hinaus; der Zweck, **dass** dadurch Licht einfallen konnte, war klar erkennbar. So hatten sich die Menschen vor langer Zeit ein Heim geschaffen, **das** sie vor Regen und Sonne schützte. Der zweite Nutzen, **dass** sie ihre Kinder in Sicherheit aufziehen konnten, war gewiss genauso wichtig. Früh hatten sie auch die Entdeckung gemacht, **dass** man auf diese Weise außerdem die wilden Tiere abhalten konnte. So entstand wohl das erste Dorf, **das** in erster Linie zum Schutz vor der Natur errichtet wurde.

Test 1

1. Plusquamperfekt: Ich hatte das gelernt, was ich unbedingt musste. **(RS)**
2. Perfekt: Ich habe gelernt, dass dies nicht genügt. **(KS)**
3. Präteritum: Ich lernte das, was von mir erwartet wurde. **(RS)**
4. Präsens: Ich lerne nun, dass nicht alles wichtig ist. **(KS)**
5. Futur I: Ich werde lernen, was ich brauche. **(RS)**
6. Futur II: Ich werde auch das gelernt haben, was ich nicht brauche. **(RS)**

Test 2

Weil es an Schlafmöglichkeiten fehlte, kamen während des Festspiels von Edinburgh (Schottland) junge Schauspieler auf eine witzige Idee. Als ihnen das Schlafen auf der Bühne verboten wurde, erfanden sie **ein neues Theaterstück, das sie „Sieben Stunden Schlaf" nannten.** Es handelt davon, dass Personen sich auf der Bühne für die Nacht vorbereiten. Und wie es ganz natürlich ist, fallen sie kurz darauf in **einen tiefen Schlaf, aus dem sie erst am Morgen erwachen.** Zu der Welturaufführung kam **ein einziger Zuschauer, den die Schauspieler am nächsten Morgen schlafend vorfanden. Die Überraschung der Schauspieler, dass ihr Stück so großen Erfolg hatte,** war groß. **Der Zuschauer, der „Sieben Stunden Schlaf" so einschläfernd gefunden hatte,** war der Theaterdirektor.

Test 3

1. Es kommt recht häufig vor, **dass** sich jemand über unsere günstigen Preise wundert. **(GS)**
2. Unsere Möbel sind deshalb sehr günstig, weil das Material, **das** wir verwenden **(AS)**, aus eigenen Wäldern stammt.
3. Wir garantieren außerdem, **dass** unsere Möbel aus lange gelagertem Holz hergestellt sind. **(GS)**
4. Manche meinen auch, **dass** es bei uns keinen Service gibt. **(GS)**
5. Das Versprechen, **das** wir Ihnen geben **(AS)**, halten wir auch.
6. Jedes Möbelstück, **das** Sie bei uns kaufen **(AS)**, bringen wir bis vor Ihre Haustür.
7. **Dass** alles bei Ihnen zu Hause von Fachleuten aufgebaut wird **(GS)**, ist dabei selbstverständlich.

Test 4

Subjekt- oder Objektsätze: 3, 5, 6, 10
Adverbialsätze: 2, 7, 8
Attributsätze: 1, 4, 9

Test 5

Bevor wir Menschen die besonderen Fähigkeiten des Wals erkannten **(temp)**, haben wir ihn gründlich „verarbeitet". Erst als er fast ausgerottet war **(temp)**, entdeckten die Forscher seine „menschlichen" Eigenschaften. Obwohl Wale intelligenter sind als Menschenaffen **(konz)**, hat man sie lange Zeit nur als Lieferanten von Fett und Fleisch betrachtet. Weil die Meeressäugetiere ihre geistigen Kräfte ganz anders einsetzen als wir Menschen **(kaus)**, sind sie nun interessant geworden. Das witzigste Beispiel: Wale treffen sich jährlich zu einem Sängerwettstreit, wobei sie einen „Lieblingshit" wählen **(mod)**. Nachdem sie sich auf eine Melodie geeinigt haben **(temp)**, geht sie rund um die ganze Welt.

Test 6

1. Die Zugvögel warten viele Tage auf günstige Wetterbedingungen, **weil sie Winde in südlicher Richtung benötigen.**
2. Ihr Wettersinn spürt Veränderungen im Luftdruck, **sodass sie ihre Flughöhe ständig korrigieren können.**
3. Auf ihrem Flug machen sie häufig Zwischenstopps, **damit sie ohne großen Kräfteaufwand ans Ziel kommen.**
4. Kleine Haarfedern an der Brust geben ihnen Informationen, **sodass sie mit dem günstigsten Wind fliegen können.**

Test 7

1. Eisenstiefel und Blechschienen sind angelegt worden. **(VZ)**
   Nachdem Eisenstiefel und Blechschienen angelegt worden sind, ...
2. Der Vorsteckbart, ein Schutz für Kinn und Zähne, wird angebracht. **(GZ)**
   Während der Vorsteckbart, ein Schutz für Kinn und Zähne, angebracht wird, ...
3. Sorgfältig werden die Helfer die Stahlhandschuhe befestigen. **(NZ)**
   Bevor die Helfer die stählernen Handschuhe befestigen werden, ...
4. Man wird dem Ritter das große Schwert reichen. **(NZ)**
   Bevor man dem Ritter das große Schwert reichen wird, ...
5. Die Knappen haben den Ritter fertig eingekleidet. **(VZ)**
   Nachdem die Knappen den Ritter fertig eingekleidet haben, ...

Test 8

1. Wir stehen fest auf dem rechten Bein, **wobei das linke Bein leicht angezogen ist,** und führen das linke Bein dann nach unten.
2. **Nachdem der Fuß eingetaucht ist,** drücken wir sofort das linke Bein schnell gegen das rechte Bein.
3. Die Bewegung soll durchgezogen werden, **bis die Beine geschlossen sind.**
4. Sie soll nur vom linken Spielbein durchgeführt werden, **ohne dass das rechte Standbein beteiligt ist.**
5. **Nachdem das linke Bein weich aus dem Wasser herausgehoben ist,** muss alle Kraft aufgewendet werden, damit das Wasser weggedrückt wird.
6. Diese Übung wird 10-mal wiederholt, **ohne dass Pausen dazwischen geschoben werden.**

Test 9

1. **Nach den ersten Erfolgen im hüfttiefen Wasser** wird der Anfänger stolz auf seine Tapferkeit sein.
2. **Vor dem Sprung ins Wasser** sollte jeder tief einatmen.
3. **Nach dem Hinabtauchen bis zum Grund** stößt man sich kräftig nach oben.
4. **Bei einer Wassertiefe von mehr als 2 Metern** kann man dem Körper **durch kräftige Armbewegungen** nachhelfen.

Test 10

1. Der Buntspecht trommelt am liebsten auf morsche Äste, **weil** sie am besten klingen. **(Grund)**
2. Er hämmert mit seinem Schnabel ungefähr 40-mal in der Sekunde auf das Holz ein, **damit** alle Spechtweibchen im Umkreis von zwei Kilometern ihn hören. **(Absicht)**
3. **Nachdem** das erste Weibchen angekommen ist, feiert er Hochzeit. **(Zeit)**
4. **Während** der Grauganter seine erwählte Graugans auf dem Wasser umkreist, streckt er seinen Schnabel nach oben und begrüßt sie lautstark. **(Zeit)**
5. **Wenn** sie seinen Ruf erwidert, sind sie beide „verlobt" und bleiben sich das ganze Leben treu. **(Bedingung)**
6. Der Kleiber ist besonders raffiniert, **weil** er die Löcher der Nistkästen oder Baumhöhlen zuklebt. **(Grund)**
7. Er lässt dabei nur ein kleines Einschlupfloch frei, **sodass** sich größere Vögel woanders einen Platz suchen müssen. **(Folge)**
8. **Nachdem** er so für seine „Braut" eine Wohnung besorgt hat, macht er sich auf die Suche nach ihr. **(Zeit)**

9. Das Blaumeisenmännchen fliegt besonders tief, **weil** es durch seinen Mut das Weibchen beeindrucken will. **(Grund)**
10. **Wenn** das Männchen seiner Angebeteten auch noch eine Raupe als Geschenk bringt, folgt sie ihm zum gemeinsamen Nest. **(Bedingung)**

Test 11

1. Soße: **Damit** Soße keine Klumpen bekommt, solltest du sie mit dem Schneebesen kräftig durchschlagen. Gute Ergebnisse erhältst du, **wenn** die zugegebene Flüssigkeit kalt ist.
2. Mehlschwitze: Butter wird mit Mehl so lange erhitzt, **bis** sich keine Blasen mehr bilden. Für eine braune Mehlschwitze wird das Mehl geröstet, **sodass** es eine braune Farbe annimmt.
3. Steak: Hohe Anfangstemperaturen schließen die Poren, **sodass** der Saft nicht austreten kann. **Wenn** man daraufdrückt, soll es sich wie ein Gummiball anfühlen.

Test 12

1. – e) **Weil** meine Goldfische im Aquarium immer frieren, habe ich ihnen Schwimmflossen aus Baumwolle gestrickt.
2. – f) **Nachdem** mein Goldhamster ein Fernsehgerät gewonnen hat, sitzt er den ganzen Tag vor der Glotze.
3. – d) **Obwohl** mein Kanarienvogel nicht singen kann, gehe ich mit ihm oft in die Oper.
4. – c) **Seitdem** meine Perserkatze einen Pelzmantel hat, gibt es noch mehr Haare in der Wohnung.
5. – b) **Wenn** mein Bernhardiner Sehnsucht nach den Bergen bekommt, jodle ich dreimal am Tag.
6. – a) **Damit** meine Meerschweinchen das Radfahren lernen, habe ich ihnen zwei Klingeln gekauft.

Test 13

Sugar, ein cremefarbener Kater, gehörte einer Familie Woods in Kalifornien. Weil es aber weiter im Norden bessere Verdienstmöglichkeiten gab **(kaus)**, beschloss die Familie umzuziehen. Als die Familie gerade losfuhr **(temp)**, sprang Sugar, weil er schreckliche Angst vor dem Auto hatte **(kaus)**, aus dem Wagenfenster. Die Woods mussten abreisen, ohne dass es Hoffnung auf ein Wiedersehen gab **(mod)**. 14 Monate später, als Frau Woods gerade die Kühe molk **(temp)**, sprang ihr eine Katze durchs offene Stallfenster auf die Schulter. Es war Sugar! Da er eine besondere Färbung hatte **(kaus)**, konnte er eindeutig erkannt werden.

Test 14

Betrachtet man Katzen näher **(kon)**, kann man viele Ausdrucksmöglichkeiten feststellen. Katzen sind einfühlsame Wesen, können aber, wenn's sein muss **(kon)**, eine ganze Familie beherrschen.

Bei der Begrüßung streicht die Katze um deine Beine, um Gerüche mit dir auszutauschen **(fin)**. Sie reibt ihre Duftdrüsen an dir, weil sie dich als ihren Besitz kennzeichnen will **(kaus)**. Wenn ein besonderes Vertrauen zwischen deiner Katze und dir besteht **(kon)**, rollt sie sich auf den Rücken. In dieser Lage will sie nicht gekrault werden, obwohl es so aussieht **(konz)**. Beobachtet man den Schwanz der Katze **(kon)**, kann man ihren Gemütszustand gut beurteilen. Bei größeren Katzen zittert der Schwanz, wenn sie aufgeregt sind **(kon)**. Einen Buckel machen sie, damit sie in den Augen ihres Feindes größer erscheinen **(fin)**.

Test 15

1. Der Adler fliegt, **wenn der Tod herannaht**, so hoch, dass er sich seine Federn verbrennt.
2. Das Chamäleon wird oft, **weil es eine grüne Körperfarbe hat,** von Elefanten zusammen mit den Zweigen gefressen.
3. Der Storch bekämpft seine Übelkeit, **indem er Salzwasser trinkt.**
4. Das Krokodil beweint seine Opfer, **nachdem es sie „verzehrt" hat,** mit vielen Tränen.
5. **Wenn Schmerzen länger andauern,** heilt sich das Wildschwein dadurch, dass es frischen Efeu frisst.
6. Die Smaragdeidechse bewacht den Schlaf des Menschen und weckt ihn auf, **wenn Gefahr droht,** damit ihm nichts passiert.

Schlusstest: Satzarten

Schlusstest 1

1. Aussage – Aussage – Aufforderung – Frage – Aussage – Aussage
2. Aussage – Aussage – Aussage – Frage – Frage – Aufforderung – Aussage

Schlusstest 2

Sehr geehrte Herren Gummibärchen! 1. April

Die am 1. April bestellte Ware ist noch nicht bei uns eingetroffen. Liefern Sie die Ware bis spätestens 1. August! Lassen Sie die Gummibärchen mit dem Mund zurechtlutschen oder von Künstlerhand schnitzen? Bei den beiden gelieferten Probe-Gummibärchen schmeckt die Geschmacksrichtung Zitrone wie Spülmittel mit Zitronensaft. Was denken Sie sich dabei eigentlich? Verwechseln Sie Gummibärchen nicht wieder mit Himbeerchen!

Schlusstest 3

1. (HS) Wir wissen zwar nicht, (NS) wo wir hin sollen, (HS) wir werden aber als Erste da sein.
2. (NS) Wo wir sind, (HS) da ist vorn, (NS) und wenn wir hinten sind, (HS) dann ist hinten vorn.
3. (HS) Wie kann ich wissen, (NS) was ich denke, (NS) bevor ich höre, (NS) was ich sage?
4. (NS) Wer kriecht, (HS) kann nicht stolpern.
5. (HS) Im letzten Monat stand ich einen Schritt vor dem Abgrund, (HS) heute bin ich schon einen großen Schritt weiter.
6. (HS) Wo war ich eigentlich, (NS) als ich mich gebraucht habe?

Schlusstest 4

Wenn die Sonne blutrot hinter den Bergen versinkt, treibt die Sennerin, deren Herz über so viel Glück jubiliert, die Kühe, die mit ihrem hellen Glockenklang das ganze Tal erfüllen, in den Stall. Wo alles Getier friedlich zusammenkommt, wartet der junge Knecht, den ein fesches Hütchen ziert, als müsste sein Herz zerspringen. Ehe sich die Dunkelheit übers Land senkt, müssen nämlich alle Kühe gemolken sein.

Schlusstest 5

In der südbrasilianischen Stadt Porto Alegre ist, während (K) der Hausmeister ruhig schlief, ein Schulhaus gestohlen worden. Wie (K) die brasilianische Presse berichtete, waren die Diebe mit Lastwagen vorgefahren. Sie hatten das Schulgebäude, das (R) ganz aus Holz errichtet war, einfach abgebaut. Sie nahmen alle Einrichtung mit, wobei (K) sie auch Lampen und Vorhänge nicht vergaßen. Das Einzige, was (R) sie zurückließen, war die Bodenplatte aus Beton.

Thomas Flynn, 37-jähriger Vater aus Florida, hat für seinen Sohn Sean eine Strafe abgesessen, die (R) dieser vom Rektor der Volksschule bekommen hatte. Weil (K) Sean eine halbe Stunde zu spät in der Schule erschienen war, sollte er dieselbe Zeit nachsitzen. Sein Vater, der (R) offensichtlich viel Sinn für Gerechtigkeit hat, saß diese Strafe für seinen Sohn ab. Er begründete es damit, dass (K) sie als Eltern an der Unpünktlichkeit ihres Sohnes schuld waren.

Schlusstest 6

Der Computer arbeitet bereits, **während** die Angestellten noch in den Federn liegen.
Er passt genau auf und hat dreimal das Licht ausgeschaltet, **weil** der etwas verschlafene Nachtwächter es hat brennen lassen.
Die Putzfrauen rücken an, **nachdem** der Computer ihnen das Licht in der Eingangshalle eingeschaltet hat.
Er schaltet die Garagenbeleuchtung und -belüftung ein, **weil** die ersten Angestellten bereits im Anmarsch sind.
Dann stellt er die Heizung etwas höher, **so dass** das Betriebsklima besser wird.

13 Indirekte Rede

1

Herr Tunichtgut sagte aus, er und **seine** Familie **hätten** mit den verschwundenen Gummibärchen nichts zu tun. Sie **seien** anständige Leute und **würden** nicht **lügen**.
Frau Tunichtgut fragte, **weshalb** ihr Sohn verdächtigt **werde** und ob die Polizei Beweise **habe**.
Deren Tochter Susi beteuerte, sie **sei** unschuldig, **sie sei** nämlich um 13 Uhr bei **ihrer** Freundin **gewesen**. Gummibärchen **habe** sie **in der Wohnung angeblich** noch nie gesehen.
Sohn Kalle verlangte lautstark, die Polizei **solle** seine Schwester fragen und **ihn** in Ruhe **lassen**.

2

Sie behauptet,
es sei zu hell zum Küssen und außerdem **störe sie ihre Zahnspange,**
es sei zu spät fürs Kino und außerdem **kenne sie den Film schon,**
es sei zu heiß zum Tanzen und außerdem **könne sie den neumodischen Tanz nicht,**
es sei zu früh fürs Heimgehen und außerdem **sei sie noch nicht müde,**
es sei zu kalt zum Schwimmen und außerdem **habe sie ihre Badekappe vergessen,**
es sei zu dunkel zum Essen und außerdem **mache sie gerade eine Diät.**

3

Alte Sagen berichten, auf dem höchsten Punkt der Insel **liege** die Königsburg. In ihr **befinde** sich ein Heiligtum, das von einer Mauer umgeben **sei**. Dorthin **brächten / würden ... bringen** die Menschen jährlich die Früchte der Jahreszeit. Die Außenwände **hätten** die Einwohner mit Silber **überzogen**, nur die Zinnen **seien** aus reinem Gold. Die Wände im Innern **beständen / würden ... bestehen** aus Bergerz. Das größte Götterstandbild **erreiche** mit seinem Haupt die Decke. Auch der Altar **entspreche** in seiner Pracht der Umgebung. An den Außenwänden **umständen / würden ... umstehen** goldene Säulen den Tempel.

4

„Überall auf der Insel haben die Bewohner von Atlantis den Göttern prächtige Tempel erbaut. Auf der größten Insel ist außerdem eine große Rennbahn errichtet worden. Die Plätze um den Königssitz herum nehmen zahlreiche Wohnhäuser ein, die ebenfalls kostbar ausgestattet sind. Geschäftiges Treiben herrscht im Hafen. Schon von Weitem kann man den Lärm und das Geschrei der Seeleute und Händler hören. Ständig kommen von auswärts Handelsschiffe, die kostbare Waren bringen."

5

1. Der Verdächtige sagte aus, er komme als Täter nicht infrage, weil er als Linkshänder die Waffe gar nicht richtig in die Hand nehmen könne.
2. Er sei unschuldig und habe das Opfer vorher nie gesehen.
3. Er habe am Montag ganz bestimmt nicht am Tatort sein können, weil er zur gleichen Zeit seine Tante im 100 km entfernten Köln besucht habe.
4. Man habe ihn mit Gewalt auf die Wache geschleppt.
5. Er werde sich beim Polizeipräsidenten beschweren.

6

1. Philipp sagte, er **sei** sehr stolz auf die Eins in Biologie **gewesen**. Dafür **habe** er jeden Tag **büffeln müssen**.
2. Marie sagte, sie **habe** sich über die Eins in Sport **gefreut**. Dafür **habe** sie nichts **tun müssen**. Deshalb **werde** sie Sport **studieren**.
3. Markus sagte, auf eine Note **sei** er nie stolz **gewesen**. Nur in Mathematik **habe** er sich **gefreut**. Bei seinem Sohn **werde** er nachsichtig **sein**.
4. Lisa sagte, für gute Noten **habe** sie nichts **tun müssen**. Sie **werde** bei ihren Kindern nicht viel Wert auf gute Noten **legen**.

7

1. Bernd sagte: „Die Noten sind nie sehr wichtig gewesen. Am besten wäre es, die Kinder erst ab zehn Jahren in die Schule zu schicken."
2. Lena sagte: „In der Schule hat es immer viel Spaß gegeben."
3. Karl sagte: „Früher ist alles ganz anders gewesen. Heute wäre die Freude am Lernen sicher größer, wenn es weniger Ablenkung gäbe."

8

Der Angeklagte sagte aus, …

1. **sein Nachbar** sei in **seine** Faust hineingefallen,
2. **sein** Bierkrug habe sich selbstständig gemacht und das bedauernswerte Opfer ohne **seine** Schuld verletzt,
3. **er** beantrage wegen **seiner** erwiesenen Unschuld Schadensersatz für das verschüttete Bier,
4. **er** bitte um ein mildes Urteil. **Seine** Freunde vom Stammtisch würden sich nach **ihm** sehnen.

9

Ein Bekannter berichtet: Rebekka sagte, sie fahre gerne mit ihrer Mutter nach München. Dort träfen sie ihren Freund. Mit dem würden sie dann vietnamesisch essen gehen.
Rebekkas Mutter berichtet: Rebekka sagte, sie fahre gerne mit mir nach München. Dort träfen wir unseren Freund. Mit dem würden wir dann vietnamesisch essen gehen.
Rebekkas Freund: Rebekka sagte, sie fahre gerne mit ihrer Mutter nach München. Dort träfen sie mich. Mit mir würden sie dann vietnamesisch essen gehen.

10

Der Lehrer R.S. hat in Tokio den Wettbewerb der größten Schreihälse gewonnen. Er meinte, durch sein tägliches Training in der Schule sei es gar nicht schwer gewesen. Seine Schüler könnten nicht still sein, deshalb müsse er immer sehr laut reden. Im Wettbewerb brachte er es auf satte 116,7 Dezibel (sehr starker Verkehrslärm: 100 Dezibel). Das Preisgeld von 700 € werde an seine Schüler verteilt. Die könnten nämlich noch lauter sein als er, behauptete der lautstarke Lehrer. Nächstes Jahr werde er wieder am Wettbewerb teilnehmen.

11

Der junge Held sagte unserem Reporter:
„Er ist mir aufgefallen, weil er seine Zeitung verkehrt herum gehalten hat."
„Ich habe mich ihm in den Weg gestellt und die gestohlene Handtasche zurückverlangt."
„Erst hinterher bin ich mir der Gefahr bewusst geworden."
„Die Feier im Rathaus regt mich mehr auf als der Diebstahl."

12

In einem alten Benimmbuch stand, die Menschen **sollten**
1. den Ellbogen nicht auf den Tisch stützen,
2. aufrecht sitzen,
3. sich nicht mit der Schulter an den Stuhl lehnen,
4. sich nicht am Kopf kratzen,
5. das Nasenbohren sein lassen,
6. sich auf die Seite wenden, wenn sie husten,
7. nicht an den Speisen riechen,
8. nichts vom Mund auf den Teller legen.

13

Da gab es einmal einen Jungen, der wollte immer alles wissen. Und so hat er seinen Vater gefragt,

1. **wie** dick das Eis am Südpol **sei**,
2. **ob** das Murmeltier im Winter länger **schlafe** als der Igel,
3. **ob** es in Deutschland mehr Katzen als Hunde **gebe**,
4. **warum** Fallschirme in der Mitte ein Loch **hätten**,
5. **ob** man einen Lügner an seinem Lächeln **erkennen könne**,
6. **wie** ein Tischtennisball **hergestellt werde**.

14

Eine Maus lud einen Frosch zu sich in die Vorratskammer eines reichen Mannes ein und forderte ihn auf, er solle nach Herzenslust essen und sich die besten Speisen nehmen. Nach der Mahlzeit lud der Frosch die Maus zu sich ein, sie solle mit ihm kommen und sich an seinen Schätzen mästen. Als sie an einen Fluss kamen, fragte die Maus, wie sie ans andere Ufer komme und ob er sie hinüberbringe. Der Frosch sagte, er binde ihren Fuß an seinen, damit sie nicht ertrinke. Als die Maus merkte, dass der undankbare Frosch sie ertränkte, sagte sie, sie werde von ihm getötet werden. Aber er solle Acht geben. Ein Stärkerer werde sie rächen. Kurz darauf schoss ein Habicht vom Himmel herab und verschlang Maus und Frosch.

Test 1

Vor fast 2000 Jahren war man der Meinung,

1. die Bienen seien nur zum Nutzen für die Menschen geschaffen.
2. sie verkröchen sich (würden sich verkriechen) beim Untergang des Siebengestirns und ruhten (würden ruhen) bis zur Blütezeit der Bohnen.
3. sie trügen (würden tragen) das Bienenbrot zusammen; es schmecke recht bitter und diene ihnen als Nahrung.
4. in der Nacht schliefen sie (würden schlafen) auf dem Rücken; mit ihren Flügeln würden sie sich vor dem Tau schützen.
5. bei Sturm nähmen sie fürs Gleichgewicht ein Steinchen und flögen (würden fliegen) nur in Bodennähe.
6. faule Bienen würden von den anderen mit dem Tode bestraft.

Test 2

Baron Münchhausen behauptet,

1. er sei auf einer Kanonenkugel ins Lager der Feinde geritten.
2. in Russland sei es so kalt gewesen, dass die Töne in seinem Jagdhorn eingefroren seien.
3. eines Morgens habe sein Pferd an einer Kirchturmspitze gehangen.
4. er habe einen Hirsch mit Kirschkernen geschossen. Aus denen sei dann ein Baum gewachsen.
5. sein treuer Hund habe sich die Beine abgelaufen, so schnell sei er gewesen.

Test 3

Ein Fuchs kommt zu einem Esel und sagt, er sei ein hochansehnliches Tier, und man nenne ihn den Freund der Freude. Ob er mit ihm im Wald spazierengehen wolle? Der Esel fragt, was es dort zu sehen gebe. Da schwärmt der Fuchs, es warte eine wunderschöne Eselin auf ihn. Sie werde ihm nicht widerstehen können. Er solle ihm glauben. Und so gehen der Fuchs und der Esel zusammen in den Wald.

Test 4

Im Wald wartet der Löwe. Der Esel verstummt vor Schreck. Der Fuchs aber sagt zum König der Tiere: „Ich freue mich, dich zu sehen. Zum Frühstück bringe ich dir diesen fetten Esel mit. Lass es dir gut munden! Und womit kann ich dir noch dienen?“ Der ernste Löwe spricht: „Der Esel wird mir zur Mahlzeit dienen. Dich selbst will ich zum Frühstück wählen.“ Und zu den Menschen gewandt, rät der Löwe: „Hasst den Verräter und nützt den Verrat!“

Test 5

1. J. H. gab zu, von der Bayernliga habe er keine Ahnung.
2. S. S. betonte, von einem Mannschaftskapitän erwarte er mehr als den Gewinn der Seitenwahl.
3. B. B. sagte mit entwaffnender Ehrlichkeit: „Der Beruf als Manager interessiert mich nicht. Da muss man 48 Stunden am Tag arbeiten.“
4. P. L. meinte vor dem Abflug, sie müssten zuerst in Moskau spielen. Da könne er seiner Frau ein Döschen Kaviar mitbringen.
5. F. G. warf dem Fußballverband vor: „Er stellt immer nur Weichen für Züge, die längst abgefahren sind.“

Test 6

1. Christian sagt: „Das Fernsehen ist ein Kasten, den mein Vater um 7 Uhr abends anstellt und um Mitternacht ausmacht.“
2. Anja bemängelt: „Die Leute sehen sich die Werbung über Diät an und verschlingen dabei Unmengen von Pommes frites.“
3. Meike behauptet: „Ich kenne eine Familie. Dort gibt es sechs Fernseher, aber keine Bücher im Regal.“
4. Viktor empfiehlt: „Kinder sollen nie bei den Hausaufgaben vor dem Fernseher sitzen.“
5. Ulrike bemerkt: „Die Moderatorinnen ziehen jeden Abend ein neues Kleid an.“
6. Tobias rät: „Man kann nach dem Fernsehen draußen in den Pfützen herumtoben.“

Verzeichnis grammatischer Fachausdrücke

lat.	deutsch	Beispiel
Abstraktum	Begriffswort	Gedanke; Freiheit; Lebewesen
Adjektiv	Eigenschaftswort, Beiwort	schön; grün; klar
Adverb	Umstandswort	heute; oben; sehr; deshalb
Adverbial(e)	Umstandsbestimmung, -angabe; Satzglied	Ich singe **gerne/morgens/mit Freunden**.
adverbiales Adjektiv	einem Verb beigefügtes Adjektiv	ich singe **schön**
Adverbialsatz	Nebensatz anstelle eines Adverbials; Umstandssatz	Ich singe, **wenn ich Lust habe**.
Akkusativ	4. Fall, Wenfall	ich sehe **dich, das Haus, den Himmel**
Akkusativobjekt	Ergänzung im Wenfall (4. Fall), Satzglied	Ich höre **den Wind, das Rauschen des Windes**.
Aktiv	Tätigkeitsform des Verbs	ich tanze; es schneit; es ist kalt
Apposition	Beisatz	Ich, **der größte Fußballer**, verfehle das Tor.
Artikel	Geschlechtswort	**das** Mädchen; **ein** Mädchen
Attribut	Beifügung zu einem Satzglied; Satzgliedteil	Das Haus **meines Onkels** steht da **drüben**.
attributives Adjektiv	einem Substantiv beigefügtes Adjektiv	das **schöne** Haus, ein **roter** Hut
Attributsatz	Nebensatz anstelle eines Attributs; Beifügesatz	Das Haus, **in dem mein Onkel wohnt**, ist gelb.
Aufforderungssatz	Hauptsatzart mit Ausrufezeichen	Gib mir mein Buch zurück!
Aussagesatz	Hauptsatzart mit Punkt	Ich gebe dir morgen dein Buch zurück.
Bezugswort	Wort, worauf sich ein Attribut bezieht	**Das Haus** meines Onkels steht da drüben.

lat.	deutsch	Beispiel
Dativ	3. Fall, Wemfall	ich danke **dir, dem Freund, der Freundin**
Dativobjekt	Ergänzung im Wemfall (3. Fall)	Ich danke **dir, euch, meinem Goldfisch**.
Deklination	Beugung, Veränderung des Kasus	das Haus, **des** Haus**es**
Demonstrativpronomen	hinweisendes Fürwort	**dieser** Tisch; **jene** Berge
Ersatzprobe	Austausch gleichartiger Satzglieder	**Nachts** sind alle Katzen grau. **In der Nacht** sind alle Katzen grau.
Femininum	weibliches Geschlecht	**die** Frau, **die** Trompete, **die** Liebe
finites Verb	Verbform mit Angabe der Person	ich **komme**, du **wirst** kommen
Flexion	Beugung, Formveränderung eines Wortes	ich tanze, wir **tanzten**; das Haus, **die Häuser**
Fragesatz	Hauptsatzart mit Fragezeichen	Wann gibst du mir mein Buch zurück?
Futur I	erste Zukunft	ich **werde tanzen**
Futur II	zweite (vollendete) Zukunft	ich **werde getanzt haben**
Gegenwart	Zeitstufe	ich tanze; ich habe getanzt
Genitiv	2. Fall, Wesfall	das Haus **des Försters**; während **des Sommers**
Genitivobjekt	Ergänzung im Wessenfall (2. Fall)	Ich bedarf **deiner Unterstützung**.
Genus	grammatisches Geschlecht	**der** Ball; **die** Pfeife; **das** Spiel
Genus des Verbs	Sehrichtung einer Verbform	ich **lobe**; ich **werde gelobt**
Gleichzeitigkeit	Zeitverhältnis	ich **singe** und (gleichzeitig) **tanze**

lat.	deutsch	Beispiel
Gliedsatz	Nebensatz anstelle eines Satzgliedes	**Nach** der Schule spiele ich Fußball. **Wenn die Schule aus ist**, spiele ich Fußball.
Hauptsatz	selbstständiger Satz	Ich freue mich.
Hilfsverb	Teil einer zusammengesetzten Verbform	ich **werde** tanzen; du **hast** gesungen
Imperativ	Befehlsform des Verbs	Lache! Bewegt euch!
Indefinitpronomen	unbestimmtes Fürwort	**irgendeine** Person; **niemand**
Indikativ	Wirklichkeitsform des Verbs	ich **komme**; wir **lachten**
infinites Verb	Verbform ohne Angabe der Person	singen; singend; gesungen
Infinitiv	Nennform, Grundform des Verbs	singen; sich freuen
Interrogativpronomen	fragendes Fürwort	**Welche** Farbe hat der Hut? **Wer** ist das?
Kasus	Fall	das Haus, **den** Häuser**n**
kausal	den Grund betreffend	deshalb; **aus** Angst; ich esse, **weil** ich Hunger habe
Kausalsatz	Nebensatz des Grundes	Ich singe, **weil ich mich freue**.
Komparation	Steigerung des Adjektivs	schön, schön**er**, am schön**sten**
Komparativ	erste Steigerungsstufe des Adjektivs	**älter als** du
Kongruenz	Übereinstimmung von Formmerkmalen	**Ich** sing**e** ein schönes Lied. **Wir** sing**en** schöne Lieder.
Konjugation	Beugung des Verbs	ich tanze; du hast gesungen
Konjunktion	Bindewort	ich **und** du; ich tanze, **weil** ich mich freue
Konjunktionalsatz	Nebensatz mit unterordnendem Bindewort	Ich singe, **weil ich mich freue**.

lat.	deutsch	Beispiel
Konjunktiv I	Möglichkeitsform der Gegenwart	man **nehme**; so **sei** es
Konjunktiv II	Möglichkeitsform der Vergangenheit	es **wäre** schön, wenn du hier **sein könntest**
Konkretum	Gegenstandswort	der Ball; der Baum
lokal	den Ort betreffend	oben; **in den** Wald
Lokalsatz	Nebensatz des Ortes	**Wo gelacht wird**, bin ich gerne.
Maskulinum	männliches Geschlecht	**der** Wald; **der** Gedanke; **der** Freund
modal	die Art und Weise betreffend	besonders; **ohne** Verletzung; ich arbeite, **soweit** ich kann
Modalsatz	Nebensatz der Art und Weise	Ich singe, **ohne dass ich Luft hole**.
Modalverb	Verb zur Bezeichnung der Handlungsart	ich **kann** tanzen; du **darfst** schwimmen
Modus	Aussageweise des Verbs	ich **komme**; ich **käme**; **komm**
Nachzeitigkeit	Zeitverhältnis	ich **tanze** und du **wirst** (nachher) **singen**; ich tanze, **bevor** du singst
Nebensatz	untergeordneter, abhängiger Satz	Ich frage dich, **wie viel Uhr es ist**.
Neutrum	sächliches Geschlecht	**das** Mädchen; **das** Lied
Nomen (Substantiv)	Namenwort, Dingwort, Hauptwort	Ball; Mädchen; Gefühl
Nominativ	1. Fall, Werfall	dieses Haus; ich
Numerus	Anzahl	das Haus, die Häuser; ich, wir
Objekt	Satzglied; notwendige Ergänzung zum Prädikat	ich gebe **dir dein Buch** zurück

lat.	deutsch	Beispiel
Objektsatz	Gliedsatz anstelle eines Objekts	Ich höre **das Rauschen des Windes**. Ich höre, **wie der Wind rauscht**.
Partikel	nicht veränderbares Wort	immer; während; und auch
Partizip I	Mittelwort der Gegenwart	singend; schwebend
Partizip II	Mittelwort der Vergangenheit	gesungen; gewesen
Passiv	Vorgangsform des Verbs	ich **werde gelobt**; ich **bin gelobt**
Perfekt	vollendete Gegenwart	ich **habe gelacht**; ich **bin gewesen**
Personalform	Verbform mit Person und Numerus	Du **baust** eine Marionette zusammen.
Personalpronomen	persönliches Fürwort	ich; du; ihr; sie
Plural	Mehrzahl	**die Häuser; wir**
Plusquamperfekt	vollendete Vergangenheit	ich **hatte getanzt**; du **warst** krank **gewesen**
Positiv	Grundstufe des Adjektivs	ich bin **so groß wie** du
Possessivpronomen	besitzanzeigendes Fürwort	**mein** Buch; **seine** Freunde
Prädikat	Satzaussage; finite Verbform	Ich **baue** eine Marionette **zusammen**; die Puppe **ist fertig**.
prädikatives Adjektiv	zum Prädikat gehörendes Adjektiv	Das Haus **ist groß**
Präposition	Verhältniswort	**vor dem** Haus; **während des** Tages
Präpositionalobjekt	Ergänzung mit Verhältniswort, Satzglied	Die Puppe besteht **aus vielen Einzelteilen**.
Präsens	Gegenwart	ich **lache** (gerade)
Präteritum	Vergangenheit	ich **tanzte** gestern
Pronomen	Fürwort	**dieses** Mädchen; **du**; **wer**?

lat.	deutsch	Beispiel
Reflexivpronomen	rückbezügliches Fürwort	Der Junge beeilt **sich**; die Katze putzt **sich**.
Relativpronomen	bezügliches Fürwort	das Mädchen, **dem** der Ball gehört
Relativsatz	Nebensatz mit einem Bezugswort; Bezugswortsatz	Hunde, **die** bellen, beißen nicht.
Satz	kleinste vollständige Äußerung	Ich tanze.
Satzfrage	Entscheidungsfrage	Kommst du heute zu mir?
Satzgefüge	Verbindung von Haupt- und Nebensatz	Ich freue mich, weil du da bist.
Satzglied	Wort oder mehrere Wörter, die sich im Satz nur gemeinsam verschieben lassen	**In der Nacht** sind **alle Katzen** grau. **Alle Katzen** sind **in der Nacht** grau.
Satzklammer	geschlossene Wortstellung im Hauptsatz	Ich **werde** im Sommer nach Italien **fahren**.
Satzreihe	Verbindung von gleichartigen Sätzen	Ich freue mich und du freust dich.
Singular	Einzahl	das Haus; ich tanze
Sinnrichtung – temporal – lokal – kausal – modal	Angabe der Umstände – Zeit – Ort und Raum – Grund – Art und Weise	Ich lache – **während des Films** – **im Kino** – **über Dick und Doof** – **ohne Unterbrechung**
Subjekt	Satzgegenstand; Satzglied im Nominativ	**Der Ball** ist rund.
Subjektsatz	Nebensatz anstelle eines Subjekts	**Wer viel lacht**, bleibt gesund.
Substantiv (Nomen)	Namenwort, Dingwort, Hauptwort	Ball; Gefühl; Mädchen

lat.	deutsch	Beispiel
Substantivierung	Verwandlung einer Wortart in ein Substantiv durch Artikel und Groß-schreibung	Ich freue mich heute. Ich freue mich über **das Heute**.
Superlativ	zweite Steigerungsstufe des Adjektivs	das **schönste** Haus; ich bin **am größten**
temporal	die Zeit betreffend	nachts; **in den** Ferien;
Temporalsatz	Nebensatz der Zeit	**Als ich heimkam**, freute sich mein Hamster.
Tempus	Zeitform des Verbs	ich **lache**, **lachte**, **habe gelacht**
Umstellprobe	Verschieben von Satzgliedern	**Nachts** sind **alle Katzen** grau. **Alle Katzen** sind **nachts** grau.
Verb		
– finit	vollständige Verbform; Prädikat	Ich **singe**, du **sangst**, er **hat gesungen**.
– infinit	Verbform ohne Person	singen, gesungen
– intransitiv	Verb ohne Akkusativ-objekt	Ich danke **dir**. Ich erwache.
– transitiv	Verb mit Akkusativobjekt	Ich sehe **dich**. Ich sehe, **wie es schneit**.
Vergangenheit	Zeitstufe	ich **tanzte**, **hatte getanzt**
Vorzeitigkeit	Zeitverhältnis	ich **frühstückte**, **nachdem** ich mir (vorher) die Hände gewaschen hatte.
Wahlfrage	doppelte Satzfrage	Kommst du heute **oder** morgen?
Wortfrage	Ergänzungsfrage mit Fragewort	**Wann** kommst du heute zu mir?
Zukunft	Zeitstufe	ich **werde tanzen**, **getanzt haben**

Das Übungsbuch zu den Schlüsselthemen

Endlich alle wichtigen Themen im Griff!

→ Das Übungsbuch enthält verständliche Erklärungen mit vielen Beispielen

→ Zahlreiche Übungsaufgaben mit Lösungen zu allen wichtigen Schlüsselthemen

→ **EXTRA:** kostenlose Online-Abschlusstests zur Überprüfung des Lernerfolgs mit interaktiven Aufgaben und Erfolgskontrolle

ISBN 978-3-12-927345-6

ISBN 978-3-12-927346-3

ISBN 978-3-12-927354-8

ISBN 978-3-12-927349-4

ISBN 978-3-12-927348-7

Diese und weitere Klett-Lernhilfen sind im Buchhandel erhältlich.
Weitere Informationen unter **www.klett-lerntraining.de**